消された秀吉の真実

徳川史観を越えて

山本博文◇堀新◇曽根勇二【編】

柏書房

『消された秀吉の真実――徳川史観を越えて』目次

第八章 太閤秀吉と関白秀次 堀越祐一 241

序章　秀吉文書を深く理解するために

山本博文

はじめに

本書は、執筆者各人が、これはと思う豊臣秀吉の文書を取り上げ、文書の読解の仕方、文書の意義などを考察することによって、新しい秀吉像あるいは豊臣政権論を提出しようというものです。

取り上げた文書は多岐にわたり、論点もさまざまですが、本書を読むことによって、豊臣政権と秀吉という人物が浮かび上がってくると思います。

秀吉文書に触れてみたいという一般読者のために、原本の写真を掲げ、釈文（原本を読んで活字にしたもの）と現代語訳を付し、その上で秀吉の人物像や政権構想、豊臣政権の特質などを論じています。おそらく現時点では、最も新しい秀吉の姿が提出できたものと自負しています。

この序章では、1で、秀吉が発給した最も一般的な文書である「朱印状」をどのように理解すればよいか、ということを解説していきます。そして2では、本書に収録された各論文の紹介と意義を述べていきます。

1　朱印状「自敬表現」の理解の仕方

秀吉の発給文書は、秀吉の権力掌握の諸段階に沿った形で、書状、直書(じきしょ)、朱印状と変化していきます。そして、それとは別に自筆の書状があります。まず、これを概観していきましょう。

書状は同等の者同士が連絡するためのもので、秀吉がほかの大名とあまり地位の差がない時に使用した形式です。書止めには相手に敬意を示す「恐惶謹言(きょうこうきんげん)」「恐々謹言(きょうきょうきんげん)」などがあり、署名と花押があります。

直書は、宛名の人物に「直接与えた文書」といった意味で、書止めは「可申候也(もうすべくそうろうなり)」などと言い切りの形となり、書状と違って「恐々謹言」などの文言はありません。署名と花押、花押のみ、署名と朱印、朱印のみなど、時期や相手の地位によっていくつかの書かれ方があります。

将軍の発給する直書は、特に「御内書(ごないしょ)」と呼んで区別しますが、秀吉は将軍には仕官していないので、直書と呼びます。足利将軍の御内書では、将軍に対して敬語が使われています（西田直敏『「自敬表現」の歴史的研究』和泉書院、一九九五年）。敬語表現は、一部の織田信長朱印状にも見られます。これらは、後述する秀吉朱印状の敬語表現と同じメカニズムで出現したものと思われます。

朱印状は、秀吉の朱印が捺された文書です。年貢等の請取状、連絡、命令、礼状、法令、禁制、知行宛行状など、さまざまな用途に使われました。最初は支配地域に対しての文書に使われ、次第に武家、大名に拡大されていきます。大名に対する朱印状は、それまでの書状、直書に代わるものです。ただし、朱印状が出現してからも、しばらくは相手と内容によっては直書も使われます。また、花押の代わりに朱印を捺した書状や直書もあります。

自筆書状を除く秀吉の書状、直書、朱印状ともに、文字は右筆が執筆しています。

小林清治氏によると、朱印状の初見は天正十一年（一五八三）八月晦日付け役銭請取状で、書状・直書における朱印状の使用は天正十二年三月下旬からとされています（『秀吉権力の形成』東京大学出版会、一九九四年）。関白職とは必ずしも連動していません。

朱印状が大幅に増加するのは、天正十二年の小牧・長久手の戦いの時だという指摘もあります（播磨良紀「秀吉文書と戦争」〈藤田達生編『小牧・長久手の戦いの構造――戦場論上』岩田書院、二〇〇六年〉）。本書第一章の鴨川論文で指摘されるように、花押を書くのは煩わしい作業でした。

天下分け目の戦いにおいて味方をつのるため即座に大量の文書を発給しなければならなかったことを思えば、納得できる推論です。こののち朱印状は、秀吉文書の中心となります。

天正十三年七月十一日、秀吉が関白に就任すると秀吉書状は消滅し、書止めが「候也」、署名はなく花押もしくは朱印のみの直書が出現しますが、次第に朱印状に代替されます。それでも花押直書は、天正十八年正月十六日付け津軽左京亮宛てのものまで残ります（小林、前掲書）。

これらの細かい変遷については小林氏の著書を参考にしていただくこととして、ここでは、秀吉政権の基本的な文書であり、研究者の間で意見が分かれている朱印状の理解の仕方について述べていきます。

朱印状の書き方の特質については、従来、「自敬表現」ということが言われてきました。秀吉自身に対して敬語が使われている、ということです。表現を表面的にとらえるならそうとも言えますが、なぜそのような表現になったかを理解する必要があります。これについて私は、前著『天下人の一級史料』（柏書房、二〇〇九年）において、次のように解説しました。

これまでは「自敬表現」とされています（中略）が、それは正しくありません。「自敬表現」は天皇文書の特徴とされる敬語の使い方ですが、秀吉朱印状の場合は、天皇文書とは少し違います。秀吉自らが自分に対して敬語を使っているのではなく、秀吉の文書を作成した右筆が秀吉に敬語を使っていると理解すべきです。秀吉とならんで、相手への尊敬表現が使われていることがそれを明確に示しています。

この考えに対し、三鬼清一郎氏は、次のように批判を投げかけました（批判と反省「山本博文著『天下人の一級史料』に接して」〔『歴史学研究』八七〇、二〇一〇年〕）。

秀吉文書には、秀吉自身の行為に敬語が用いられる場合があり、「自敬表現」と呼ばれている。山本氏はこの通説に反対のようであるが、先行研究の代表といえる小林清治氏の見解（『秀吉文書の形成』東京大学出版会、１９９４年）を採り上げ、「それは正しくありません」（20頁）と、理由を何一つ示すことなく切り捨てている。

秀吉の朱印状は、秀吉自身の行為にほとんど敬語が用いられています。私の文章は、これを「自敬表現」として片付けるのではなく、どうしてそのような書き方になるのかを説明したものです。その時の主張の根拠は、先の拙著の引用に明らかなように、「秀吉とならんで、相手への尊敬表現が使われていること」です。

相手に尊敬表現が使われている事例は、例えば次の、慶長二年十月五日付け毛利輝元宛朱印状（『大日本古文書　毛利家文書』九一三号）です。

【釈文】

畳之面千帖并樽十到来、悦思召（よろこびおぼしめし）候、将又、朝鮮働平均ニ申付候条、其方（そのほう）渡海無用候、別紙ニ如被仰候（おおせられそうろうごとく）、早々可被罷上（まかりのぼらるべく）候、猶増田右衛門尉（長盛）、石田治部少輔（三成）可申（もうすべく）候也、

【現代語訳】

畳の面千帖と樽十が到来し、悦んでおられます。さて、朝鮮の軍勢は平定しているので、其方の渡海は無用です。別紙に仰せられているように、早々上洛されてください。なお、増田長盛と石田三成が申すでしょう。

まず、毛利輝元からの進物に、「悦思召候」と書かれています。これまでは、秀吉が自分が悦んでいることに敬語を使っていると理解されてきたのですが、私は、秀吉が悦んでいることに右筆が敬語を使ったものと考えています。

秀吉の朱印が捺されていますから発給者は確かに秀吉ですが、朱印状を執筆するのは右筆です。そのため、秀吉の行動に敬語が使われるという理解です。

次の「朝鮮働……無用候」というのは、輝元を「其方」と呼んでいるので、右筆が秀吉の言葉をそのまま引用しているものだと考えられます。

その次の「別紙ニ如被　仰候」は、右筆が秀吉の仰せに敬語を使ったものです。そして、輝元に対し、「早々可被罷上候」と敬語が使われています。「罷上」は秀吉から見た輝元の行為の謙譲表現で、それに「可被」と敬語が使われているのです。

私は、右筆が書くから、天下人の秀吉だけではなく、大大名である輝元に対しても敬語を使ったのだと考えていました。しかし、よく読んでみると、この部分は、秀吉が「早々可被罷上候」と輝元に言ったのをそのまま引用しているともとれます。

右筆は、秀吉の側にいて秀吉の言葉を朱印状にします。その場合、秀吉の言葉はそのまま文章化しますが、秀吉の行動を書く時には敬語を使います。しかし、秀吉の言葉がそのまま出てくるだけに、朱印状全体が秀吉自身の言葉だと理解されてしまい、右筆が秀吉の行動に敬語を使っていることがわかりにくくなっているのです。これまで、「自敬表現」だとされて何の疑問も持たれなかったのは、そのこともあるでしょう。

前著では、「自敬表現」への批判として、「相手への尊敬表現が使われていること」を証拠にしたのですが、こうした事例は、相手へ尊敬表現を使ったのが秀吉なのか右筆なのか、判定しにくく、少し説得性に欠けるかもしれません。そこで、私の議論を補強するために、第三者に

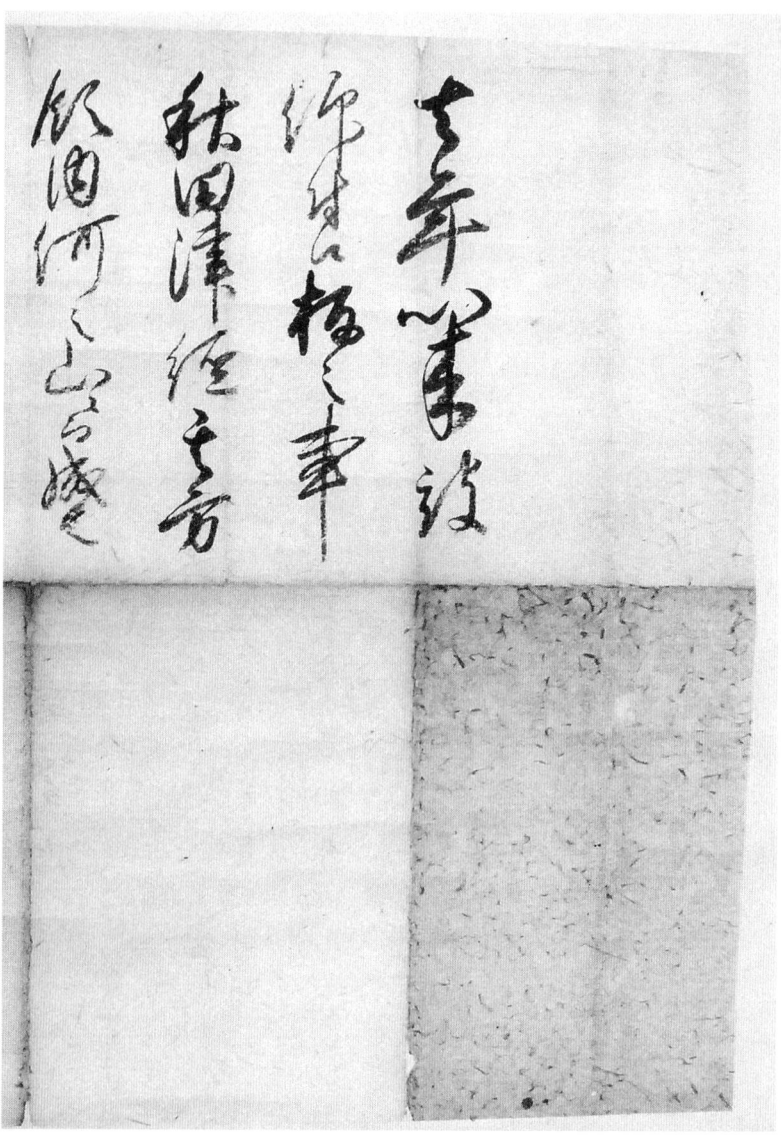

三月二十七日付け南部信直宛豊臣秀吉朱印状

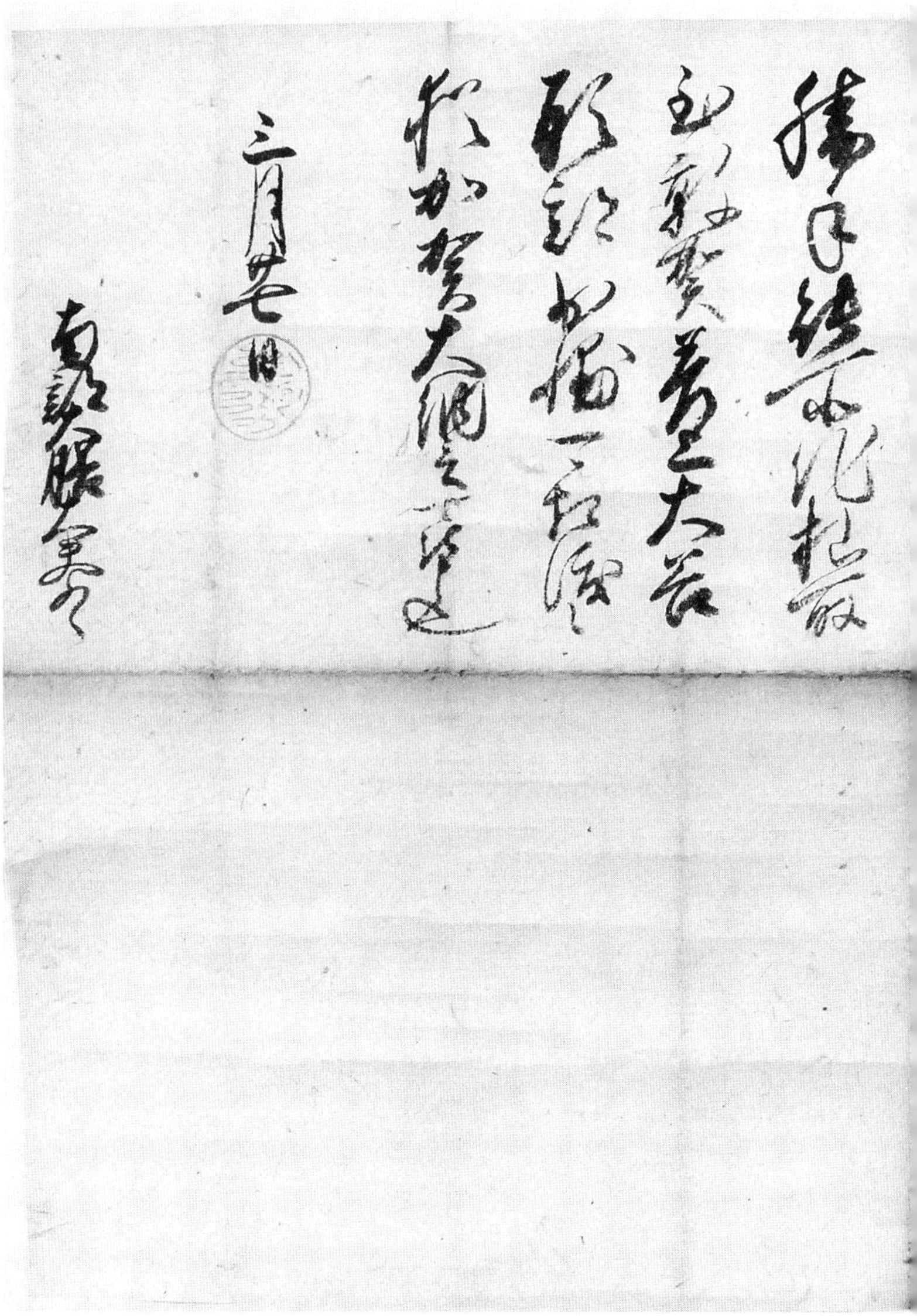

（もりおか歴史文化館所蔵）

対して敬語を使っている朱印状などを紹介して説明しましょう。

もりおか歴史文化館所蔵の「南部家文書」の中に、次のような文書があります。

【釈文】

去年以来被仰付（おおせつけられ）候板之事、秋田、津経（軽力）、其方領内、何之山ニ而成共（なりとも）、勝手能所作杣所（そまどころをつくり）、至敦賀差上、大谷刑部少輔（吉継）可相渡（あいわたすべく）候、猶加賀大納言（前田利家）可被申（もうさるべく）候也、

三月廿七日◯（秀吉朱印）

南部大膳大夫（信直）とのへ

【現代語訳（本文のみ）】

去年以来仰せ付けられた板の事、秋田、津軽、その方の領内に、どこの山でもいいから勝手のよい場所に杣所を作り、敦賀に差し上げ、大谷吉継に渡しなさい。なお前田利家が申されるでしょう。

前田利家が大納言になるのが慶長二年正月十一日（『寛政重修諸家譜』）です。したがって、慶長二年か三年の文書ですが、慶長三年三月六日付け小野寺孫十郎宛の秀吉朱印状（「神戸・小野

寺文書」(『秋田県史・資料』古代中世編九八一号)に杉大割板調進の指示があるので、慶長三年のものと確定できます。伏見城や大坂城の作事に関するものでしょう。秀吉の材木調達については、曽根勇二氏の『秀吉・家康政権の政治経済構造』(校倉書房、二〇〇八年)に譲り、ここでは秀吉の「自敬表現」に限定して考察していきます。

最初の「被仰付」が秀吉に対する敬語で、「差上」は秀吉から見た信直の行為の謙譲表現です。そして、この朱印状には、末尾で「猶加賀大納言可被申候也」と第三者である奏者の前田利家に対しても敬語を使っています。

秀吉が自覚を持って自分の行為に対して特に敬語を使ったのだとしたら、これは首尾一貫しない態度だと言うことができます。しかし、私は、以下のように、これが秀吉朱印状の書かれ方をよく示すものだと思います。

文中にある「其方」というのは南部信直のことを言っていますから、これは右筆が秀吉の言葉をそのまま書いたものです。ところが前田利家は、大納言の官職にある秀吉の重臣ですから、右筆は、利家に対しても敬語を使います。この事例なら、朱印状の文章が、秀吉の使用人である右筆の位置から書かれていることがはっきりとわかります。秀吉は、そうした文章に朱印を捺すことによって、自分の文書として発給しているのです。この意味で、朱印状は主君の意を奉ずる家臣の名で出す奉書とは違います。

もう一通、極めつきの表現を紹介しましょう。天正二十年正月二十日付け「御陣へ十人めしつれ候ものの船につみ候荷物目録事」と題する朱印状（名古屋市秀吉清正記念館所蔵）で、朝鮮へ出陣する時、船に積む荷物に対する飯米を規定したものです。この中には次のような文言があります。

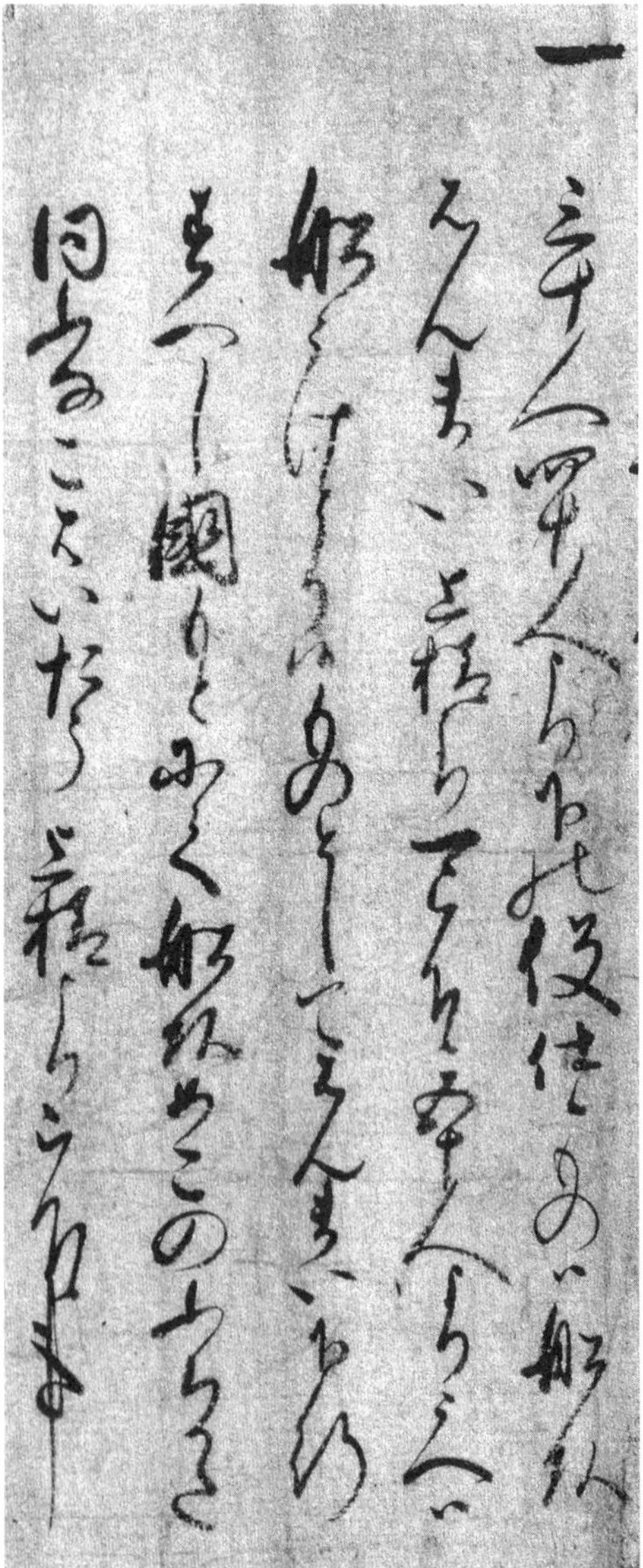

（部分。名古屋市秀吉清正記念館所蔵）

【釈文】

一、三十人四十人より下の役仕(つかまつ)り候ものハ、船頭はんまい上様より可被下候(くださるべくそうろう)、五十人よりうへハ、船うけとり候ものとしてはんまい下行すへし、国もとにて船頭めこのふちかた同ふなこはいたう、上様より被下候事、

【現代語訳】

一、三十人、四十人より下の軍役の者は、船頭の飯米は上様より下されます。五十人以上は、船を受け取った者が飯米を下行せよ。国元で、船頭の妻や子の扶持方、また船子の配当は、上様より下されます。

朱印状の中に二ヶ所「上様」が出てきます。これを読めば、さすがに秀吉が自分のことを上様と言っていると言う人はいないでしょう。秀吉が書くなら「可下候（下すべく候）」で十分です。右筆が秀吉の指示を書いているので、「上様より下されます」というような書き方になるのです。右筆の立場から書くから秀吉の行動に敬語が使われるという解釈の仕方は、秀吉朱印状の内在的理解には欠かせない考え方だと思います。このような朱印状の文章に即した分析をせず、秀吉の文書に敬語が使われているから「自敬表現」だと考えてしまうと、秀吉が自分が偉いか

ら意識して自分に対し敬語を使った、という間違った理解になってしまうのです。関白にまで登りつめた秀吉が、右筆の立場から文書を書かせるという御内書同様の薄礼（はくれい）化を行なったことは事実ですが、それと自分の行為に敬語を使ったということとは違います。

三鬼氏も、通説通り秀吉朱印状が「自敬表現」であると考えているようで、先の批判に続けて、次のように言っています。

この（山本の――筆者注）見解に従えば、秀吉の行為に敬語が使われるのは右筆が作成した文書に限られるが、秀吉の自筆書状にも同様の事例が確認される。

ここには、論点のすりかえがあります。右筆の作成した文書は右筆の作成した文書として理解する必要があるので、朱印状の敬語表現の解釈の仕方についての三鬼氏の見解が聞きたいところでした。

秀吉の自筆書状については、桑田忠親氏の研究書に次のように書かれています。

江村専斎の話によると、秀吉は、醍醐の醍の字を忘れた右筆に対して、大の字を書いて見せたというが、秀吉の消息は、すべて、この流儀で、当て字や片言などには頓着しておらぬ。（中略）それから、自分自身のことに敬語を使っているのも注意すべきで、自分で思うのに「おぼしめし候」とやり、行くことを「御出」、許すことを「御ゆるし」と記し、署名にも「てんかさま」などという念の入った敬称を用いている。片言隻句におけるこのような傾向は、武将秀吉としての無学振りを暴露した観がないでもないが、その文章に至っては、却って融通無碍の域に達している。

（『豊臣秀吉研究』角川書店、一九七五年、第四部第一章「自筆消息と筆跡」）

江村専斎は、『老人雑話』で有名な秀吉の同時代人です。秀吉が右筆に文書を書かせている状況が目に浮かぶような記述です。

桑田氏は、秀吉は文章については無学だから自分に対して敬語を使ったと考えています。このうち、「念の入った敬称」というのは、秀吉が「関白殿下」の「殿下」にさらに「様」を付けたことを言っています。私も、秀吉が周囲の言い方を真似て自筆文書を書いたと考えていますから、「てんか」は「天下」よりも「殿下」の方がいいと思っています。秀吉の自筆書状の中には、漢字で「天下」と署名のあるものもありますが、これも「殿下」の秀吉流の当て字かもしれませんし、たとえ「天下様」だとしても、周囲の呼び方をそのまま使ったということでは同じことです。

自分のことを「殿下」あるいは「天下様」というのは、周囲の呼び方をそのまま署名に使ったものです。桑田氏の議論を敷衍すれば、秀吉が文章を書く時に準拠するのは右筆の書く文章だったということになります。そのため自筆書状を書く時、右筆の書く言い回しをそのまま使うということになったのではないでしょうか。あえて言えば、秀吉は、天下人の書状の文章とはそのようなものだと思っていたのでしょう。私は、それを「秀吉が自分に敬語を使っているともとれるのですが、それは秀吉が右筆の書く文書を真似たものだと考えています」と書いたのです。

秀吉が自筆の書状も右筆が書くような文体で書いたのは、宸翰女房奉書（天皇自身が書いた女房奉書）で天皇が自敬表現を使ったのと似たようなものだと思います。天皇が女官に扮して書くから、自分に敬語を使うことになるのです。

自筆書状の理解は、以上のようなもので、私が朱印状について述べた「秀吉の文書を作成した右筆が秀吉に敬語を使っている」という見解と齟齬するものではありません。

もし、こうした理解をしないと、「秀吉の自敬表現は関白就任を契機に、関白の権威の超絶性を本質的な根拠として出現したとみるのが妥当」（小林清治、前掲書、六〇頁）などという評価になり兼ねません。

しかし、関白の権威に「超絶性」があることを意識して書かせたものだとすれば、いくらのちの「五大老」とは言え、家臣の立場にある前田利家や毛利輝元に対して敬語を使わないはずです。* 秀吉の関白就任を契機として書状に代わって直書や朱印状が一般的に使われるようになったことは事実で、これはそれにふさわしいと思われた書札礼をとったということでしょう。小林氏の議論は、「自敬表現」の誤解から導き出された関白職の過大評価だと思います。

*ちなみに、関白秀次朱印状でも、秀次に対して敬語が使われている。「宇和島伊達家文書保存会所蔵文書」の文禄二年と推定される十月七日付け藤堂高虎宛秀次朱印状では、高虎を「其方」と呼び、「被届聞食候（きこしめしとどけられそうろう）」と秀次の行為に敬語を使い、書止文言を「猶於聚楽可被仰聞候也（じゅらくにおいておおせきけらるべくそうろうなり）」としている。しかし、一方で高虎に対して「寔（まことに）累年在陣、苦労不被及是非候（ぜひにおよばれずそうろう）」と敬語を使っている。これも、秀次の右筆が書いたことによって起こる表現であり、秀吉朱印状と同様のメカニズムである。この文書の全文は以下の通りである。

去月廿五日書状并駒井（重勝）かた迄、申越之通、被届聞食候、其方事、何も同前ニ雖帰朝候、中納言（豊臣秀保）上国を相待、罷上候由尤候、寔累年在陣、苦労不被及是非候、就中為御養性（生）、熱海御湯治候、早途中へ還御之事候、猶於聚楽可被仰聞候也、

（文禄二年）十月七日　朱印（秀次）

藤堂佐渡守とのへ

もちろんこれは、秀吉が関白に就任したことで書札礼を薄礼にしたことを否定しようとする

ものではありません。ただ、そこに使われた「自敬表現」は、秀吉が自分に対して敬語を使っているのではなく、ましてや「関白の権威の超絶性を本質的な根拠」としてそうしたわけではない、と言っているだけです。朱印状を表面だけ見て「自敬表現」とし、それを「関白の権威の超絶性」というような証明されていないことを主張するために使うよりも、これまで説明してきたように、内在的に解釈することによって秀吉文書を正しく解釈し、豊臣政権と秀吉の人物像をより深く理解することの方が重要だと思います。

さてこのように考えると、秀吉文書には、朱印が捺されていても書状や直書もありますから、「朱印状」と名付ける文書には、右筆の立場から書いたものという要件が必要であることがわかります。これは、室町将軍の御内書に相当する秀吉独自の文書様式だった、と考えることができます。花押ではなく朱印ですから、御内書よりも薄礼です。秀吉朱印状に使われた敬語を「自敬表現」と説明し、それに特別な意味を付与するのは明白に誤りなので、やめた方がいいと思います。

最後に付け加えておくと、徳川、前田、毛利、上杉ら、のちの五大老クラスの大名に対しては、朱印状で敬語を使っています。「五大老」そのものは秀吉の死の直前の制度ですが、豊臣政権下において彼らが特別な地位を認められていたことを示しています。秀吉は、臣下として従うことによって豊臣政権を支えている彼らに配慮していたと言えるでしょう。

それでは、本書に所収した十本の論文を紹介し、私の考えも補足しながら各論文の意義を解説していきましょう。

2　本書所収の論文

鴨川達夫「長久手の戦い——秀吉が負けを認めたいくさ」

鴨川論文は、秀吉の敗北とされる長久手の戦いが、実は岩崎城をめぐる戦いだったことを明らかにし、この戦いで戦死した森長可(ながよし)の遺言状について、新しい見方を提示しています。通説では、岡崎城を攻めようとして遠征した豊臣秀次を総大将とする豊臣軍に対し、家康がその裏をかいて勝利した戦いとされていますが、実は最初出し抜かれた家康が、あわてて軍勢を出して豊臣軍の尻尾をつかまえ、なんとか逆転勝利に持ち込んだ、ということだと主張しています。

小牧・長久手の戦いは、家康が秀吉に負けなかったことで、豊臣政権下においても特別な地位にあったとされる戦いですが、その「勝利」については疑問視されています。研究者が、なぜこれまで小牧・長久手の戦いを家康寄りの見方で総括していたかと言えば、それは江戸時代に成立した史料に引きずられていた面があると思います。鴨川論文は、豊臣政権の歴史的経過を、豊臣時代に成立した史料で洗い出していく必要があることを示しています。

光成準治「豊臣政権の大名統制と取次」

光成論文は、私が提唱した「取次」論を石田三成・増田長盛ら秀吉奉行層による「取次」に焦点を絞って論じています。光成氏は、天正十五年（一五八七）の上杉景勝による新発田重家攻めを分析し、この段階で石田らの奉行層は「手筋」の一つだったとし、島津氏に対する「取次」とは性格が違うと主張しています。さらに、毛利輝元も奉行層から一方的に指南される立場にはなかったとしています。

光成氏の主張する通り、石田ら奉行層は、全大名一律の態度はとっていません。初期に秀吉に従って秀吉の全国統一に協力した上杉や毛利といった大大名は、自律性を認められ、さらに言えばそれを期待されていたのだと思います。私がかつて大大名には「取次」がいないと書いたのは、そうした側面を指摘したつもりだったのですが、あまり理解されていないようです。光成氏の分析は、その考えを補強してくれるものだと思います。

山本博文「刀狩令に見る秀吉法令の特質」

私の論文は、秀吉の「刀狩令」がどの大名に出されたかを検討することによって、豊臣政権の構造を考えようとしたものです。天正十六年七月の刀狩令は、おもに九州の大名に出され、徳川家康、前田利家、毛利輝元、上杉景勝ら大大名には出されていません。彼らはすでに自分の領地を完全に掌握しており、秀吉が刀狩令を出す必要はなかったのだと推測されます。

天正十八年の奥羽仕置では、石田三成らの奉行に対して刀狩令が出されます。これは、新しく服属してきた地域に刀狩りを命じさせるものでした。その書き方から、秀吉は、一度出した法令は、新たに出さなくても全国に通用するものだと考えていたことがわかります。そのため、領地掌握が不十分な中小大名は、朱印状を与えられなくても、率先して秀吉の意向に従う必要がありました。刀狩令が出された範囲を検討することで、秀吉の政権構想まで見えてくるのです。刀狩令の原本の捜索がいかに重要なことかがわかると思います。

曽根勇二「秀吉の右筆」

曽根論文は、秀吉の右筆について検討しています。右筆は、制札や知行宛行状などを執筆した時は、筆耕料を要求しています。秀吉の指示で出すものでありながら、受益者が朱印状を執筆した右筆の労をねぎらってお金を払うのです。この時代の文書の出され方を考える上で興味深い事例です。

秀吉の文書を執筆するということは、常に秀吉の側にあって枢機に関与することを示しています。そのため、右筆の中には奉行に近い地位に登る者が出てきます。政権初期の右筆であった長束正家（なつかまさいえ）は五奉行の一人となりますし、秀吉朱印状に奏者として顔を出す木下吉隆や山中長俊も、副状（そえじょう）を発給し、秀吉の意思を大名に伝達するなど、奉行に近い職務を担当するようになります。豊臣政権の政治組織が確立していくとともに、政権内部にも変化が起きます。業務が増加するとともに、簡素な組織で行なっていた体制が改められ、新たな組織が出来ていくわけです。こうした変化は興味深く、今後さらに精緻な研究が必要とされる分野となることを予見した論文だと思います。

堀　新「豊臣秀吉と『豊臣』家康」

堀論文は、徳川家康宛の秀吉朱印直書を素材に、豊臣政権下における秀吉と家康の関係を論じたものです。秀吉が慶長元年の段階でも朱印直書を与えていることでもわかるように、豊臣政権下において家康は特殊な地位にありました。しかし、家康を「其方」と呼び、書留文言も「可申候也」と言い切りの形になっており、「謹言」などの書状に特徴的な書札礼はとっていません。つまり、家康は、あくまで秀吉の臣下の位置にあったのです。

堀氏は、この問題を、家康の羽柴姓授姓について考察することによってさらに深く検討しています。家康の嫡子秀忠は、一時期秀吉の養子となり、「秀」の一字を拝領しているので、当然、本姓を豊臣とし、羽柴授姓もなされていました。そして家康も、「羽柴江戸大納言」宛の秀吉知行方目録が残っていることから、羽柴授姓され、おそらく本姓も豊臣としていたことを、堀氏は推測しています。これは、豊臣政権下において家康が「将軍型公儀」を志向していた、とする笠谷和比古氏の議論に対する重要な批判となっています。このように、秀吉文書を精密に考察することによって、江戸幕府成立後に通念となっていった「徳川史観」からの脱却が求められています。

金子　拓「人掃令を読みなおす」

金子論文は、従来天正二十年に出されたとされる人掃令の年次比定の再検討を試みた論考です。「人掃令」は、毛利家家臣安国寺恵瓊と佐世元嘉連署状に「当関白様より六十六ケ国へ人掃の儀仰せ出され候」とあることから命名された法令です。この連署状は、「天正十九年三月六日」と書いてあるにも関わらず天正二十年の誤記だとされてきました。それを素直に天正十九年だと考えて、周辺史料を見直そうというものです。

ただし、「当関白様」を秀吉とすることや、天正十九年八月二十一日付け秀吉朱印状の「去年七月」を「去七月」と読み替えることなど、課題も残されています。また、従来、「身分法令」

とされてきた天正十九年八月二十一日付け秀吉朱印状を、勝俣鎮夫氏の説（『戦国時代論』岩波書店、一九九六年）に従って「人掃令」とすることは、研究史に混乱を与えてしまいます。もともと「人掃令」という言い方は、秀次の出したものだと考えることで豊臣政権の太閤―関白の二元的構造を主張しようとしたものであって、秀吉の出したものなら、わざわざそうした呼び方をする必要はなくなります。

私は、文禄二年正月日付け秀次朱印状に明記されている「去年正月、五箇条を以て仰せ出さる旨を守り」という文言から、天正二十年正月日付けの秀次朱印状（「條々」）が安国寺らが「人掃の儀」と表現した法令の原本であることは確実だと思いますが、これを秀吉の「身分法令」と同一視することには賛成できません。しかし、原本の「天正十九年」という年記にこだわることによって、毛利氏が中国を拝領した日付など新しい論点を提出していることは重要です。こうした試みがなされることによって、豊臣政権についての認識は確実に深まっていくことでしょう。

佐島顕子「秀吉と情報」

佐島論文は、朝鮮に渡海できず国内から指示を送った秀吉と現地で戦う諸将の間で取り交わされた朱印状や注進状を分析することで、外征が抱えた困難な問題を明らかにしています。諸大名は苦戦していたとしても、そんな情けない状況はすぐには注進しません。すると秀吉は、戦いが良好に進展していると考え、現地からすると無謀な指示を出しがちになります。そうしたギャップを改善するため、目付や奉行を派遣しますが、彼らも前線の様子を把握するには時間がかかり、注進状発送にも困難を抱えます。

さらに大名たちは、秀吉の指示がずいぶん前に送った注進に基づいて行なわれているので、現地で相談して戦略を立てるようになります。戦況は刻々と変化しているのですから当然のことで、秀吉もそれを認めます。こうしたダイナミックなとらえ方は新鮮です。

これまで朝鮮出兵関係の論文や著書は、事実の経過を述べるものが多く、このように情報のやりとりに焦点を当てて分析した論文はなかっただけに、外国における戦争の困難さを実感できる画期的な論文になっていると思います。

堀越祐一「太閤秀吉と関白秀次」

堀越論文は、山内一豊の蔵入地代官としての職責の怠慢を責める文書の分析を手掛かりに、「関白様御家中」とされた大名の構成やその性質、秀吉と秀次の軋轢、秀次の切腹の公的な理由について論じたものです。

堀越氏は、文禄四年七月八日の秀次謹慎という処分は、同年四月十六日の羽柴秀保（秀次の実弟）の死去と密接に関連している、としています。確かにそういう因果関係もあったかもしれません。また秀次の自害について、『お湯殿の上の日記』の「むしちゆ（無実）へかくの事候よし申（もうす）なり」という記述を、矢部健太郎氏の見解を援用し、無実であること、すなわち罪状である秀吉への謀反というのが冤罪であることを示すため、秀次が自らすすんで切腹した、と解釈し、惰弱な印象の強い秀次の意外な一面だとしています。「よし申なり」ですから、あくまで当時ささやかれた噂あるいは評判ということですが、当時の武将の発想法としてありそうなことであり、貴重な問題提起となっています。

矢部健太郎「秀次事件と血判起請文・『掟書』の諸問題」

矢部論文は、秀次切腹後、豊臣政権が諸大名に血判を据えさせた起請文について、大阪城天守閣に所蔵される『木下家文書』の原本を中心に精密に調査したものです。調査所見については論文を参照していただくとして、本論文で重要なことは家康・輝元・隆景の連署起請文だけが原本がなく、写しが『毛利家文書』に残るのみとなっていることです。署名は、それぞれ「羽柴武蔵大納言」「羽柴安芸中納言」「羽柴筑前宰相」となっており、「源姓」徳川家も豊臣政権下のある時期には「豊臣姓」であったことを示しています。

木下家文書からこの起請文の原本だけが失われていることは、徳川幕府下において、徳川家が「豊臣姓」であった過去を消そうとしたことを示しているように思います。堀論文と合わせて、豊臣政権下の家康の地位の実態を推測させる貴重な事例となっています。

清水　亮「秀吉遺言と『五大老』・『五奉行』」

清水論文は、早稲田大学図書館所蔵の「豊臣秀吉遺言覚書案」を検討し、従来確定されていなかった作成者を特定し、この文書の意味を探ろうというものです。清水氏は、同じく早稲田大学図書館所蔵の『宮部文書』を分析し、この「遺言覚書案」の作成者は鳥取城主宮部長熙(ながひろ)かその父宮部継潤(けいじゅん)であり、宛先は家康であると推定し、原本は恐らく徳川家康に送られたであろうと主張しています。

この「遺言覚書案」が宮部家に残ったものであることは確実です。ただそれが、宮部継潤あるいは長熙が家康のために作成したものであり、かつ家康に実際に送ったかどうかは、あまり史料が残っていないため、確定したとまでは言えないかもしれません。しかし、それでもこの論文によって、死期を悟った秀吉が五奉行相互に、さらには五大老相互に縁辺を結ぶよう遺言した事実が改めて位置づけられ、豊臣政権末期の不安定で複雑な内情がよく示されました。

おわりに

以上、本書に収録した豊臣政権と秀吉をめぐる多彩な論文を紹介してきました。それぞれの論文では、秀吉の文書が写真版で掲げられ、釈文と現代語訳が付されています。ここで紹介した結論もさることながら、歴史研究者が、これらの一級史料をいかに読み、どのような分析を行なうかという観点からも面白い読み物になっていると思います。

掲載した史料も、秀吉の書状、直書、朱印状、諸大名・奉行の起請文、秀吉遺言状覚書など、多彩な史料です。これらを見ていくことによって、秀吉文書の変遷もたどることができます。

それぞれの章は完結していますから、興味のある章から読んでいただいて構いません。ただ、その際、是非、史料そのものをながめ、現代語訳された文章を読み、自分ならそれが豊臣政権のどのような特質を語っているかを少し考えてもらえれば、それぞれの研究者の主張もより興味深く感じられると思います。

第一章

長久手の戦い──秀吉が負けを認めたいくさ

鴨川達夫

はじめに

豊臣秀吉の生涯は、大きく三つの時期に分けることができます。第一は、織田信長の家臣として各地を転戦した時期、第二は、その信長が死んだあと、関白になって全国統一を実現するまでの時期、そして第三は、関白を退き、太閤として天下に君臨した時期です。数字で表せば、第一期は天正十年(一五八二)まで、第二期は天正十八年まで、第三期は慶長三年(一五九八)に亡くなるまでとなります。

さて私は、第二期の最後に位置する小田原攻めや、第三期の朝鮮出兵など、秀吉の最盛期についても関心を持っていますが、これまでは、第二期に入って間もなく、関白になる前後の天

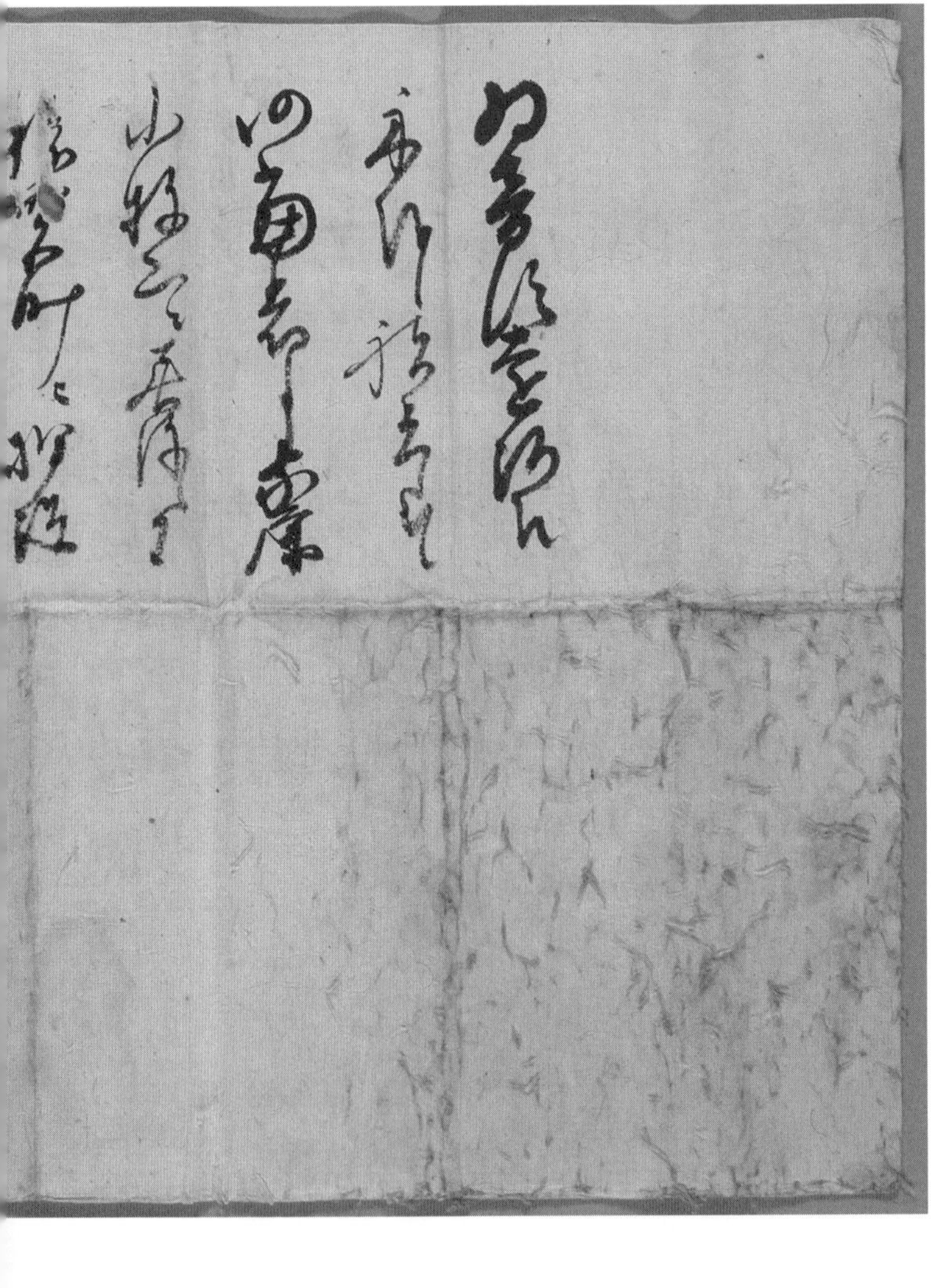

四月十日付け亀井茲矩宛羽柴秀吉書状

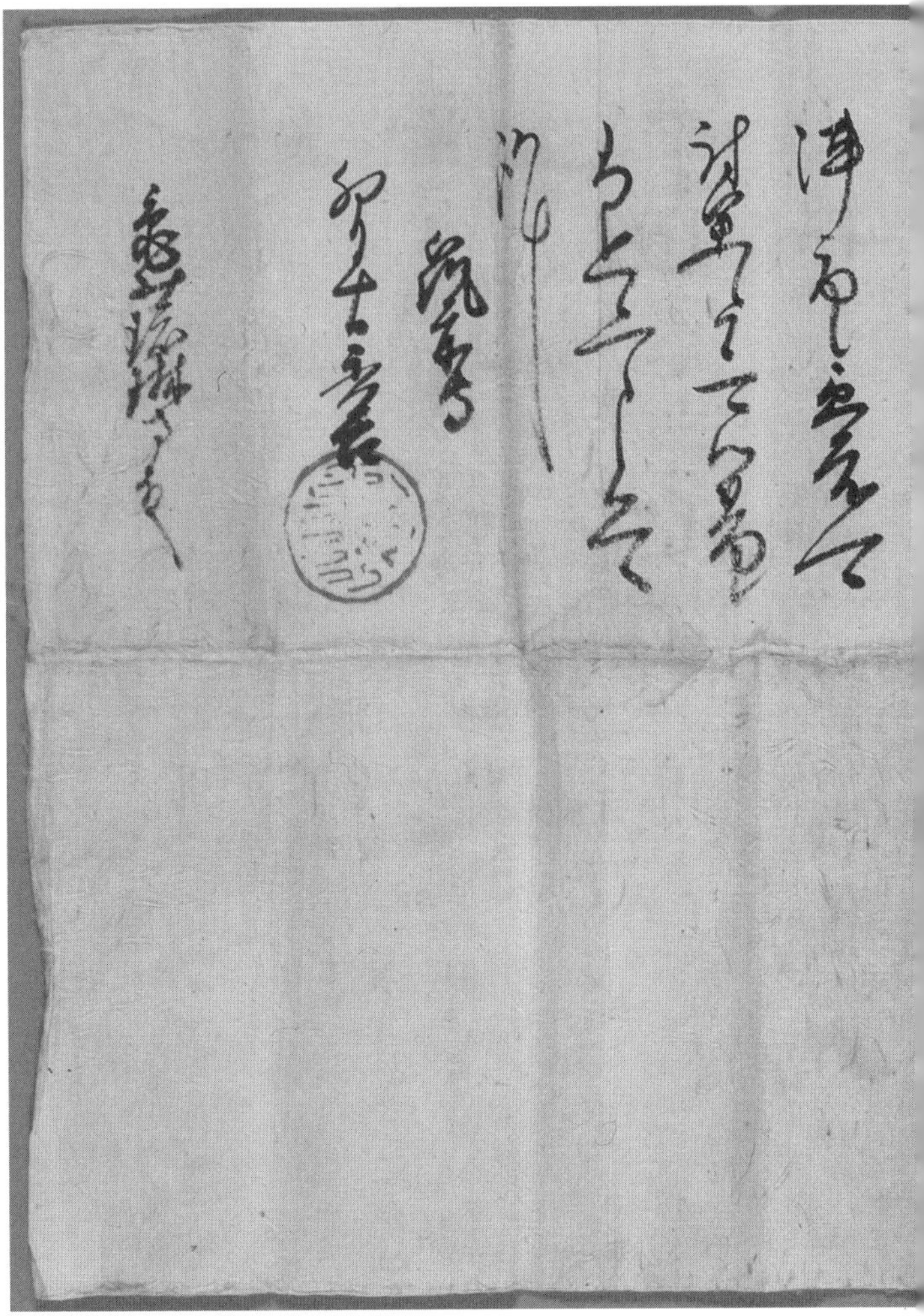

（国立歴史民俗博物館所蔵）

正十二～十三年を、おもな研究対象としてきました。そこで本章では、この時期に出された秀吉の文書の中から、一通の興味深い書状を取り上げ、その内容を糸口として、秀吉と徳川家康の激突について論じてみたいと思います。

【釈文】

為音信遠路被示越候、祝着之至候、仍当表事、家康小牧山ニ居陣候間、拾四五町ニ押詰、陣取候、急度可討果候間、可心易候、尚追々可申候、恐々謹言、

筑前守
秀吉〇（秀吉朱印）

卯月十日
亀井琉琳（球）守殿

【現代語訳（本文のみ）】

挨拶ということで、遠路はるばる、お便りをいただきました。たいへん喜んでいます。さて、こちらの状況ですが、家康が小牧山に陣を据えましたので、当方はそこから十四、五町の距離まで近づき、そこに陣取りました。必ず家康を討ち果たすつもりですので、安心して下さい。なお、追ってまた戦況をお知らせします。恐々謹言。

四月十日付けの秀吉の書状です。「秀吉」の下に朱印が捺されていますので、書状ではなく朱印状だろう、という意見が出るかもしれません。この文書は国立歴史民俗博物館の所蔵ですが、同館では「羽柴秀吉朱印状」という名称で登録されています。

しかし、これは花押を書く代わりに、ハンコを捺しただけのことなのです。花押を書くという作業は、かなり煩わしいものであったらしく、そのためこのようなことが行なわれたのです。そもそも、例えば織田信長の「天下布武」の印章などに比べると、秀吉の印章はかなり小さく、また印文もはっきりしません（文字ではなく文様なのかもしれません）。相手に威厳を見せつけようとするものでもなければ、高邁な理想が込められているわけでもないのです。したがって、この文書をことさらに朱印状と呼ぶ必要はない、書状で十分であると、私は考えています。平易な言葉で言えば、普通の手紙です。書状によくある文言（「恐々謹言」）で結ばれている点からも、同じことが言えると思います。

1　天正十二年の書状

さて、これは今日でもそうですが、手紙の日付は○月○日とするのが普通です。○年から書くことはありません。この書状の場合も、「四月十日」だけです。したがって、何年の四月十日に書かれた書状なのか、すぐには判断することができません。多少の作業が必要になります。

秀吉は早くから朱印を使っていたわけではなく、天正十二年の三月頃から使い始めたと考えられています（小林清治『秀吉権力の形成』東京大学出版会、一九九四年）。その後、天正十三年の七月に関白になりますが、それ以降の秀吉は、文書の作り方も尊大になってゆきます。*「恐々謹言」のような、相手を敬い自分を卑下する文言は、もちろん姿を消します。また、差出書については、「秀吉」という署名を省略し、朱印だけで済ませることが大半になります（書状から朱印状への転換）。言い換えれば、署名がきちんと書かれた書状は、原則として天正十三年七月まで、ということです。

いま取り上げている文書は、朱印が使われていますから、天正十二年三月以後のものです。それと同時に、署名がきちんと書かれた書状ですから、天正十三年七月以前のものでもあります。四月十日付けである点を考えれば、この書状は天正十二年または十三年に書かれたことになります。

では、天正十二年と十三年、どちらの四月十日なのでしょうか。差出書には「筑前守」という肩書が付いています。よく知られているように、秀吉は「羽柴筑前守」と称していました。ただ、これは天正十三年に入ると、その例が少なくなります。したがって、肩書の点では、天正十二年の方が可能性は高そうです。

しかし、肩書などに頼らなくても、書状の内容を読めば、答えはすぐに明らかになります。

家康が小牧山に陣を据えました、……必ず家康を討ち果たすつもりです。

家康というのは、もちろん徳川家康のことです。秀吉は家康と小牧付近で戦っているわけです。これは、いわゆる小牧・長久手の戦い、その一場面に間違いありません。小牧・長久手の戦いは、天正十二年の出来事です。このことから、われわれの書状は天正十二年四月十日付けであると、判断することができるのです。

この書状の場合は、内容に決定的な判断材料が含まれていましたので、朱印や署名に着目する必要は、本当はありませんでした。しかし、内容からはさしたる情報を得られない場合も、決して少なくありません。そのような場合は、朱印と署名による判断が、やはり有効になってきます。「秀吉○」という差出書は、原則として天正十二年三月～十三年七月、ということです。さらに、八月～十二月の日付であれば天正十二年に、一月・二月の日付であれば天正十三年に、それぞれ特定できることになります。三月～七月の日付の場合は、天正十二年と十三年、二通りの可能性がありますので、少し困ってしまいますが。

なお、写真を見ると、この書状は紙の上半分だけに字が書かれており、下半分は空白になっています。これは、紙をまず横に半分に折り、折目を手前に置いて、その状態で字を書いてゆくのです。字を書き終えると折りたたんで相手に届け、受け取った方では広げて読むわけですが、いずれの場合も最初の横折りはそのままにしますから、写真のように完全に開いた状態で取り扱うことは、本来はありません。ただ、学術的な調査・研究においては、紙の全容を示すために、完全に開いて撮影するのが普通です。

このような文書の作り方は、折紙（おりがみ）と呼ばれています。天正十二、十三年頃の秀吉の書状は、大半がこの様式で作られています。その後も折紙は多用されますが、時期が下ると紙のサイズが格段に大きくなり、紙質も違ったものになります（大高檀紙と呼ばれます）。いま取り上げている書状は、縦三一・七センチ、横四八・八センチですから、極端に大きなものではなく、戦国武将が用いた紙としては、ごく標準的であると言えます。

ここまで、紙の大きさや使い方、朱印や署名、結びの文言など、外見上のポイントを中心に、この書状の概要を述べてきました。要するに、秀吉が関白になる直前の文書はおおむねこのようなものだ、ということです。もちろん、相手や用件によっては、かなり違った姿かたちになることもあります。また、「筑前守」の有無のように、たかだか一、二年の間にも、時期による微妙な変化があります。しかし、あまりにも細かいことですので、これ以上は立ち入らないことにしておきます。

＊秀吉のいわゆる「自敬表現」については、本書の序章1で詳しく論じられている。

2　大敗した秀吉

さて、ここからは、書状の内容に話題を転じることにします。

すでに少し触れましたが、この書状には小牧・長久手の戦いのことが書かれています。亀井琉球守（名前は茲矩（これのり）、因幡鹿野城主）という人物に対して、徳川家康の動静と自身の決意を知らせているのです。いくさの当事者は、しばしばこのような書状を書きますから、特に驚くようなものではありません。

しかし、四月十日付けであることを思い出してみると、この書状には実に不思議なところがあります。前日の九日に、いわゆる長久手の戦いが行なわれ、秀吉は大敗を喫したはずなのに、その事実が全く書かれていないのです。

長久手の戦いというのは、説明するまでもないかと思いますが、広義の小牧・長久手の戦いの一場面です。本能寺の変に倒れた織田信長の後継者として、秀吉の存在が急速に大きくなる中で、信長の次男・信雄（のぶかつ）が徳川家康を味方に付け、両陣営が尾張の北部で、数ヶ月にわたって睨み合った――、これが小牧・長久手の戦いと呼ばれるものです。その睨み合いの最中に、秀吉は別働隊を南下させて、三河の岡崎、つまり家康の本拠地（留守番が残っているだけで隙がある）を衝こうとします。家康は睨み合いの陣地を出てこの別働隊を追跡、今日の愛知県長久手町付近で激戦となり、秀吉軍は多数の戦死者を出して大敗、岡崎攻めは実現しませんでした。この場面を、長久手の戦いと呼んでいます。

この戦いのことが、全く書かれていないのです。秀吉の本陣（愛知県犬山市楽田付近）と戦場とは、それほど離れているわけではありませんから、おそらく戦いの当日、九日のうちに、秀吉は敗報に接していたはずです。にも関わらず、翌日の書状にそれを書かなかったのは、醜態をわざわざ公開する必要はない、という判断がはたらいたためでしょう。戦いの翌日における秀吉のこの沈黙は、彼が大敗を深く認めていたことの、裏返しの表れであったわけです。

なお、さらに一日が過ぎて、十一日になると、秀吉もようやく口を開くようになります。戦いのことに言及した書状が、四通ほど知られています（『愛知県史』資料編12、三八六・四〇五〜四〇七号。以下同書は『愛知県史』とします）。かつての「大本営発表」などはその典型ですが、いくさに敗れた側は、しばしば事実の美化や修正を行ないます。しかし、十一日の秀吉の書状では、四通のうち三通に「勝利を失った」という表現があり、明確に敗北を認めています。「大本営発表」のようなことをしても繕いきれない、すぐに真相が伝わってしまう、それほどの大敗だったのでしょう。もっとも、三通のいずれにおいても、「勝利を失った」のあとに「大したことはない」という文言があり、虚勢を張る様子が全くないわけではありません。

以上のように、秀吉は自分でも認めざるを得ない大敗を喫したわけですが、いったいどのぐらいの人数を失ったのでしょうか。一連の秀吉の書状には出てきませんが、家康の書状には、具体的な数字が記されています。

一万余を討ち捕り候、（九日、『愛知県史』三八一号）
一万余を討ち果たし候、（十日、『愛知県史』三八五号）
一万余を討ち取り候、（二十一日、『愛知県史』四三二号）

このように、一貫して「一万余」と述べています。事実であるとすれば、秀吉にとっては、確かに大変な損害でしょう。しかし、この数字は、信用してよいのでしょうか。

先ほどの「大本営発表」の裏返しで、いくさに勝った側は、その勝ちっぷりをできるだけ大きく見せたがるものです。したがって、この種の数字は実際より大きくなりがちであり、迂闊に信用してはならない――、これは、戦国時代を研究する者であれば、誰もが心がけていることだと思います。私もそうです。もっとも、「水増しがあるのだろうなあ」と思いながらも、多くの場合、その確証をつかむことはできません。

ところが、長久手の戦いの「一万余」については、珍しいことに、水増しの証拠らしきものがあるのです。戦いの結果は上方にも伝わり、公家や寺社の日記に書き留められましたが、その一つに「顕如上人貝塚御座所日記」と呼ばれるものがあります。これは、浄土真宗（いわゆる一向宗）の本山、本願寺で作られていた日記です（個人の日記ではなく寺院の業務日誌のようなものですが）。それには、次のように書かれています。

去る九日、尾張において合戦、……秀吉軍は兵隊が一万余も討ち死にして、たちまち敗北した。

そして、興味深いことに、「一万余」の横に小さめの字で、

その後の噂では、三千ばかりが死んだということだ、

と書き込まれているのです（『愛知県史』三九〇号）。

本願寺にも、当初は家康が宣伝した通り、「一万余」という情報が入った、しかし、追いかけて種々の噂が届き、「本当は三千らしい」という判断になったのでしょう。この「三千」という数字が正確かどうか、それはそれで問題ですが、「一万余」という家康の宣伝は過大であると、当時の人々からも思われていたわけです。しかも、多少の水増しどころではなく、三倍

以上の粉飾であると疑われていた——。以上のような事実を念頭に置いて、先ほどは「証拠らしきもの」と述べました。なお、戦死者が一万よりずっと少なかったとしても、それでも大変な数であることに違いはありません。秀吉が受けた衝撃は、やはり非常に大きかったであろうと思います。

これまでに、秀吉の書状にはあるべき記事が書かれていないこと、また、家康の書状には大きな粉飾があることを、それぞれ指摘しました。このように、いくさの当事者たちの書状にも、残念ながら隠蔽や虚偽が含まれています。しかし、戦いの模様を再現しようとする時、基礎に置かなければいけないのは、やはり当事者の書状をおいてほかにはありません。後世の著作家による伝記や家譜、合戦記や軍記物語などは、当事者の書状と同一視できないし、してはいけない、ということです。

合戦記や軍記物語も、それなりに真面目に作られてはいるのでしょうが、今日の学術的な研究とは違うのですから、よくわからない部分を埋めるために、あるいは描写をよりダイナミックにするために、かなりの空想や創作が挿入されていることは、想像するに難くありません。織田信長の伝記として名高い『信長記』（または『信長公記』）は、全国各地に数種類が伝わっていますが、そのうち岡山大学所蔵のいわゆる池田本には、作者が次のような奥書を付けています（第十三巻）。

作り話では全くない。有ったことを除かずに記し、無かったことは添えていない。

大半の著作物は空想や創作だらけであると、当時すでに誰もが思っていたからこそ、このような奥書が必要になったのでしょう。後世の著作物の性質については、例えば、戦国武将たちの死去の年月日や享年を確かめる作業においても、「何の裏付けもなく作られた……いいかげんなもの」ばかりである、と指摘されています（谷口克広「没年月日と没年齢」〈『本郷』九〇号〉）。

これらに比べれば、いくさの直後に書かれた書状は、当事者たちによるナマの証言であると言えます。隠蔽や虚偽はあっても、それ自体が当事者のナマの反応です。したがって、戦いの模様を再現しようとする時には、繰り返しになりますが、何よりも当事者の書状を重視しなければなりません。では、長久手の戦いの場合、当事者の書状を読み込むことで、どのような真実が見えてくるでしょうか。この戦いについて述べた、比較的新しい文献として、『長久手町史』本文編の第五章第三節「小牧・長久手の戦い*」があります。以下、この『長久手町史』を参照しながら、戦いの真実について考えてみることにします。

*谷口央氏執筆。なお谷口氏は、その後「小牧・長久手の戦いから見た大規模戦争の創出」という論文（藤田

達生編『小牧・長久手の戦いの構造』岩田書院、二〇〇六年所収）でも長久手の戦いを描写しているが、『長久手町史』と大きく異なるところはない。

3　出し抜かれた家康

長久手の戦いに関する秀吉や家康、織田信雄の書状を読んでみると、すぐにあることに気がつきます。戦いが行なわれた場所について、長久手という地名は一度も出てこない、ということです。その代わり、三人とも、岩崎という地名を前面に出しています。岩崎は行政区分では愛知県日進市に含まれ、それより北三キロに国指定史跡「長久手古戦場」があります。

秀吉は、戦いの模様を、次のように述べています（『愛知県史』四〇五・四〇六号）。

岩崎城を攻め崩し、引き続き岡崎方面へ行動したところ、思いがけない状況となって勝利を失った。

また、家康や信雄は、「岩崎の口において」「岩崎方面において」という言い方をしています（『愛知県史』三八一〜三八四号）。いわゆる「長久手の戦い」は、当事者たちの間では、敵・味方を問わず、「岩崎の戦い」と認識されていたわけです。この事実は、岩崎という土地こそ、長久手の戦いの焦点であったことを、物語っているように思います（詳しくは後述します）。その意味で、指摘するに足る事実であると、私は思うのですが、『長久手町史』には何の言及もないようです。

ちなみに、秀吉の書状では、①岩崎城を攻略、②さらに岡崎方面へ、③勝利を失った、という流れになっています。岩崎から岡崎への途上で第二の戦闘が発生し、そこで大敗したことになります。岩崎から岡崎へ、つまり南下したのですから、岩崎より南で大敗を喫したはずです。そして、今日の「長久手古戦場」が、大敗の現場であるとされています。しかし、すでに述べたように、「長久手古戦場」は岩崎より北にあるのです。

死屍累々の戦場が誤って記憶されたとは思えませんので、これは秀吉が繕いごとをしているのでしょう。秀吉軍が背後から襲われたことは、書状にはっきり記されています（『愛知県史』四〇七号）。実際の状況は、先頭の部隊は岩崎城を攻略したが、後尾の部隊はまだ岩崎より北にあり、それが襲われたのではないでしょうか。行動が緩慢であったために、文字通り敵に尻尾を押さえられたということです。それだけでも無様なのに、しかも大敗したとあっては、秀吉も体裁を気にせざるを得なかったでしょう。そのため、果敢に前進したのだが上手くいかなかった、というストーリーを仕立てたのだと思います。

ところで、秀吉・家康・信雄の三人が、岩崎という地名を前面に出したのは、「岩崎の口」という表現によく表れているように、同地が三河への入口に位置する要衝であったからでしょう（「岩崎筋」という表現も見られます＝『愛知県史』三八七号）。したがって、家康としては、岩崎城を守り抜きたかったはずです。しかし、実際にはそれはかなわず、秀吉軍に奪取されてしまったわけです。直後の戦いで家康が大勝し、秀吉軍を撃退したことで、岩崎城も家康の手に戻ったのだと思いますが、重要な拠点を一度は失っているのです。

家康が大勝した戦いが、四月九日の午前中から正午にかけて行なわれたことは、家康・信雄の書状に記されています（『愛知県史』三八一・三八三号）。岩崎城の戦いは、その直前の出来事ですから、早朝に行なわれたことになります。ということは、秀吉軍は、おそらく八日のうちに、岩崎城の目の前まで進出していたのでしょう。

一方、家康の行動開始が夜半であったことは、これも書状に明記されています（『愛知県史』四〇七・四一五号）。岩崎からの急報を受け、ただちに救援に向ったのでしょう。しかし、秀吉軍の早朝の攻撃には、結局間に合わなかった――。当事者の書状を総合してみると、どうも以上のような経過であったように思います。

何が言いたいかというと、『長久手町史』には「家康は七日もしくは遅くとも八日のうちには……状況を把握し」と書かれていますが、これが妥当かどうかということです。私の見るところでは、いま述べたように、家康は八日の夜になってやっと状況を把握し（確かに「八日のうち」ではありますが）、それから押っ取り刀で急行したものの、見事に秀吉軍に出し抜かれたのだと思います。『長久手町史』の書き方には、家康はいち早く状況を把握し、すぐに的確な手を打った、というニュアンスが感じられますが、真実はそうではなかったように思えてなりません。出し抜かれたあとに秀吉軍の尻尾をつかまえ、それを手がかりに何とか逆転勝利に持ち込んだ、ということです。

すでに述べたように、当事者たちの間では、この戦いは「岩崎の戦い」と認識されていました。「長久手の戦い」という呼称は、明らかに後世の産物です。では、なぜ「岩崎」ではなく、「長久手」なのか——。その理由は、家康の行動を以上のように解釈すれば、説明ができるように思います。岩崎を確保することに、家康は失敗したわけです。徳川幕府が成立し、家康が神格化されてゆく、そのような空気の中では、岩崎という地名は封印されざるを得ません。それに代わって、長久手で秀吉軍の尻尾をつかまえ、逆転勝利に持ち込んだことがクローズアップされ、そのため「長久手の戦い」という呼称が定着していったのでしょう。

しかし、繰り返しになりますが、岩崎の帰趨こそがこの戦いの焦点であったと、私は考えています。余談ですが、有名な長篠の戦いは、狭義の長篠（愛知県新城市長篠付近）からは少し離れた、設楽原（したらがはら）という場所で行なわれました。したがって、「設楽原の戦い」と呼ばれてもおかしくないのですが、長篠の奪い合いから派生した戦いであったために、当時から「長篠の戦い」と認識され、今日に至っています。戦いの呼称には、本質をよく表したものもあれば、そうでないものもある、ということです。

さて、家康の行動については以上の通りですが、この時、織田信雄はどのように行動したのでしょうか。『長久手町史』は、家康と行動をともにしたという説と、小牧の本陣に残ったという説とを併記し、どちらとも断定していません。しかし、「従来……信雄も進軍したとされているが、……小牧山を離れることはなかった可能性もある」という言い回しが見られ、どちらかといえば小牧に残ったという考えであるように読めます。しかし、この問題については、信雄自身の書状に、はっきり答えが出ているように思います。

信雄は、四月十日付けの書状（『愛知県史』三八二号）で、岩崎での戦いの模様を説明し、さらに「側近の者を少し連れて行った、手柄をあげない者は一人もなかった」と述べています。素直に読めば、信雄も岩崎の現場にいたのだとしか考えられません。興味深いことに、この書状の「信雄」という署名の下には、花押を書くのではなくハンコを捺しています。なおかつ、その理由も説明されており、「散々くたびれたのでハンコにした」と述べています。花押を書くような細かい作業はとてもできない、それほど疲労していたわけですが（「花押は煩わしい」がここにも出てきました）、これは彼が激戦を経験してきたことを、雄弁に物語っているのではないでしょうか。ちなみに、同じ十日付けの書状がもう一通残っていますが（『愛知県史』三八三号）、これにも花押を書くのではなくハンコが捺してあります。

以上のような判断材料があるのですから、やはり答えははっきり出ているように思います。『長久手町史』には、この問題を考えるにあたって、信雄の書状を参照した気配がないのですが、どうしてなのでしょうか。不思議でなりません。この問題に限らず、『長久手町史』には全体的に、当事者の書状を重視しているとは言えないところがあり、四七～四八頁で述べたような私の考え方からすれば、いささか歯がゆい思いがします。

ここまで、当事者の書状を読み込むことで、三つの真実を発掘してきました。そのほか、冒頭で述べたように、家康が討ち取った人数は三千程度にとどまる、という真実もありました。これらをふまえると、長久手の戦いの描き方も、微妙に変わらざるを得ないのではないでしょうか。例えば、この戦いを、次のように描写したとします。

秀吉の作戦をいち早く察知した家康は、小牧の本陣に信雄を残して出動、秀吉軍を捕捉して大いに破り、一万人あまりを討ち取った。家康はただちに、この長久手における勝利を、書状で関係者に知らせた。

この文章は、これまでなら何の問題もなかったことと思いますが、実は至るところに虚像が含まれているわけです。

ところで、この戦いに参加した武将たち、彼らのものの考え方についても、これまでの描写には虚像が含まれているように思います。

秀吉軍の一員としてこの戦いに参加し、武運つたなく戦死してしまった、森長可（ながよし）という武将がいます。彼は秀吉から美濃の兼山城（かねやま）（現・岐阜県可児市）を任されており、秀吉軍の重要人物の一人でしたが、虫の知らせでもあったのか、戦死の半月ほど前に遺言状をしたためました（『愛知県史』三四二号）。この遺言状はなかなか有名で、戦国武将のものの考え方の一例として、これまでに何度も取り上げられてきました。しかし、長可の真意を読み取れているか、虚像を生み出すことはなかったか、私はそこに若干の不安を感じるのです。そこで、本章の残りの部分を利用して、この遺言状の読み方を示してみることにします。

4　森長可の遺言状

遺言状の全容を、まずはお目にかけましょう。私なりに現代語訳してあります。

①「沢姫」という茶壺は、秀吉様へ進上します。ただし、現物はいま宇治にあります。
②天目茶碗も、秀吉様へ進上します。茶碗に付けた札にその旨を記してあります。
③もし戦死したなら、以下のようにして下さい。母上は、手当を秀吉様からお貰いになって、京都にお住まいになって下さい。森家の後継ぎの忠政は、いまと同じく、秀吉様のお側に仕えること。
④「長可の地位を継ぐことは、たいへん困ります。兼山の城は要衝ですから、もっとしっかりした者を配置なさいませ」と、秀吉様にお言いなさい。
⑤わが妻は、すぐに実家の大垣へお越しなさい。
⑥粗悪な茶道具・刀・脇指は、忠政にお与えになって下さい。遺品類はどれも付けてある札に記してある通りの相手に、お届けになって下さい。札の付いていないものは、すべて忠政に与えます。ただし可能な範囲で。以上のように、忠政にお伝えになって下さい。

三月二十六日朝　　　　　　武蔵守

尾藤甚右衛門さま

⑦追伸。京都の本阿弥という人のところに、秘蔵の脇指が二つあります。忠政に与えますから、尾藤殿に取り寄せてほしいとお言いなさい。おこうは、京都の町人におやりなさい。医者のような人にお片付けなさい。母上は、必ず必ず京都にお住まいになって下さ

い。忠政がこの城の後継ぎになるのは困ります。万一、今回のいくさが全面敗北になる場合は、みんな城に火をかけてお死になさい。その旨おひさにも言いました。

尾藤という人物宛になっています。この人の立場については、秀吉に近いことがしばしば指摘されますが、それ以前に、長可と親しく交際していたのだと思います。いずれにせよ、尾藤宛になっているのですから、長可は尾藤に後事を託したように見えますが、実際はもう少し複雑です。言葉遣いによく注意してみると、相手は尾藤ではなく、家族であると思われる部分が、かなり見受けられるのです。遺言状ですから、第一義的には、やはり家族宛に書かれたのでしょう。しかし、それと同時に、家族がこれを尾藤に見せて、遺品の処分を仕切ってもらうことも想定した――。そのため、家族宛の部分と尾藤宛の部分が、混在しているのだと思います。右に掲げた現代語訳は、その前提で作文しました。①・②と⑥は尾藤宛、③～⑤と⑦は家族宛ということです。なお、尾藤を通じて秀吉に見てもらおうとした、という見方もあるようですが（渡辺江美子「森長可の遺書について」〔『戦国史研究』三六号、一九九八年〕）、文面そのものには、そのような要素を見出すことができません。

細かいことですが、もう一点指摘しておきます。②と⑥に「札」という言葉が出てきますが、原文では平仮名で「ふだ」となっています。これを京都の仏陀寺という寺院であると解釈し、

②の原文が「ふだにあり」であることから、長可の茶道具などは京都に預けられていた、と説明する向きがあります（桑田忠親『戦国の遺書』人物往来社、一九六四年ほか）。確かに、②についてはそれも成り立ちそうですが、⑥の原文は「ふだのことく御と〻け候へく候」ですから、私の現代語訳が最も素直ではないでしょうか。私だけでなく、すでに複数の文献が、「ふだ」に「札」という漢字を当てています（日本歴史学会編『演習古文書選』古代・中世編、吉川弘文館、一九七一年ほか）。

先ほど、秀吉に見てもらうための遺言状ではないと述べましたが、それはそれとして、長可と秀吉の関係は、非常に親密であったようです。名品の茶道具を贈っていることや、忠政が秀吉の小姓を務めているらしいことは、その表れであると言えます。また、その茶道具について、「秀吉様」に「進上」という書き方（原文でもこの通りです）がされていることによれば、ただ親密であるだけでなく、長可は秀吉を主人として仰ぐ意識であったことが窺えます。

長可はもともと織田信長の家臣であり、その点では秀吉と同格です。加藤清正や石田三成のような、秀吉の子飼いの家来ではありません。また、秀吉が天下の中央に立つことは、彼が小牧・長久手の戦いを凌ぎきったことで、初めてその流れが確定したのだと思います。しかし、長可の遺言状は、それより前に書かれていました。

以上のような条件があったにも関わらず、秀吉を主人として仰ぐことを、長可は明確に示しているのです。長可にどのような判断があったのか、はっきりしたことはわかりませんが、この遺言状の見どころの一つであると言えましょう。信長の家臣から秀吉軍の一員となった武将たちは、このような同輩関係から主従関係への組み換えを、遅かれ早かれ経験することになります。

さて、この遺言状で最も注目されてきたのは、いうまでもなく④の部分です。後継ぎの忠政に対して、城主の地位は引き継がずに辞退せよ、と言っています。当時は世襲が当たり前の社会ですから、俺が築いた地位をしっかり引き継がせてもらえ、などという言葉が出てきそうなものです。ところが長可は、正反対のことを言っている――。そこが注目されてきたわけです。

長可の身内には、戦死した人が少なくありません。また、「兼山の城は要衝」ということですから、長可自身もいつ命を落とすかわかりません。彼のこのような境遇に、「辞退せよ」という発言の淵源を求めることは、極めて自然な発想であると言えましょう。事実、「そのいのちが明日をも測られぬ戦国武士の……悲痛な叫び」（桑田前掲書）、「『もう武士はこりごりだ』との思いがあった」（小和田哲男『戦国武将の手紙を読む』中公新書、二〇一〇年）、などという見方が語られてきました。

しかし、③の部分には、秀吉の身の回りで奉公するように、とあります。つまり、引き続き武士であれ、と言っているのです。武士なんかやめてしまえ、と言っているわけではないのですから、「武士はこりごり」という見方は、明らかに言い過ぎです。

武士をやめろとまでは言わないが、要衝の城主より殿様の側近の方が安全だと考え、それを忠政に説いたのでしょうか。長可以外の武将であれば、あり得ることかもしれません。しかし、長可がそのように考えたとは、私には思えません。というのは、織田信長の側近として、本能寺の変でともに死んだ森蘭丸は、長可の弟なのです。蘭丸だけでなく、その下の弟たちも、本能寺で死んでいます。殿様の側近といえども決して安全ではないことを、長可は身をもって知っていたはずなのです。

このように考えると、長可の真意は、「武士の枠内でできるだけ安全に」というわけでもなさそうです。生命が安全か危険かではなく、平時の任務や責任の軽重を問題にしている、と考えればよいのでしょうか。

ところで、⑦の部分では、「おこう」という女子について、京都の町人に嫁がせるように、と言っています。この発言の背後に、武士には嫁がせるな、いくさに巻き込まれるから、という考え方を見出すことは、これもまたごく自然な成り行きでしょう。この部分を、「決して武士の妻などにはしないように」と意訳した文献もあります（谷口克広『織田信長家臣人名辞典』森長可の項、吉川弘文館、一九九五年）。しかし、原文はあくまで「京のまち人に御とらせ候へく候」です。つまり、「武士ではなく」というニュアンスが含まれているかどうかははっきりせず、その一方で、「京都の」という限定が明確に付いているのです。

これに関連する事実として、③の部分で、母上は京都に住んでほしい、と言っていることがあります。同じ発言が、⑦の部分でも、「必ず必ず」という強調付きで繰り返されています。もしかすると、女性には京都が住みやすい、といった感覚があったのかもしれません。「おこう」の場合も、力点が置かれているのは、「町人」ではなく「京都」なのだとも考えられます。その場合には、長可の真意は、先ほどの意訳のようなものではないことになります。

以上のように、私の見るところでは、長可の真意はどうもよくわかりません。はっきりしているのは、城主の地位は辞退せよ、と言っていることだけです。これについて、『長久手町史』は、おおむね次のような意見を記しています。


要衝の城主の地位は、実力によって決められるものであり、自動的に世襲されてはならないという、新しい考え方の表れである。

④の部分をていねいに読んで、「兼山の城は要衝ですから、もっとしっかりした者を配置なさいませ」と秀吉様にお言いなさい、と述べていることに着目したわけです。
確かに、後継ぎの忠政はまだ十五歳ですから、実力のほどは未知数であり、したがって辞退

するのが当然という考え方は、長可にあったかもしれません。しかし、⑦の部分で、長可はあらためて、忠政がこの城を継ぐのは困る、と単刀直入に述べています。これが長可の本音ではないでしょうか。④において「要衝ですからもっとしっかりした者を」と忠政に言わせたのは、あとから付けた理屈であるとも受け取れます。「新しい考え方」のような高級なことを、長可が本当に考えていたかどうか、私には疑問の余地があるように思います。

なお、『長久手町史』は、「新しい考え方」の例はほかにもある、としていますが、それもどうでしょうか。同書の指摘する例（加藤光泰遺言状）では、後継ぎが若いことを理由に、甲斐という要衝を辞退しています。それは事実ですが、「若いから要衝を辞退」という名目で、秀吉の勢力圏としては辺境の甲斐を忌避し、中央への国替えを望んでいるようにも読めるのです。この場合も、「新しい考え方」のような高級な話ではなく、もっと生々しい話である可能性があります。

また、これは『長久手町史』には言及がありませんが、越前という大国の後継ぎを誰にするか、秀吉の判断に委ねた例があり（丹羽長秀遺言状）、これも「新しい考え方」に合致するところがあります。しかし、よく読んでみると、判断を委ねたといっても、「子供たちや一族の者どもをご覧になってお決め下さい」と言っているのであって、広い意味での世襲を行なうことは、明確に前提とされているわけです。

このように考えると、そもそも「新しい考え方」なるものが実在したのかどうか、はなはだ疑わしくなってきます。

おわりに

先学のさまざまな意見に、いちいち難癖をつけてきました。最後に、私自身の考えを、披瀝しなければいけないのですが――。

森家が城主の家柄でなくなることを、長可は望んだわけですから、彼にはいわゆる上昇志向が全くなく、むしろその反対であったことになります。これを事実として受け止めるしかない、というのが私の考え、いや逃げ口上です。戦国武将の中には、このような人物もいた、ということです。少し極端な例であるとは思いますが。

出自もはっきりしないところから、関白にまで成り上がった秀吉などは、強烈な上昇志向を持っていたのでしょう。ですから、多くの戦国武将もそうであり、上昇志向と上昇志向のぶつかり合いが戦国時代なのだ、というイメージがあるかもしれません。

しかし、上昇志向のない戦国武将もいたことを、本稿では確かめることができました。実は、このタイプの武将は、意外に多かったのではないかと思います。私はかつて、武田信玄について、彼にとっては甲斐や信濃などの維持が最大の関心事であり、いわゆる天下取りなどは眼中になかっただろう、という意味の文章を書いたことがあります（拙著『武田信玄と勝頼』岩波新書、二〇〇七年）。そもそも、信玄の領国が甲斐一国から大きく広がったのも、必ずしも上昇志向の産物ではないと考えています。毛利元就についても、全く同じことが言えます*。

かつて、ある研究者が、本能寺の変について、おおむね次のように述べたことがあります。

明智光秀が信長に叛いた理由は、天下が欲しかったから、それが最も確かな見解である。戦国時代の武士である以上、あまりにも当然のことである。

（林屋辰三郎『天下一統』中央公論社、一九六六年）

このような見方は、今となっては、単純に過ぎると言えましょう。くどいようですが、長可のような人物も、実際に存在したのですから。

＊拙著『武田信玄と毛利元就』（山川出版社、二〇一一年）。

第二章 豊臣政権の大名統制と取次

光成準治

はじめに

豊臣政権においては中枢政治機構が未確立であったため、諸大名に対する政策指導は個々の年寄＝吏僚派奉行の裁量に委ねられていたとされています（山本博文『幕藩制の成立と近世の国制』校倉書房、一九九〇年、以下「山本Ⓐ」）。山本氏は、この吏僚派奉行の任務が秀吉の「取次」であることにその本質を持ち、彼らは情報を取捨選択して秀吉に伝達し、独自に担当の大名に対して軍事面あるいは政策面での指導（「指南」）を行なうことによって、各大名の後見人としての機能を合わせ持っていたと述べ、島津氏に対する石田三成、伊達氏に対する浅野長政（長吉）らを「取次」としました（以下、山本氏の主張する軍事面や政策面における指導や大名の後見などを行なう秀吉奉行層について「取次」と表記します)。

一方、豊臣政権の初期には、徳川家康、上杉景勝、毛利輝元といった大大名が取次の任にあたっています。これらの外様大大名が広域の大名を対象とする取次、指南であったのに対して、豊臣直臣は服属大名に個別に付くものであったとされます(藤田達生『日本近世国家成立史の研究』校倉書房、二〇〇一年)。また山本博文氏は、同じように「取次」と呼ばれていてもレベルの違う者については峻別して理解すべきであるとしています(『天下人の一級史料』柏書房、二〇〇九年、以下「山本Ⓑ」)。そこで本章では、大大名による取次については考察の対象とせず、秀吉奉行層による取次に焦点を絞ります。

秀吉奉行層による取次に関する論点として、第一に、大大名に対する取次の有無が挙げられます。山本Ⓐにおいては大大名が直接秀吉につながっているとされますが、津野倫明氏は山本Ⓐを批判し、毛利氏の事例をもとに、「五大老」にも「取次」は存在したとしています(「豊臣政権における『取次』の機能」(『日本歴史』五九一、一九九七年)、「豊臣~徳川移行期における『取次』」(『日本歴史』六三四、二〇〇一年)、以下「津野論文」)。これに対して山本氏は「豊臣政権が設定した奉行の『取次』を受けない大老層は、(中略)『取次』を介することなく直接秀吉に物が言え、秀吉もその地位を認めていた」「秀吉朱印状の副状を発給する者がいたとしても、この議論が崩れるわけではありません」という反論を展開しています(山本Ⓑ)。

第二の論点は、取次とされる秀吉奉行層の果たした役割です。戸谷穂高氏は、対九州政策時の事例から、対領主交渉に介在する政権内武将は、

ア．①大名の身上保障、②軍事指揮権、③新服属地の「置目」執行、を役割とする【指南】（中国・四国【取次】もほぼ同水準の権限）、

イ．九州仕置終了前は、①諸領主に対する政権への臣従促進、②出兵時の先陣、③【指南】による「置目」執行の補佐、仕置終了後は、①秀吉謁見や陳情の際の独占的な披露・取成、②政策面の忠告、を役割とする【取次】、

ウ．①諸領主の臣従促進、②大名個々の利益の代弁や取り成しを役割とする【奏者】、

という三階層に分かれていた、としました（「豊臣政権の取次」『戦国史研究』四九、二〇〇五年）。しかし、そのような役割分担がすべての対大名（領主）交渉においても当てはまるのか疑問が残ります。

そこで本章では、まず、上杉氏に対する秀吉および秀吉奉行層の文書を通じて、大大名に対する取次のあり方を見ていきます。次に、比較対象として、山本氏の「取次」論の根拠となった島津氏に対する秀吉奉行層の役割について再確認し、秀吉奉行層を通じた豊臣政権の大名統制の実態解明を試みたいと思います。

1　新発田攻めと豊臣政権

七〇・七一頁に掲載した豊臣秀吉直書（じきしょ）（『大日本古文書　上杉家文書』〈以下、『上杉』〉八二八号、米沢市上杉博物館所蔵）は、上杉景勝が天正十五年（一五八七）十月二十四日に五十公野道如斎（いじみの）、二十五日に新発田重家（しばたしげいえ）を討ち取り、新発田重家の乱を鎮圧した際のものです。

新発田氏は揚北衆（あがきたしゅう）と呼ばれる越後国下郡地域の有力国人で、重家は初期景勝権力の中枢にありましたが、天正九年、織田信長に通じて景勝に反旗を翻します（『上越市史』別編2〈以下、『上越』〉二一四五号）。本能寺の変後も重家が景勝への抵抗を続けた一方、景勝は秀吉との連携を深めていき、天正十四年六月に上洛して、豊臣政権に従います。その直後の九月六日付け景勝宛秀吉直書（『上杉』八一四号）が、豊臣政権による新発田問題への直接的な関与の初見です。内容については後述しますが、豊臣政権の新発田問題への対応はその後二転三転し、翌年十月にようやく決着します。したがって、天正十五年十一月二十二日付け景勝宛秀吉直書は、豊臣政権へ服属した初期段階における大大名領国に対する豊臣政権の関与や大名統制のあり方を示す格好の素材となるものです。

【釈文】

十月廿八日書状今日廿二到来、披見候、去廿四日、五十公野(いじみの)之地責崩、始道女斎千余打捕、翌日廿五、新発田押詰、則(すなわち)攻崩、新発田因幡、其外不残(のこらず)三千余討果、平均被申付(へいきんもうしつけらる)由、心地能(よく)候、日来之被遂本意(ひごろのほいをとげられ)候段、誠以満足不可過之(これにすぐべからず)候、其方心中外不斜喜(しんちゅうがいよろこびなのめならず)被思召候、猶石田治部少輔・増田右衛門尉可申候也(もうすべくそうろうなり)

（天正十五年）霜月廿二日（花押）（豊臣秀吉）

上杉少将とのへ

【現代語訳（本文のみ）】

十月二十八日の書状が今日十一月二十二日に到来したので、読みました。十月二十四日に五十公野城を攻略し、五十公野道女斎をはじめ千余を討ち取り、翌日二十五日には新発田城を包囲し、すぐに攻め落とし、新発田重家ほかの一味残らず三千余を討ち果たし、乱を平定したとのこと、心地好いことです。日頃からの願いを遂げられ、誠に満足この上ないことでしょう。あなたの心の内外とも喜びは格別だと思います。なお、石田治部少輔三成と増田右衛門尉長盛が伝えます。

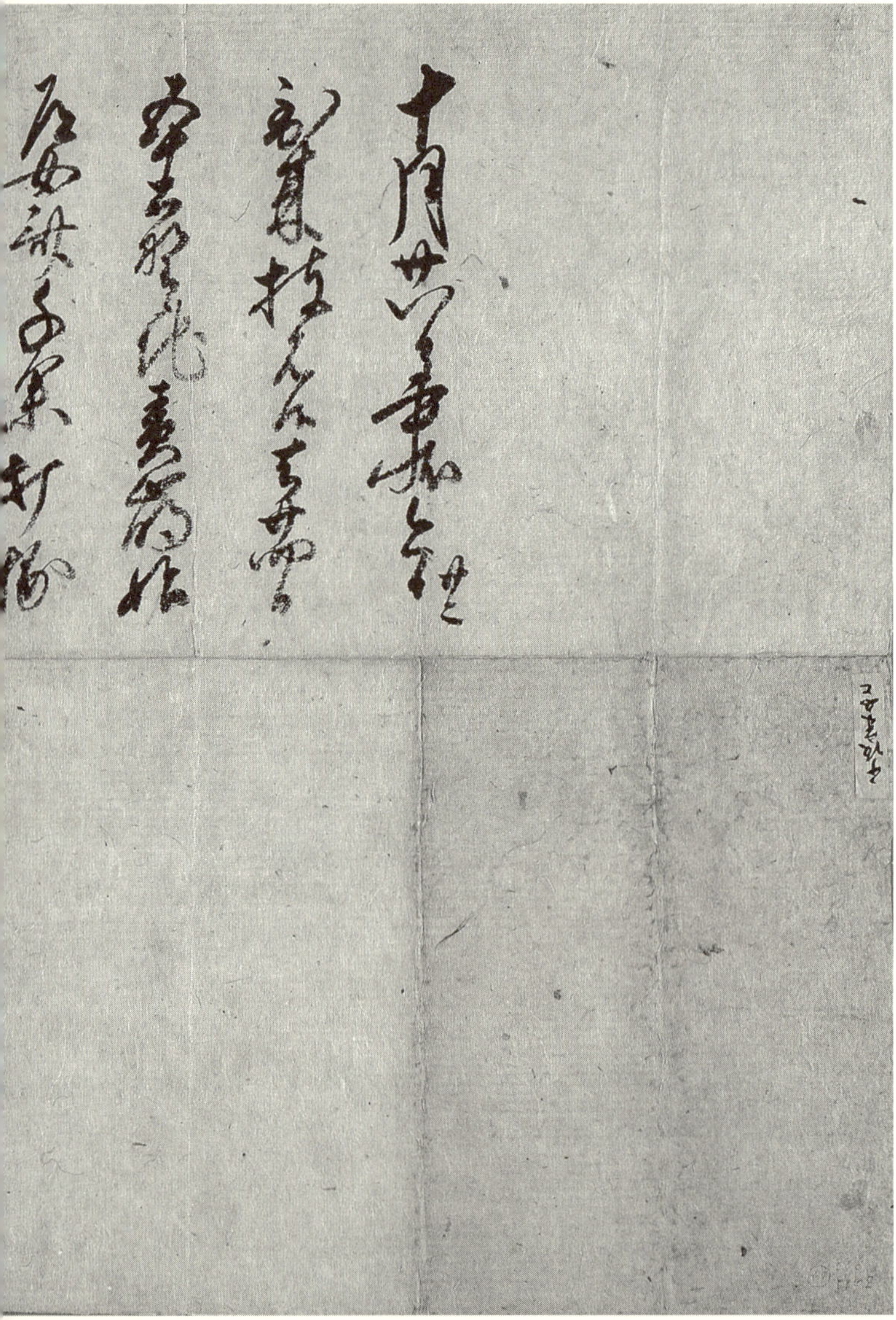

十一月二十二日付け上杉景勝宛豊臣秀吉直書

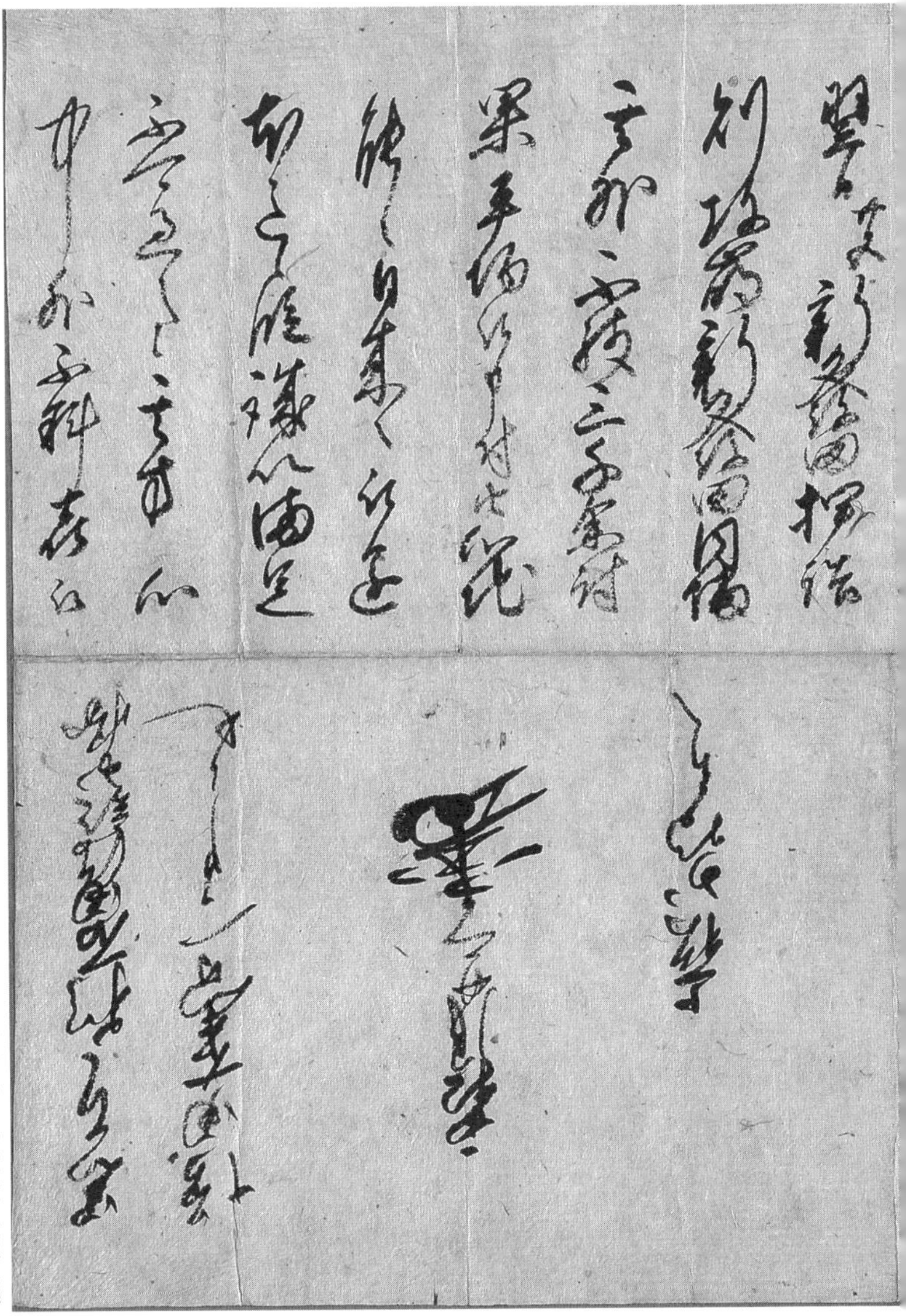

（米沢市上杉博物館所蔵）

秀吉直書の内容は、景勝からの戦功報告を受けて、祝意を示したものです。したがって、この直書は、豊臣政権の大名統制のあり方を直接的に窺わせるものではありません。一方で、直書の最後には「猶石田治部少輔・増田右衛門尉可申候也」とあり、豊臣政権の具体的な対応や方針は石田三成と増田長盛（ましたながもり）から伝えられることになっています。秀吉の直書や朱印状においては、掲載した史料のように、詳しくは秀吉奉行層が奏者として伝達することとしたものが多見されます。このような「猶A可申候也」といった文言（以下、「奏者文言」）に基づき、Aが発給した書状は副状（そえじょう）と呼ばれます。

副状は秀吉文書が発給されたことを伝達するとともに、その内容を補足し、受給者に対して秀吉の意思や豊臣政権の方針を徹底するために発給されるものです。掲載した天正十五年十一月二十二日付け景勝宛秀吉直書についても、同日付けで上杉景勝宛増田長盛・石田三成副状が発給されています（『上杉』八二九号。以下「長盛・三成副状」とします）。この副状は長文ですので、現代語訳のみ掲げます。

【現代語訳】

去月五日の景勝様の書状を秀吉様へ披露しました。すぐに直書をしたためられました。

一、十月二十八日の注進状が今日十一月二十二日に到来しましたので、秀吉様へ披露しました。さて、新発田重家一味を攻撃され、十月二十四日・二十五日の両日に四千余を討ち果たされたとのこと、お手柄は言うまでもありません。関白秀吉様は非常に満足されています。我々二人にとってもこの上なくめでたいことで、書状をもって申し述べることが難しいほどです。

一、九州平定を終えられ、秀吉様は撤兵し京都へ御帰還になりましたので、景勝様からもお礼を申されるのがよいと思っていましたところ、直江兼続の弟大国実頼（おおくにさねより）が上洛されるとのことで、もっともなことです。京に着かれましたら、お世話いたします。秀吉様への謁見のことについては、我々二人が疎かにはいたしません。

一、こちらの手続きする者がおりまして、過日、新発田重家を赦免するようにとお願いしました。もしかしたら、我々二人がそのことを知っていたとお思いでしょうか。八幡大菩薩に誓って、景勝様のためによいようにとひたすらお世話しており、全くほかのことは考えておりません。今後ともそのように思ってください。我々二人のことは決してお疑いにならないように。先年、上洛からお帰りになる際に、誓詞をもって景勝様の決意はお聞きしましたので、決して疎略にはいたしません。

一、我々二人に対してお疑いがあることは、景勝様にも覚えがあることでしょうから、書状で弁解することは難しいです。秀吉様への取り成しについて、我々二人は常に景勝様に肩入れしてきました。しかし、新発田重家を討ち果たされたのですから、我々二人が申し上げていたとおりの結果になりましたので、満足しております。

一、直江兼続の弟が上洛され、秀吉様へのお礼を申し上げられる様子については後日、詳しくお知らせいたします。恐惶謹言。

なお、来春は、すみやかに上洛され、秀吉様へのお礼を申し上げられるのがよろしいでしょうから、油断なく用意されることが第一だと思います。以上。

副状の内容は①新発田攻めに関すること（一、三、四条）、②上洛に関すること（二、五条、追而書）に分類できます。本節においては、新発田攻めに関する豊臣政権の動向と秀吉奉行層の果たした役割について考えます。

前述したように、新発田問題への豊臣政権の直接的な関与の初見は、天正十四年九月六日付け景勝宛秀吉直書です。その内容は、新発田・沼田（真田氏）問題に対する意向を伝えるため、側近の木村清久を越後へ下向させ、「景勝に敵対する者があれば、天下の評判、また関東のためですので、どのような方法でも越後国を平定するように」命じたものです。その一方で、天正十四年九月十一日付け重家宛清久・三成・長盛連署状写（「筑摩安曇古文書」『上越』三一三八号）には「関白様が天下静謐を申し付けられましたので、（中略）、以前のように、景勝に奉公しなさい」とあり、重家に対して講和を勧告しています。

その後、九月二十五日付けの景勝宛秀吉直書（『上杉』八一五号）・三成・長盛副状（『上杉』八一六号）においては「新発田攻めは近日中に決着するだろう」としていますが、「早急に手を空ける」ように命じており、実際には、新発田攻めが早急には片付かないことを想定し、重家赦免を受け入れるよう仄めかしたものと考えられます。これらの文書には、関東・伊達・会津（芦名）の取次を景勝に担わせる旨の記載もありますから、重家赦免は豊臣政権の関東仕置に上杉軍を専念させるためのものであったことを窺わせます。

ところが、天正十四年十月三日付け景勝宛秀吉直書写（『歴代古案』一四九四号）には、景勝が新発田への通路を封鎖した上で一旦帰城したことをもっともだとし、「来春に出陣すればすぐに落城するでしょう」とあります。この直書では重家赦免を撤回したのか明確ではありませんが、十月五日付け直江兼続宛三成・長盛連署状写（「覚上公御書集」『上越』三一五三号）には「来春に新発田氏を討ち果たされるとのことで、もっともだと思います」とあり、少なくとも表面上は新発田討伐を承認しています。そして、十一月四日付け景勝宛秀吉直書（『上杉』八一八号）には、「新発田重家は赦免し、国内を平定して関東出兵の際に上杉軍を多数動員するよう申し付けたところ、景勝も納得され、重家を赦免することに決定したと木村清久が申しました。しかし、清久によると、重家が妙なことをしたとのことです。家康の上洛が決まり、関東出兵も中止して、家康に「無事」を委ねると言いましたので、新発田氏を討伐することが第一です」とあり、重家赦免の撤回を明記しています。重家の赦免が撤回された要因は、①天正十三年半ば頃から計画されていた秀吉による徳川・北条氏領国への攻撃が、家康の上洛決定に伴い中止になったため、上杉軍を関東へ出兵させることも中止され、景勝が領国内の平定に専念できる環境が整ったこと、②重家が妙なことをしたこと、とされており、②は赦免に際して秀吉や景勝が容認できない条件を提示したのではないかと推測されます。

①については、家康上洛の決定が天正十四年九月二十六日(「家忠日記」〔『愛知県史』資料編12〕)ですから、その情報を得た秀吉が十月三日から五日頃に重家赦免の撤回を決めたものと考えられます。この点は、藤木久志氏(『豊臣平和令と戦国社会』東京大学出版会、一九八五年)をはじめ、多くの論者がすでに指摘しているとおりです。

②については、豊臣政権の示した重家の出頭、居城の明け渡し、替地の給付という条件(『歴代古案』一五二五号)を拒否したためとされています(『上越』五〇八頁)が、一次史料から重家の拒否を立証することはできません。一方で、天正十四年十月六日付け芦名氏家臣平田周防守宛重家・三条道如斎書状写(「覚上公御書集」『上越』三一五四号)によると、重家らは景勝に赦免されたのち、芦名氏へ奉公することを望んでおり、そのことは木村清久も承知しているようです。この芦名氏への帰属要求が秀吉を怒らせた可能性があります。

また、重家が平田周防守に対して書状を発する前に新発田討伐は承認されていますから（十月五日付け三成・長盛連署状）、重家赦免の撤回に、少なくとも清久の関与は認められないと言えるでしょう。ここで注目したいのが、長盛・三成副状において、二人は重家赦免のことについてひたすら弁解していることです。天正十四年九月二十五日付け三成・長盛副状において、二人は重家赦免を仄めかしており、赦免の件を知らなかったとは言えません。したがって、天正十五年の新発田攻め直前に、何者かが再度重家赦免を企てたものと推測されます。それが誰なのかは不明ですが、長盛・三成とは別のルートを用いたものだったと長盛・三成は主張しているのです。つまり、この段階では、新発田問題に関する「手筋」（山本Ⓑ参照）は一元化しておらず、複数の「手筋」が存在したのです。

一方で、天正十四年十月五日付け三成・長盛連署状写には「木村清久を派遣したことは景勝様のためだったので、わきまえてください」とあり、また、長盛・三成副状にも「景勝御為可然様ニと無二ニ馳走」「其方贔屓を仕」とありますから、清久が重家赦免の交渉を行なっていたにも関わらず、景勝は三成・長盛ルートを通じて、豊臣政権に新発田攻めの続行を強く要望していたのではないでしょうか。

秀吉は天正十三年にも天台座主尊朝法親王を通じて、景勝と重家の講和を図ろうとしており（『華頂要略門主伝』、「本誓寺文書」『上越』三一七九号）、新発田氏を討伐するという強い意思は一貫して感じられません。したがって、家康の上洛決定によって即座に重家赦免を撤回する必然性はなく、新発田攻めに関する方針転換は、景勝の強い要望を受諾したものであり、その際に景勝のために尽力したのが三成と長盛だったのです。なお、この折の三成と長盛は、軍事面や政策面における指導や大名の後見を行なう「取次」よりも、大名の利益のために行動する「手筋」としての性格が強いと言えるでしょう。

新発田攻めは、豊臣「公儀」の一員としての「公戦」を遂行したものとする矢部健太郎氏の見解（「東国「惣無事」政策の展開と家康・景勝」〔『日本史研究』五〇九、二〇〇五年〕）の通り、豊臣政権の承認の下に遂行された戦闘です。一方で、新発田討伐の決定は景勝の強い要望を秀吉が受諾したものです。秀吉の判断にあたっては、三成と長盛の果たした役割が大きかったのですが、再度の重家赦免が企てられた際には、景勝からの強い抗議を受けて、三成と長盛は景勝への馳走を誓約させせられています。したがって、景勝は三成と長盛から一方的に指南される立場にはなかったと言えるでしょう。

2　秀吉文書の変化と奉行層の文書

本節では、書札礼（しょさつれい）の変化や秀吉奉行層文書の内容から、豊臣政権と上杉氏の関係について見ていきたいと思います。

まず、秀吉文書の書札礼の変化について確認しておきます。秀吉文書の書札礼については小林清治氏による研究（『秀吉権力の形成』東京大学出版会、一九九四年）に加え、上杉氏に関する堀新氏の詳細な分析（「豊臣政権と上杉氏」〔『早稲田大学大学院文学研究科紀要』別冊一八哲学・史学編、一九九二年〕）があります。それによると、書札礼の上での第一の画期は署名が実名＋花押→花押のみ、書止が恐々謹言→謹言となる天正十三年九月～十四年一月、第二の画期は、宛所が殿→とのへ、書止が謹言→候也・状如件、自敬表現が用いられるようになる天正十四年一月～六月、第三の画期は、形状が切紙→折紙、紙質が斐紙→檀紙、サイズが長大化する天正十五年二月～十一月、第四の画期は、署名が花押のみ→朱印のみとなる天正十七年十二月～十八年四月とされます。

次に、景勝に対する秀吉奉行層の文書を見ていきましょう（次頁表1）。

署名は、実名＋花押、宛所には脇付が付されており、書止もほとんど「恐惶謹言」です。

このような厚礼な書札礼は、大大名である景勝と秀吉奉行層である三成、長盛らの身分差を反映したものですが、形状のみは秀吉文書に準じて、文禄年間以降、折紙へと変化しています。しかし、この折紙への変化も、秀吉文書の変化の時期とは一致しません。表中に秀吉文書の画期を二重線で表示しましたが、秀吉文書の変化が奉行層の文書の書札礼に影響を及ぼしていな

表1　上杉景勝宛

	年月日	発給者	署名	宛所	書止文言	形状	出典	備考
1	（天正13年） 12月28日	石田三成	花押	景勝様貴報	恐惶謹言	切紙 切封	上杉家文書	
2	（天正14年） 1月18日	木村清久 石田三成 増田長盛	花押	弾正少弼殿 参御報	恐惶謹言	切紙 切封	上杉家文書	
3	（天正14年） 8月3日	石田三成 増田長盛	花押	謹上上杉少将 殿	恐惶謹言	切紙	杉原謙氏 所蔵	副状 影写
4	（天正14年） 9月25日	石田三成 増田長盛	花押	謹上上杉少将 殿	恐惶謹言	切紙	上杉家文書	副状
5	（天正15年） 11月22日	増田長盛 石田三成	花押	景勝様人々 尊報	恐惶謹言	切封	上杉家文書	副状
6	（天正14〜慶長3年） 1月5日	石田三成	花押	景勝様参人々 御中	恐々謹言	切紙 切封	吉川金蔵氏 所蔵	影写
7	（天正17〜文禄3年） 5月3日	前田玄以	花押	越後宰相様 人々御中	恐惶謹言	切紙	吉川金蔵氏 所蔵	影写
8	（文禄3年） 5月3日	石田正澄	花押	景勝様人々 御中	恐惶謹言	折紙	上杉家文書	
9	（文禄3年） 6月19日	石田三成	花押	景勝様貴報	恐惶謹言		越佐史料 稿本	写
10	（文禄3年） 10月9日	石田三成 増田長盛	花押	景勝様人々 御中	恐惶謹言	折紙	上杉家文書	
11	（文禄3年） 11月7日	浅野長吉 石田三成 前田玄以		羽柴越後宰相 殿人々御中	恐々謹言	折紙	吉川金蔵氏 所蔵	影写
12	（慶長3年） 9月29日	増田長盛	花押	景勝様御報	恐惶謹言	折紙	上杉家文書	

注：上杉家文書以外の典拠は『上越市史』別編２

いことがわかります。

なお、書止が「恐々謹言」となっている6と11のうち、11については吉川広家宛の同内容の文書においても「恐々謹言」とされており、他大名への書札礼と同様にした可能性がありま す。6については後考を待ちたいと思いますが、いずれにしても、その後は「恐惶謹言」を用いており、秀吉奉行層の書札礼が変化したとは言えないでしょう。

また、3、4において「謹上」という上所（じょうしょ）が付されていることは、景勝が天正十四年六月、従四位下左近衛権少将に叙位任官したためと考えられますが、5以降には上所が見られなくなります。これは、秀吉文書の第三の画期と同一時期にあたりますが、3、4は脇付がなく、5以降には「人々尊報」「人々御中」「貴報」といった比較的厚礼な脇付が付されていることから、秀吉奉行層文書が薄礼化したとは言えないと考えます（橋豊『書簡作法の研究』風間書房、一九七七年を参照）。

堀新氏によると、秀吉は自らの文書を尊大化、薄礼化することによって、政治的・身分的秩序を動態的に示し、大名編成に利用しようとしました。これに対して、大名側が抵抗することもあったとされますが、これまでの分析から、秀吉奉行層が大名に厚礼な文書を発給することによって、大名側の不満を和らげる効果があったと言えるのではないでしょうか。写真を掲載した秀吉直書および長盛・三成副状においても、秀吉直書が、署名…花押のみ、宛所…とのへ、書止…候也、紙質…檀紙、形状…折紙といった薄礼なものである一方、その副状においては、先に述べた厚礼な書札礼に加え、「御状」「御注進状」「貴方」、脇付の「尊報」等の景勝を敬う表現が多用され、さらに、前節で述べたように誓約をもって弁解するなど、直書とは対照的な謙（へりくだ）った文書となっています。

続いて、秀吉奉行層文書の内容から、彼らの役割を見ていきます。

三成や長盛を取次と称した事例は確認できません。他方、天正十六年十二月二十八日付け本庄繁長宛景勝書状（米沢市上杉博物館所蔵、『上越』三二七二号）には「庄内については、最上義光（よしあき）

が詫言をしてきたので、このように、秀吉様の御書が発せられました。二人の奏者の方がおっしゃることには、おまえの上洛は一時も早くすべきだとのことです」とありますが、「御書」とは十二月十九日付け景勝宛秀吉直書（片山公一氏所蔵、『上越』三二七一号）を指しており、その末尾には「増田長盛と石田三成が申します」とありますから、三成と長盛は奏者と称されています。したがって、三成・長盛は秀吉の意向を景勝に伝える奏者としての役割を果たしていたと言えます。

彼らのそのほかの役割を前記の表から見ていくと、景勝の要望を秀吉に取り成すことのほか、進物の披露や進物に対する礼の伝達（表1の1、2、6～8）や、在京・上洛に関する指示（表1の9、長盛・三成副状の二、五条、追而書）、秀吉の御成りに関する指示（表1の10）が挙げられます。このように、上杉氏に対する秀吉奉行層の関与は、軍事面・政策面での指導や後見人としての機能には及んでおらず、山本博文氏も述べるように（山本Ⓑ）、三成・長盛の任務は、奏者であることにその本質を持っていた、したがって、上杉氏に対する「取次」は存在しなかったと結論づけることができるでしょう。

なお、文禄四年（一五九五）の上杉氏領国の検地において、長盛の関与が認められますが、次節で見る島津氏領国における検地とは異なり、豊臣政権の主導で開始された形跡はなく、また、検地後の家臣団の給地替には関与していませんから、検地の実施にあたって、秀吉奉行層配下の熟練技術者を派遣してもらったに過ぎないものと考えられます。

3　島津氏に対する「取次」

島津氏に対する秀吉の書札礼は次のように変化しています。島津氏の服属前は、署名…花押のみ、宛所…殿、書止…候也、紙質…切紙でしたが、服属後（天正十五年五月）には、宛所…とのへ、紙質…折紙（一部竪紙）になります。さらに、天正十六年半ば頃から署名…朱印が確認されるようになり、天正十七年以降は花押のみの直書は見られなくなります。

一方、「取次」とされる石田三成発給文書はどうでしょうか。

当主義久（次頁の表2）、および豊臣政権から大名格として処遇された弟義弘宛の文書を見ると（次頁の表3）、義久・義弘宛の署名はすべて実名＋花押、宛所には脇付が付され、書止文言もほとんどが「恐惶謹言」となっており（表3の3と11の書止文言は「恐々謹言」ですが、3は御前帳に関する公的性格の強い奉行人連署状であること、11は宛所に豊臣直臣の寺沢正成、毛利吉成が含まれていることが薄礼となっている原因であると考えられます）、豊臣政権との戦闘に敗北して服属した島津氏のケースにおいても、義久・義弘に対する「取次」の書札礼の面では、同盟関係から服属へ

表2　島津義久宛

	年月日	発給者	署名	宛所	書止文言	出典	備考
1	(天正16年) 8月10日	石田三成	花押	謹上龍伯公 貴報	恐惶謹言	旧記雑録後編	写
2	(天正17年) 1月21日	細川幽斎 石田三成	花押	修理大夫入道 殿人々御中	恐惶謹言	旧記雑録後編	写
3	(天正20年) 1月21日	石田三成 細川幽斎		匠作入、羽武庫 人々御中	恐惶謹言	島津家文書	案
4	(年月未詳) 10日	石田三成 細川幽斎		修理大夫入道 殿、羽柴兵庫頭 殿御報	恐惶謹言	島津家文書	案
5	(慶長4年) 2月1日	石田三成	花押	龍伯老、羽兵様、 同又八様御報	恐惶謹言	島津家文書	

表3　島津義弘宛

	年月日	発給者	署名	宛所	書止文言	出典	備考
1	(天正15年) 10月23日	細川幽斎 石田三成		島津兵庫頭殿	恐惶謹言	綿考輯録	写
2	(天正17年カ)	石田三成		義弘様貴報	かしこ	旧記雑録後編	写
3	(天正19年) 5月3日	前田玄以 石田三成 増田長盛 長束正家	花押	薩摩侍従殿 人々御中	恐々謹言	旧記雑録附録	写
4	(天正19年) 7月15日	石田三成	花押	羽兵庫様御報	恐惶謹言	島津家文書	
5	(天正20年) 3月14日	石田三成	花押	羽兵殿御報	恐惶謹言	島津家文書	
6	(文禄2年) 9月24日	石田三成 増田長盛	花押	羽柴薩摩侍従殿 御陣所	恐惶謹言	島津家文書	
7	(文禄3年) 10月13日	石田三成	花押	羽兵様御返報	恐々謹言	島津家文書	
8	(文禄5年) 9月17日	石田三成		羽兵老人々御中	恐惶謹言	旧記雑録後編	写
9	(慶長2年) 2月22日	石田三成	花押	羽兵様人々御中	恐惶謹言	島津家文書	
10	(慶長3年) 7月17日	前田玄以 浅野長政 石田三成 増田長盛	花押	薩摩侍従殿 人々御中	恐惶謹言	島津家文書	
11	(慶長3年) 11月2日	浅野長政 石田三成	花押	羽柴兵庫頭殿、 同又八郎殿 外2名御陣所	恐々謹言	島津家文書	
12	(慶長4年) 1月28日	石田三成	花押	羽兵様、同又八 様御報	恐惶謹言	島津家文書	

注：『島津家文書』は東京大学史料編纂所蔵
「旧記雑録」は『鹿児島県史料』

表４　島津忠恒宛

	年月日	発給者	署名	宛所	書止文言	出典	備考
1	（文禄３年） ６月17日	石田三成	花押	島津又八郎殿 御宿所	恐々謹言	島津家文書	
2	（文禄４年） ４月１日	石田三成	花押	島津又八郎殿 御返報	恐惶謹言	島津家文書	
3	（文禄４年） ４月14日	石田三成	花押	島津又八郎殿 御陣所	恐々謹言	島津家文書	
4	（文禄４年） ５月24日	石田三成	花押	島津又八郎殿 御陳所	恐々謹言	島津家文書	
5	（文禄４年） ８月29日	石田三成	花押	島又八郎殿 御返報	恐惶謹言	島津家文書	
6	（文禄４年） ９月３日	石田三成 増田長盛	花押	島津又八郎殿 御陣所	恐々謹言	島津家文書	
7	（文禄５年） １月10日	石田三成	花押	島津又八郎殿 御返報	恐々謹言	島津家文書	
8	（文禄５年） ３月２日	石田三成	花押	羽又八様人中	恐々謹言	旧記雑録後編	写
9	（文禄５年） ４月25日	石田三成	花押	島津又八郎殿 御宿所	恐々謹言	島津家文書	
10	（文禄５年） ５月28日	石田三成	花押 のみ	島津又八郎殿 人々御中	恐々謹言	島津家文書	
11	（慶長元年） 12月18日	石田三成	花押	島又八郎殿 御報	恐々謹言	島津家文書	
12	（慶長２年） ２月22日	石田三成	花押	島又八郎殿 人々御中	恐惶謹言	島津家文書	
13	（慶長２年） ３月28日	石田三成	花押	島又八様御報	恐惶謹言	島津家文書	
14	（慶長３年） ７月３日	石田三成	花押	島津又八郎殿 御報	恐惶謹言	島津家文書	
15	（慶長３年） ８月25日	前田玄以 浅野長政 石田三成 増田長盛 長束正家	花押	島津又八郎殿 御陣所	恐々謹言	島津家文書	
16	（慶長４年） １月９日	前田玄以 浅野長政 増田長盛 石田三成 長束正家		羽柴薩摩少将殿	仍状如件	島津家文書	案
17	（慶長４年） ２月17日	前田玄以 浅野長政 増田長盛 石田三成 長束正家	花押	羽柴薩摩少将殿 人々御中	恐惶謹言	島津家文書	

注：原本から形状が確認できる書状については、義弘11を除き折紙ですが、初期のものは写が多いため、表には記載していません。

と変容した上杉氏と大きな差異は認められません。

これに対して、義久の養子（義弘次男）忠恒に対する書札礼（八五頁の表4）は、義久・義弘とは異なり、「恐々謹言」という書止が過半を占めています。これは三成と忠恒の年齢差や身分差、忠恒が後継者に過ぎないことを反映したものであり、三成が上杉氏に比べ島津氏を下位に置いたとは言えません（忠恒が少将に任官した慶長四年以降、秀吉奉行層からの書状の書止はすべて「恐惶謹言」となっています）。

他方、花押のみの署名が見られる（表4の10）点は、上杉氏に対する文書と異なる特徴です（この書状は三成自筆とされており、三成の忠恒に対する認識を率直に示した可能性があります）。しかしながら、表4の11以降は再び実名＋花押になっており、島津氏の抵抗により元に戻ったのかもしれません。そこで、文書の内容から、三成の果たした役割を再確認し、上杉氏のケースと比較してみましょう。

秀吉の直書・朱印状において三成が奏者となっているものは四十通以上確認され、上杉氏のケースと同様に、秀吉の意向を伝えることも役割の一つです。しかし、三成は機械的に秀吉の意思を伝達するのみではなく、自らの判断に基づいて政策指導を行ない、また、情報の取捨選択をした上で秀吉に報告するという面を持っています。

また、前述したように、義久宛書状の書札礼は景勝宛同様に厚礼ですが、内容には大きな相違が見られます。例えば、表2の2においては「刀狩りのことについては何度も申しましたが、まだ申し付けていないとのことです。どうしているのですか。ほかの大名はいずれも済まされ、まだ行なっていないのはあなたの分領だけです」と叱責されており、書札礼における厚遇は全く感じられないほどの厳しさです。この厳しさの源泉は何でしょうか。

義久は天正十六年（一五八八）八月二十七日、三成と細川幽斎に対して「上京以来、こちらでの立ち居振舞については随分と見て、心がけてきましたが、生まれながらの田舎者ですので、何かとお気に召さないことが多いと思います」「お見捨てにならず、何度も御指南をお願います」という起請文を提出しており（『永青文庫叢書　細川家文書　中世編』織豊期文書84）、三成が幽斎とともに義久を「指南」する立場が明示されています。厳しい叱責も、豊臣政権からの命令を執行するよう「指南」したものだと考えられます。

忠恒が初上洛した文禄二年（一五九三）十一月十一日付け忠恒宛義弘書状写（「旧記雑録」後編）にも「そちらから上洛すべきだと名護屋にいる三成殿がおっしゃったという安宅秀安（三成家臣）の注進状が昨日、こちらへ届きました」「初めての上洛なので、すべてに無案内で窮屈だと思います。勿論、三成様の御指南の次第だと心得てください」とあり、忠恒の行動について三成が細かく指導していた様子が窺えます。そのような三成と忠恒の関係が書札礼にも反映されたのではないでしょうか。

以上の事例は、おもに上洛時の行動に関する指導ですから、厳しい指導である点を除けば、上杉氏に対する指導と格段の相違があるとまでは言えません。一方、「指南」にも関わらず、島津氏が豊臣政権の方針に則った行動、政策を十分に実施できなかったことに立腹した三成は、天正十九年（一五九一）、「取次は公儀に関することのみにする」「取次について、内々に立ち入っての相談には応じない」と言っており（五月七日付け鎌田政近宛義弘書状写、「旧記雑録」後編）、豊臣政権から命じられた軍役や公役などの公儀に関することのみならず、「内々」の領国内政治に関する指導も三成が行なっていたことがわかります。

領国内政治に関する具体例として、検地（忠恒3）、家臣団への知行配分・加増（義弘8、忠恒3）、領国の置目（義久4、忠恒5）、有力家臣の処遇（義久5）のほか軍事面での指導〈文禄二年〉八月二十三日付け義弘宛三成覚書、『大日本古文書　島津家文書』〈以下、『島津』〉九五九号）、領国財政に関する細かな指示（〈慶長三年〉十一月二十三日付け町田久倍外宛三成条書写、「旧記雑録」後編）などが挙げられます。また、義久の最初の養子久保（忠恒の兄）が朝鮮渡海中に死去した際には、家臣団の帰朝禁止とともに、義弘の命に服するよう、島津忠長外二十二名の家臣に対して指示しており（〈文禄二年〉九月十日付け三成書状、『島津』九六〇号）、家臣団の自律性が高かった島津氏領国の権力構造を、島津本宗家の下に一元化するための後見人たる役割も果たしています。

以上のような島津氏の事例を上杉氏の事例と比べてみると、従来の研究では両大名ともに石田三成が取次であったとされることが多かったのですが、実際には、その役割は大きく相違していたことがわかりました。

おわりに

山本博文氏による「取次」論を継承して、多くの取次に関する研究が行なわれてきましたが、奏者文言を根拠に、取次を務めた者を確定しようとするケースも少なくありませんでした。しかしながら、これまでに見てきたように、奏者文言を見ただけでは取次の本質を明らかにすることはできません。

毛利氏に対しても、奏者文言の付された秀吉文書が発給されており、天正十四年以降、石田三成を奏者とするケースが散見されます。

津野倫明氏は、慶長三年八月二十八日付け長盛・三成・正家・玄以宛輝元起請文前書案（『大日本古文書　毛利家文書』九六二号）の文言を三成が修正した点から、三成が毛利氏の「取次」であったとし、慶長四年正月二十三日付け毛利秀元（輝元の養子）宛輝元書状（「長府毛利家文書」一三一号、『山口県史』史料編中世4）に、秀元への知行分配について「増田長盛殿、石田三成殿のご指南によって、このようになりました」とあることから、三成らの役割は「指南」にも及んでいたという見解を示しました（津野論文）。

しかし、秀吉の死去直後から関ヶ原の戦いにかけて、輝元と三成・長盛が連携して、徳川家康に対抗し得る勢力を形成しようとしていたことは、拙著（『関ヶ原前夜』日本放送出版協会、二〇〇九年）において論証したところであり、秀元への知行分配も両者が協議の上で決定したものですから、毛利氏も上杉氏と同様に、一方的に指南される立場にはなかったものと考えられます。また、検地についても、豊臣期の毛利氏領国では、惣国検地、兼重蔵田検地という二度にわたる領国全体規模の検地が行なわれていますが、いずれにおいても三成をはじめとした秀吉奉行層の関与は認められません（拙著『中・近世移行期大名領国の研究』第五章、校倉書房、二〇〇七年）。したがって、三成も「取次」とは言えないでしょう。

つまり、上杉氏と同様に、毛利氏に対する「取次」も存在していません。このことから、豊臣政権に服属したあとにおいても、大大名は自律性を保っていたものと推測されます。

また、石田三成は、上杉氏、島津氏、毛利氏に対する秀吉直書・朱印状の奏者を務めていますが、三成の果たした役割は大名ごとに異なっており、豊臣政権が統一的な基準に基づき、大名統制を行ない得なかったことが窺えます。

山本氏は取次のレベルの違いについても指摘したのですが（山本Ⓑ）、「取次」論が独り歩きした結果、豊臣政権がすべての大名に対して、「取次」を介して厳しく統制していたというイメージを持つ人も多いようです。実際には、三成家臣の安宅秀安が「三成が取次している大名は多数ありますが、このように家臣団のことにまで相談に応じている大名はありません」と言っているように（〈文禄四年〉六月十七日付け伊集院忠棟外三名宛安宅秀安書状写、「旧記雑録」後編）、島津氏に対する取次のあり方が特殊だったとも考えられます。したがって、豊臣期の国制を解明していくためには、取次行為を行なっている、あるいは奏者を務めている秀吉奉行層の発給文書や奉行層宛の文書を大名ごとに分析して、奉行層を通じて秀吉がどのような大名統制を行なったのか、また、その限界はどこにあったのかを緻密に論証していく必要があるのです。

第三章 刀狩令に見る秀吉法令の特質

山本博文

はじめに

刀狩令は、秀吉の政策として誰もが知っています。有名なものは天正十六年（一五八八）七月に発給された朱印状（七月八日付けと七月日付けの二種）で、いくつかの大名家や寺社に対して交付されています。

これまで刀狩令は、「この令書は、原本や写しやその痕跡も合わせると、およそ二〇点ほどが、いまに伝えられている。その分布は、北は北陸の加賀前田家から、南は南九州の薩摩島津家まで、つまり、一五八八年のころの、秀吉の勢力圏のほぼ全域にわたっている。」（藤木久志『刀狩り』岩波新書、二〇〇五年）とされていました。

私は、これに疑問を持ち、刀狩令原本の所在調査をすることによって、秀吉がどの範囲の大名に刀狩令を交付しようとしたのかを、拙著『天下人の一級史料』（柏書房、二〇〇九年）で考察しました。

その結果、現在残っている刀狩令原本は、一一点、内二点は同一の大名家に残されており、発給された大名は限定的なものであることがわかりました。私は、それを前提にして、秀吉の法令の出され方の特徴を指摘しました。

この拙著に対し、三鬼清一郎氏が、「山本博文著『天下人の一級史料』に接して」（『歴史学研究』八七〇、二〇一〇年）という批判を提出しました。一読したところ、三鬼氏は私の文章を誤読し、筋違いの批判をされています。そこで、補足を含めて一節を割いて再論するとともに、私が目的とした秀吉法令の出され方の特質について改めて述べていくことにします。

1　天正十六年七月八日付け刀狩令

私は、刀狩令原本の残存例を調査し、現時点で刀狩令の原本がどこに収められているかを示しました。これまでの研究は、原本なのか、写しなのかをあまり区別せず論じていたため、秀吉が刀狩令をどの範囲に出したのかを確定する必要があったからです。

それについて、まず参照したのが三鬼氏の作成した『豊臣秀吉文書目録』（一九八九年、以下『三鬼目録』と略します）でしたが、刀狩令が小早川家文書のものと島津家文書のもの二通しか掲げられていなかったため、次のように指摘しました。

秀吉の刀狩令を検討する場合、それがどこの大名家に残されているかという情報そのものが貴重な「史料」です。数多く残されているとされる刀狩令ですが、実はそれほど残っているわけではありません。これまでの研究では、原本と写しを区別せず論じていたり、後世の写しまで原本同様に扱っていて、数が水増しされていました。どこに原本が残り、写しであればその写しの性格がどのようなものなのかを検討しなければ、刀狩令の本質を見極めることはできないはずです。

すると三鬼氏は、これに対して次のような批判を返してきました。

冒頭から、私（三鬼氏─筆者注）には初歩的知識が欠けていることを印象づけるように記述されているが、私は「刀狩令」には発給の年月日を記したものと、年月のみで日付を欠くものの2種類があることを明らかにしたまでである。凡例に示したように、同一の文書が複数存在する場合は1点とみなし、その代表例を掲げた。『文書目録』という性格上これで十分であり、氏の真意はまったく理解できない。本来ならば黙殺して済ませばよい程度の妄言である。

私は、別に三鬼氏が「初歩的知識が欠けていることを印象づける」ためにそれを指摘したのではありません。この文章の後半は、三鬼氏の目録を批判しているわけではなく、古文書を読もうとする一般読者のために、古文書読解というのはただ文字を読むだけでは不十分で、残された古文書から書かれている内容以上の情報を引き出すことが重要である、ということを書いたものです。

同じ内容の文書でも、宛所が違えば違う文書です。それは、どの文書も本来『豊臣秀吉文書目録』に収められるべきものだと思います。三鬼氏が、文書目録を作成した研究段階なら「これで十分」だったかもしれませんが、二十年以上経った現在では不十分です。今後、新しい『豊臣秀吉文書目録』が作成されるとすれば、原本が複数あるものは別の文書としてすべて収録してほしいものです。これが私の「真意」（もちろん真意というほどのものではなく、研究者ならごく普通の感覚だと思っていましたが）で、それを「妄言」とまで非難するのは、如何なものでしょうか。

三鬼氏が書かれた目録の「凡例」とは、「出典は、代表的なものを一つ示した。文書名称は、所蔵機関等の命名に従った。」というものです。

しかし、例えば序章で述べた天正二十年（一五九二）正月二十日付け朱印状は、『三鬼目録』では「生態文書」（東京大学史料編纂所・写真帳）と『武家事紀』のものが別の文書として載っています。しかし、名古屋大学教授だった三鬼氏のお膝元である名古屋市秀吉清正記念館所蔵の同文の朱印状の原本は載っていません。『武家事紀』の方は写本の「代表的なもの」ということなのでしょうか。『三鬼目録』には、このように理解に苦しむ事例があります。

いわゆる「身分統制令」も同じです。周知のように身分統制令というものはなく、天正十九年八月二十一日付け秀吉朱印状を、歴史家が便宜的に「身分統制令」「身分法令」などと呼んでいるに過ぎません。そして、この法令がどの大名に出されたかというのはたいへん重要な情報であるにも関わらず、『三鬼目録』には、「浅野家文書、毛利家文書（三）、その他多数」と記されています。

「代表的なもの一つ」ではなく、二通の「出典」が挙げられ、「多数」とあるのでもっと存在することがわかるのでありがたいのですが、十通程度なのか、数十通もあるのかが不明です。知り得た限りの「出典」を挙げていただければもっとありがたかった、ということです。

私は、『三鬼目録』にない文書を見つけたからといって、三鬼氏を批判しようとは思いません。膨大な秀吉文書を収録した『三鬼目録』が、研究者に多くの恩恵を与えていることは、誰もが認めています。原本調査が不十分であったことはやむを得ないことで、私も前著で「三鬼清一郎氏が秀吉文書を集大成した目録」と敬意を表しています。ただ、文書の原本・写本の区別や所蔵機関の情報が重要である、と言っているに過ぎません。ご本人が自分の目録の完璧性を主張するために妙な言い訳をすると、かえって業績の価値を損なう気がします。

刀狩令も同じです。そもそも刀狩令原本のどれが代表的なものだとどうして判断できるのでしょうか。

宛所が違う文書、宛所がなくても別の所蔵機関に残された原本は、それぞれ別の文書として一通と数えるべきですし、島津家文書や立花家文書のように、同じ大名家に二通残るものも、挙げた方がいいと思います。なぜ二通あるのかを考察することで、新しい知見が期待できると思うからです。

三鬼氏の文章を読むと、「初歩的知識が欠けている」というよりも、原本の形式や宛所など多方面から検討を加えることで文書からより多くの情報を引き出そうという姿勢に欠けているのではないか、と感じます。刀狩令は、内容もさることながら、これから述べるように、どこに残っているかが重要な意味を持つのです。

さて、三鬼氏には、私が挙げた刀狩令原本のリストに対し、「東京大学史料編纂所・写真帳の『醍醐寺文書』（二九函）と『本法寺文書』にも刀狩令の原文書が収められている」と指摘していただきました。三鬼氏は、後述する尊経閣文庫の加藤清正宛朱印状と合わせて「少なくとも3通の刀狩令の原文書を追加できたことになる」と「誇らしげに」語られています。

早速調べてみたところ、『本法寺文書』の写真帳には、海賊禁止令はありましたが刀狩令は見当たらず、『醍醐寺文書』の方は、「秀吉公御朱印等之写」という写本の中の一通でした。原文書というのは原本のことを指すのかと思っていましたが、三鬼氏の言う「原文書」とは原本のことではないようです。少し驚きました。

もっとも、『醍醐寺文書』の写本は醍醐寺に与えられた文書の写しのようで、三鬼氏が挙げられているもう一点の加藤清正宛の刀狩令は、まぎれもない原本です。

加藤家文書については、前著刊行直後に気づき、尊経閣文庫へ原本調査に行きました。清正宛の刀狩令は、大高檀紙（おおたかだんし）に書かれた堂々とした文書で、立花家文書の二通の刀狩令と同じく表装されていない当時の姿を伝える貴重なものでした。表装されていない刀狩令は、この三点しかありません。しかし、残念ながら、端裏に宛所はありませんでした。宛所のある立花家文書中の一通は、かなり特殊なものだということがわかりました。加藤清正宛の文書が尊経閣文庫所蔵となった事情については、金子拓氏が、「肥後加藤家旧蔵豊臣秀吉・秀次朱印状について」（『東京大学史料編纂所研究紀要』二一、二〇一一年）という論文で詳しく検討し、確かな伝来を持つことが明らかになりました。

同じく三鬼氏に指摘していただいた早稲田大学図書館所蔵の刀狩令が加藤嘉明に宛てられたものであることは、前著刊行直後に、京都大学大学院教授の藤井譲治氏からも私信で指摘されました。東京大学史料編纂所の影写本『近江水口加藤子爵家文書』の刀狩令は「本朝にてはためしあるへからす」という一文が抜けており、確かに早稲田大学図書館所蔵の刀狩令と一致します。書き誤りも「史料」であり、それが貴重な情報になった一例です。

加藤嘉明は、淡路国に三万石の知行を持っており、天正十五年（一五八七）には淡路国にさらに三万石の加増を受けます。これは九州攻めで功績があったことの恩賞でしょうが、畿内・近国の寺社宛の刀狩令同様、刀狩令が交付された理由はわかりません。ただ、それぞれ特殊な事情があっただろうということを推測するにとどめておきます。

さて、ここからは三鬼氏が指摘されていないことですが、前著刊行後、新たにわかったことを書いておきましょう。

小早川隆景宛の刀狩令は、前著の時点では原本の所在がわからず、『大日本古文書　小早川家文書』から引用しました。その後、小早川家文書が国の所蔵となり、現在、九州国立博物館に保管されていると知り、調査させていただきました。

ちなみに小早川家文書は、毛利輝元の近習として召し出され、輝元の側近として活躍した堅田（かただ）元慶（もとよし）の子孫が伝えました。元慶は、小早川隆景の養子になることを要請され、「隆景様御道具」

を拝領していますが、小早川の名字は遠慮し、堅田と改めます。堅田家が伝えた小早川家文書は、明治十二年（一八七九）、毛利元徳公爵の三男三郎によって小早川家が再興された時、家の証拠として小早川家に渡されました（宮崎勝美「毛利家臣堅田元慶の生涯と堅田家伝来小早川家文書」〔『東京大学史料編纂所研究紀要』二一、二〇一一年〕）。

九州国立博物館には、小早川家文書のほとんどが保管されていましたが、刀狩令を収めた「朝鮮御渡海人数附」という副題の付いた巻子はありませんでした。山本信吉氏の『古典籍が語る――書物の文化史』（八木書店、二〇〇四年）によると、当主小早川元治氏の談話として、「一九四五年の大空襲の折に御蔵に焼夷弾の直撃を受け、火傷を負いながら焔のなかから文書を取り出したが、その一部を焼失した」と書かれています。小早川隆景に宛てた刀狩令は、残念ながらもう存在しないのかもしれません。

立花家文書の二通の刀狩令については、前著執筆の際、調査に立ち会っていただいた柳川古文書館副館長の田渕義樹氏が、「大奉書紙とした刀狩令は大友氏がよく使用する斐紙で裏打ちしたもので、実は大友文書だったものが立花文書に紛れたものである可能性がある」という話をしていたことを、立花家文書の所蔵者である立花家史料館の史料室長植野かおり氏から伺いました。

植野氏から送っていただいた立花家文書の延宝七年（一六七九）『御道具控帳御旧記入日記』

の写真版を見ると、もと大友家文書に、「太閤秀吉公御朱印」として、「高麗禁制書三・佐々陸奥守二・條々二」の計「七枚」があったと記されています。

現在、大友家文書に含まれる秀吉朱印状は、佐々関係二点、高麗関係一点、材木調達一点の四点のみです。ということは、大友家文書に見当たらない「條々」二点は、立花家文書に二通ずつある秀吉の刀狩令と海賊禁止令のそれぞれ一通に当たる可能性が高くなります。九州大名である大友氏には当然刀狩令が交付されたと思われ、また「大友家文書録」（『大分県史料三三』）にも収録されていてほぼ一致しますから、おそらくそうでしょう。なお、高麗関係一点は写しのようですから、「高麗禁制書三」も立花家文書にある「高麗禁制三ケ条」三通かもしれません。

こうして見ると、宛所のある立花宗茂宛の刀狩令は、かなり特殊なものと言うことができます。これに宛所があるのは、宗茂が秀吉の右筆に対して、特に自分にも刀狩令の発給を願ったのかもしれません。

結論は、柳川古文書館の調査を待つことにしたいと思いますが、これも刀狩令が二通あることを検討したことによってもたらされた成果です。ただ、こうなると、島津家文書に二通あることは例外となり、もとは義久宛と義弘宛のものだったものが、島津家による整理の際、ともに義久文書に分類されたという推測も成り立ちます。

このほか、もう一点、刀狩令の原本が出現しました。額装された刀狩令のカラー写真が、『潮音堂書蹟典籍目録』第一五号（二〇一一年四月）に収録されていたのです（松澤克行氏の御教示による）。かなり紙が焼けているため長い間外に出されていたものと推察されますが、料紙の大きさ（縦四五センチ×横一〇二センチ）や写真の文字を見るかぎりでは原本のようです。日付は天正十六年七月八日で、冒頭は、「諸国の百姓刀わきさし弓やりてつはう」、「天下」の部分は「天下をなてまもり給ひ」、「百姓」の部分は「農桑をせいに可入事」となっています。これは、名古屋大学所蔵の刀狩令に近いのですが、微妙に違います。

これで刀狩令原本が十三点確認できたことになります（次頁の表参照）。日付は、七月八日付けが六点、七月日付けが七点とほぼ拮抗しています。文面は一通たりとも同一のものがなく、文言が大きく違う「天下」の部分の違いと日付の違いに関連性はありません。たいへん面白い現象です。*

＊井伊家文書（彦根城博物館所蔵）所収の「溝江家文書」には、刀狩令の写しがある（堀智博氏の御教示による）。溝江長氏は秀吉直臣で、慶長三年（一五九八）八月五日には一万七百七十三石を与えられるが、当時はわずか六百五十石の知行である。なぜ「溝江家文書」に刀狩令が残されたかは、現時点では不明である。

刀狩令原本一覧

所蔵者	宛所	日付	冒頭	「天下」の部分
島津家文書①	島津義久	七月日	諸国百姓等刀わきさし弓鑓鉄炮	天下を令鎮撫
島津家文書②	島津義久	七月日	諸国百姓等刀わきさし弓鑓てつはう	天下をなて守名給ひ
立花家文書①	立花宗茂	七月八日	諸国の百姓かたなわきさしゆみやりてつはう	天下をなてまもり給ひ
立花家文書②	大友義統カ	七月八日	諸国百姓刀わきさし弓鑓てつはう	天下を鎮撫せしめ
尊経閣文庫	加藤清正	七月日	諸国百姓等刀わきさし弓やりてつはう	天下を鎮撫せしめ
早稲田大学	加藤嘉明	七月日	諸国百姓等かたなわきさしゆミやりてつはう	天下をなてまもり給ひ
小早川家文書	小早川隆景	七月八日	諸国百姓刀脇差弓やりてつはう	天下を鎮撫せしめ
高野山文書	興山寺	七月日	諸国百姓等刀わきさし弓鑓てつはう	天下を令鎮撫
西仙寺（兵庫県西脇市）	西仙寺	七月日	諸国百姓等刀わきさし弓やりてつはう	天下を令鎮撫
大阪城天守閣	不明	七月八日	諸国百姓刀わきさし弓鑓てつはう	天下を鎮撫
名護屋城博物館	不明	七月日	諸国百姓等刀わきさし弓鑓てつはう	天下を令鎮撫
名古屋大学	不明	七月八日	諸国の百姓等刀わきさし弓鑓てつはう	天下をなてまもり給ひ
潮音堂書蹟典籍目録	不明	七月八日	諸国の百姓刀わきさし弓やりてつはう	天下をなてまもり給ひ

※宛所は、立花宗茂以外は推定

2　秀吉と「五大老」クラスの大名

1で見てきたように、天正十六年七月の刀狩令の交付範囲は、三鬼氏の指摘した刀狩令を加えても限定的なものだったことがわかります。この範囲を見れば、やはり肥後国一揆と密接に関連して出されたものだったという推測ができます。

加藤嘉明のように九州以外の大名にもわずかに出されていますが、問題は、徳川家康、前田利家、毛利輝元、上杉景勝らの大大名に交付した形跡がないことです。つまり、秀吉の呼びかけに応じて早期に秀吉の麾下に入った大大名には、刀狩令は交付していない、ということです。これは、どう考えればいいのでしょうか。

私は、のちに「五大老」に位置づけられるこれらの大名に対しては、秀吉の態度が違っていたのではないか、と考えています。私の「取次」論では、これら大大名は、間に「取次」が介在しない特別な地位にあることを想定しています。「取次」がいない、ということは、秀吉に対して直接に物が言え、また逆に彼らの領国仕置に秀吉が口を出すことも基本的にはなかった、ということです*。この場合の「取次」は、島津氏に対する石田三成のように、領国支配にまで介入する存在を想定しています。ただ奏者（そうじゃ）として、秀吉の命令を取り次ぐだけではありません。

＊跡部信氏の「秀吉独裁制の権力構造」（『大阪城天守閣紀要』三七、二〇〇九年）は、豊臣政権の権力中枢について分析したすぐれた論考である。家康・利家の二大老が秀吉の意志を変え得る存在であったこと、石田・増田・前田・長束の四奉行が秀吉の意志から独立して機能する可能性があったことは、その通りであろう。しかし、「朝鮮出兵のゆくえにも重大な影響をあたえた家康らの政治活動をそれとして評価できない点や、秀次事件後にあのような制度改編が模索されえた前提条件を説明できない点は、「取次」論の弱点といわざるをえない」とされているが、「五大老」クラスの大大名が取次を介さないということは、秀吉が彼らの地位を認め、彼らが直接秀吉にものが言えるということを含意しているのであって、跡部氏が述べているような点は想定内のことである。また、四奉行についても、個々の政策について集団として秀吉の考えと違う方針を持つことはあっても、秀吉の統制から離脱してしまうことは、秀吉存命中は、豊臣政権の独裁的あり方から見てあり得ないと考えている。

秀吉が支配下の大名に期待したのは、それぞれの領国をきちんと治め、秀吉が要求する軍役を務めることです。これらの大大名は、広大な領国を治めているという実績がありますから、領国仕置にまで口を出さないといけない中小の大名とは扱いが違って当然だと思います。

これについて、前田領刀狩りについて論じた竹間芳明氏の「北陸の刀狩」（『地方史研究』二八六、二〇〇〇年）という興味深い論文があります。

天正十六年七月八日付けの刀狩令（以下「刀狩令」と略します）は、前田利家宛には発給されていません。しかし、四ヶ月後の十一月六日付けで、領内へ刀狩りを命じる利家の文書が発給されています（「古蹟文徴」日置謙編『増訂加能古文書』名著出版、一九七三年）。この文書には、次のような文章があります。

【釈文】

右、大仏殿釘・かな物之御用として、諸国在々百姓共之刀・脇指を改て可上之旨、被仰出候間、在々家なみに刀・脇ざし・鑓・鉄炮有次第可出候、若かくし置におゐては、可成敗候、給人として、急与令糾明可上之候、その上、村々之長百姓をお山（尾）へ召出、せいしをさせ可上候也、

【現代語訳】

右は、大仏殿の釘や金物の御用として、諸国在々百姓どもの刀や脇指を徴収して提出すべきことを仰せ出されたので、在々の家ごとに刀・脇指・鑓・鉄炮を有る限り出せ。もし隠し置けば、成敗する。それぞれの給人が必ず糾明してこれを提出せよ。その上、村々の長百姓を金沢城に出頭させ、誓紙を書かせ、提出せよ。

これを見ると、利家は、秀吉から「刀狩令」を交付されていないにも関わらず、「刀狩令」

の内容を熟知しているようです。しかし、領内へ即座に刀狩令を命じることはせず、四ヶ月もあとになってから指示を与えます。

利家の領地である加賀国北二郡（河北・石川）、能登国、越中国のうち、加賀国北二郡は特に一向一揆の勢力が強大で、刀狩りが何の抵抗もなく実施できるような状況ではありませんでした。そのため、村々の長百姓から誓紙をとるという手続きのみが厳格に行なわれたのではないか、と竹間氏は推測しています。

つまり、前田領の刀狩りは、秀吉の刀狩令を知った「前田氏の支配中枢」が、「この施行に苦慮し、対策を検討して」ようやく四ヶ月後に指示した妥協的なものだった、とのことです。こののち、前田領で刀狩りに関する史料は確認できないとのことですし、秀吉からも利家に刀狩りを命じることはありませんでした。

また、竹間氏も、秀吉は上杉景勝に対しても刀狩令を発給しておらず、景勝が領国越後で刀狩りを指示した形跡は全くない、と指摘しています。

おそらく秀吉は、前田利家にも上杉景勝にも、「刀狩令」を出すつもりはなかったのでしょう。そのため景勝は、領内に刀狩りを命じるというような実情に合わない政策は行ないませんでした。しかし利家は、もともと秀吉の盟友ですから、「刀狩令」が出されたことを知ると、自己の領内では形だけでも指示する必要があると考えたようです。これは、あくまで自主的な刀狩令施行です。

一方で、加賀国南二郡（能美・江沼）を領する溝口秀勝は、「刀狩令」を交付されてもいないのに、即座に刀狩りを行なって没収した刀などを秀吉に提出し、秀吉の奉行によって武具の請取状が出されています。

竹間氏は、豊臣取立大名である溝口は「豊臣政権の政策を忠実に実施せざるを得ない立場にあった」としています。私も同様に考えます。おそらく溝口は、「刀狩令」が出されたことを知って、即座に対応したのでしょう。ただし、「刀・わきざし員数すくなく」と弁解しているように、とりあえず行なったということだと思います。

これは当然のことです。もし、同じ豊臣取立大名の一部には出されている「刀狩令」を無視して、もし領内に一揆でも起これば、それを理由として秀吉に改易されることになり兼ねないからです。知らなかった、では済まされません。溝口は、交付されなくてもとりあえず実施しないと済まないと思ったはずです。

一方、前田や上杉なら、もし領内に一揆が起こったとしても、それぞれの軍事的実力で抑え込んでしまえば、秀吉に譴責されることはないでしょう。彼らと溝口クラスの大名では、置かれた立場が違うのです。

それでは、小早川隆景宛の「刀狩令」はどう考えればいいのでしょうか。隆景は、九州攻めののち、筑前および肥前・肥後のうち二郡へ移封されています。毛利家一門であった隆景に交付することによって、毛利領国全体に秀吉の意思を伝えたものと考えることもできますが、むしろ占領地域に乗り込む隆景に秀吉の方針を伝えたもの、と考えた方がいいような気がします。

「刀狩令」の残存例の検討から考えると、秀吉は、九州地域の大名、あるいは九州に新たに封じられた大名、子飼い部将の一部、および畿内近国の寺社に刀狩令を出した、と考えられます。その意味では、大名一律に交付されたわけではないのですが、豊臣大名としてやっていこうとすれば、率先して領内に励行しなければならない、という心理的強制力を伴うものだったようです。

このように刀狩令は、徳川家康、前田利家、毛利輝元、上杉景勝といった「五大老」クラスの大名には発給されなかったと考えられます。彼らは、盟友として秀吉の天下統一に従順に協力しており、しかも領国統治は自力で行なっています。秀吉が刀狩りなどを命令しなくてはならない存在ではありませんでした。こうした秀吉の認識が朱印状発給の有無にも反映されていた、ということではないでしょうか。

3　小田原落城後に出された刀狩令の意味

それでは、秀吉の全国統一が進むにつれて、刀狩令はどうなっていくのでしょうか。
小田原北条氏を滅ぼした秀吉は、天正十八年（一五九〇）八月十日、石田三成に刀狩り等を指示する次の朱印状を発給しています。

【釈文】

定

一、今度以御検地之上被作相定年貢米銭之外、対百姓臨時非分之儀、一切不可申付事、

一、盗人之儀、堅御成敗之上者、其郷其在所中として聞立、有様ニ可申上之旨、百姓以連判致誓紙可上之、若見隠聞かくすニ付而ハ、其一在所可為曲事、

一、人を売買儀、一切可停止之、然者、去天正十六年以来ニ売買族被作棄破之条、元のことく可返付、於向後人を売もの、事ハ不及申、買もの共ニ曲事候間、聞立可申上之、可被加御褒美事、

一、諸奉公人者、面々以給恩其役をつとむへし、百姓ハ田畠開作を専ニ可仕事、

一、日本六十余州在々百姓、刀・わきさし・弓・鑓・鉄炮、一切武具類持参候事、御停止

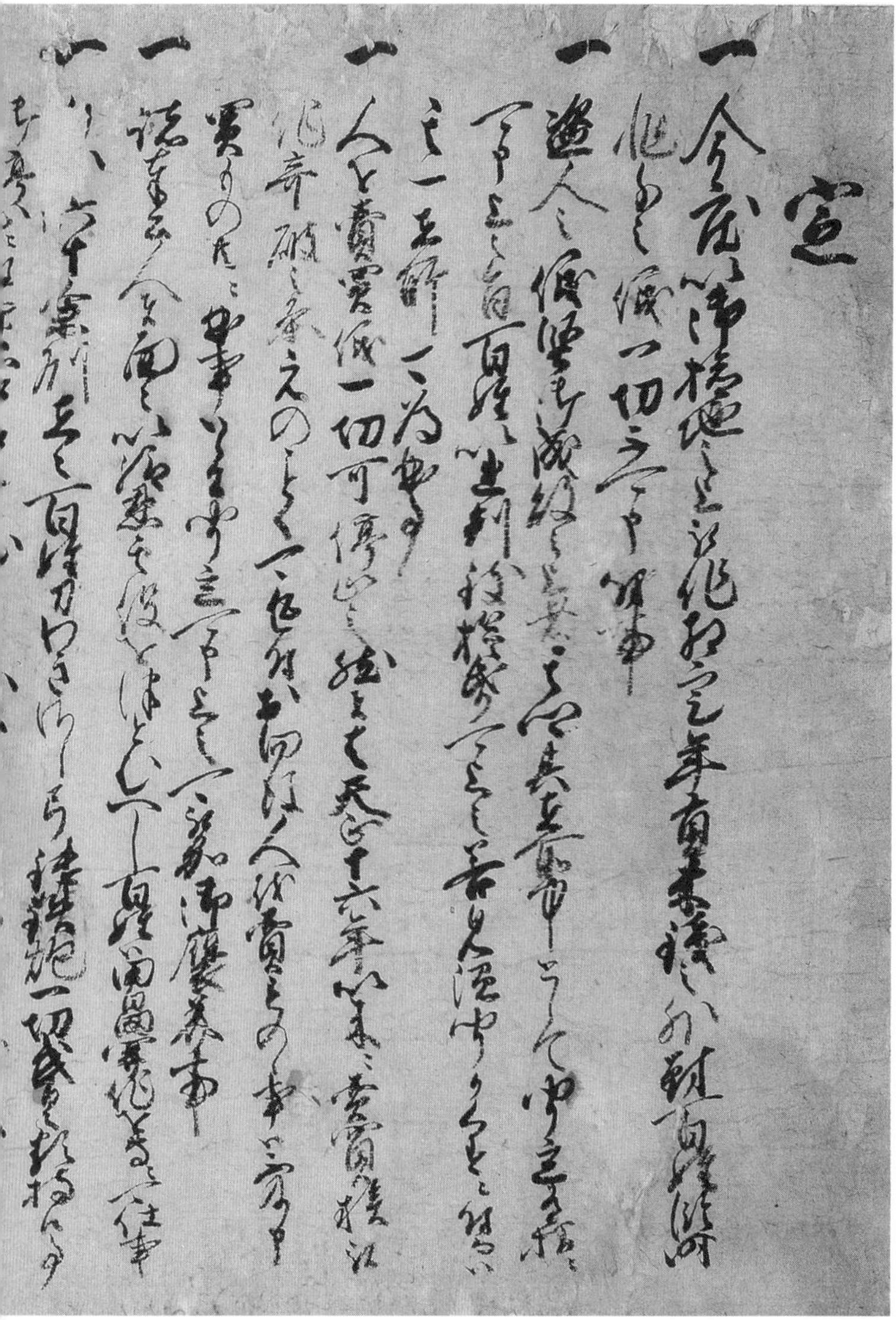

天正十八年八月十日付け石田三成宛豊臣秀吉朱印状

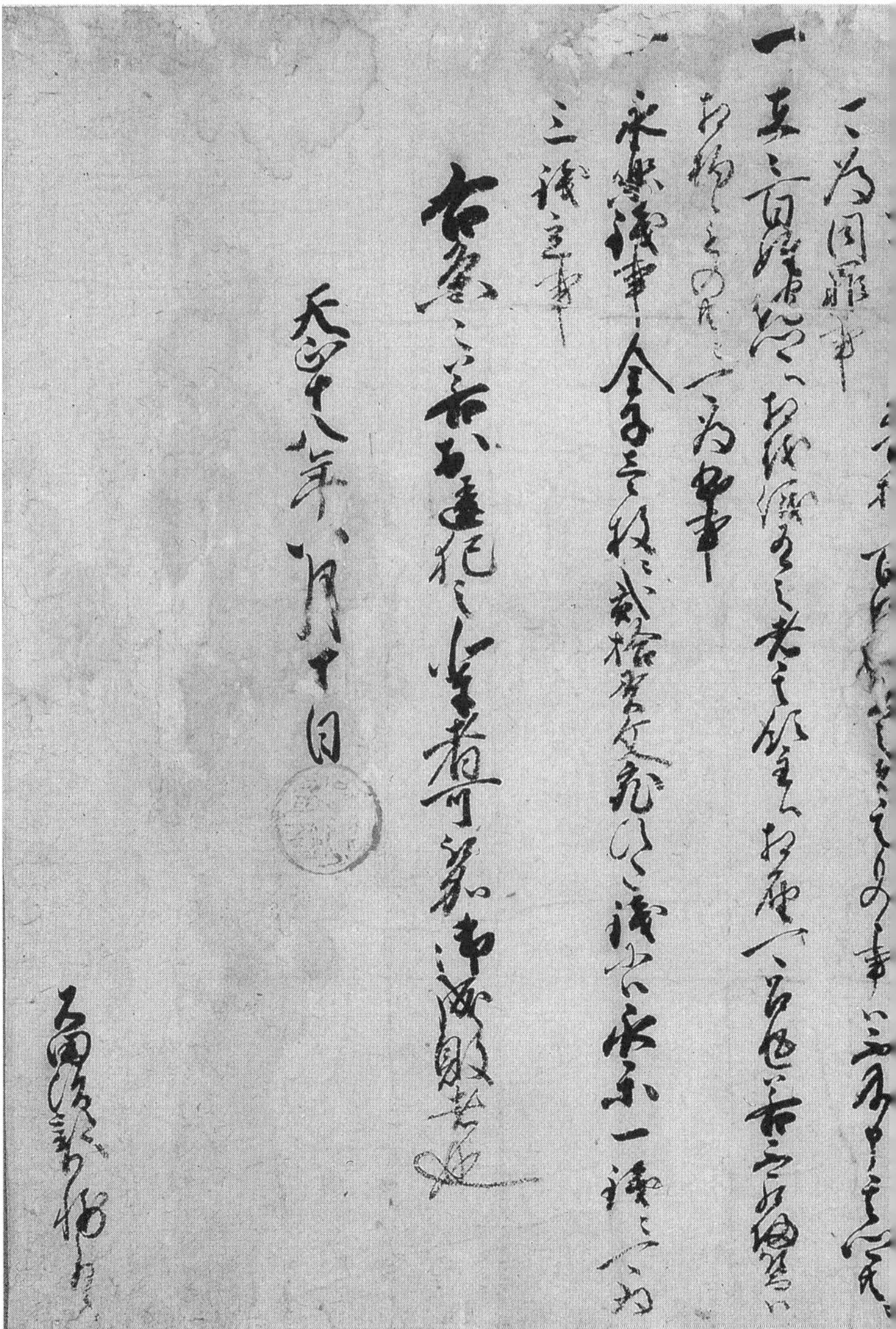

（吉田由紀子氏所蔵・大阪歴史博物館寄託）

ニ付而、悉被召上候、然者今度出羽・奥州両国之儀、同前ニ被仰付候条、自今以後自然所持候百姓於在之者、其もの、事ハ不及申、其郷共ニ可為同罪事、

一、在々百姓他郷へ相越儀有之者、其領主へ相届可召返、若不罷帰付而ハ、相抱候もの共ニ可為曲事、

一、永楽銭事、金子壱枚ニ弐拾貫文宛、ひた銭にハ永楽一銭ニ可為三銭立事、

右条々、若於違犯之輩者、可被加御成敗者也、

天正十八年八月十日◯（秀吉朱印）

石田治部少輔とのへ

【現代語訳（本文のみ）】

定

一、今度御検地した上で定められた年貢米銭のほか、百姓に対しての臨時の賦課は、一切命じてはならない。

一、盗人は、厳罰に処すので、その郷や在所として調査し、そのまま申し上げることを、百姓の連判で誓紙を上げさせた上は、もし隠しておけば、その在所を罪に問うことにする。

一、人を売買することは、一切禁止する。されば、去る天正十六年以来に人を売買していた者は、元のように返してやれ。今後、人を売る者の事は言うに及ばず、買う者も処罰するので、これを告げ知らせた者には褒美を与える。

一、諸奉公人は、それぞれ扶持をもらってその役を勤めよ。百姓は田畠開作に専心せよ。

一、日本六十余州の在々の百姓が、刀・脇差・弓・鑓・鉄炮など一切の武具類を持参することは、御禁止されたので、すべて没収した。したがって、今度出羽・奥州両国も、同様に命じられるので、今後もし武具類を所持している百姓がいれば、その者は言うに及ばず、その郷も同罪である。

一、百姓がほかの村へ移住していれば、その地の領主へ届けて戻させよ。もし戻らなければ、召し抱えた者も処罰する。

一、永楽銭は、金子一枚に二十貫文ずつ、びた銭は永楽一銭に三銭の換算とする。

右の条々、もし違反する者がいれば、御成敗されます。

この文書は、天正十八年八月十日、小田原城が落城し、次いで奥羽仕置を開始する際、秀吉が出したものです（吉田由紀子氏所蔵、大阪歴史博物館保管）。同日付け青木一矩（かずのり）（紀伊守）宛のほぼ同文の七ヶ条の朱印状（大東急記念文庫所蔵）、および石川光吉（兵蔵）宛の五ヶ条の朱印状（大阪歴史博物館所蔵）があります。石川宛の朱印状は、三成宛のものとだいぶ構成が違いますが、刀狩りを命じた第一条は三成宛の第五条と同文です。

この朱印状は、特に注目すべきもので、それまで秀吉が行おうとしていた諸政策が、一覧できるものとなっています。①検地と百姓臨時使役の禁令、②盗人の禁令、③人身売買の禁令、④百姓の耕作専念義務、⑤刀狩り、⑥百姓の土地緊縛、⑦永楽銭の換算率の規定、の七ヶ条は、まさに豊臣政権の画期性を示すものです。

このうち、刀狩りを命じたのは第五条です。これによると、「ほかの地域では武具類を没収しており、今度、出羽・奥州にもそのように申し付ける」としています。

小田原北条氏を滅ぼしたあと、出羽・奥羽に向かう時、すでにほかの地域で出された刀狩令が当然のように適用された、ということがこの文章によってわかるのです。

八月十八日付けで、吉川広家に送った朱印状（『大日本古文書　吉川家文書之二』七四一号）には、「出羽・奥州そのほか津軽の果てまでも、百姓らの刀や武具狩り、検地以下を命じ、伊達や山形の最上氏にも妻らを上洛させ、すべて落着したので会津から帰り、今日、小田原城に落ち着いた。」と書いています（拙著『天下人の一級史料』の六八・六九頁に釈文と現代語訳を掲げています）。刀・武具狩りは、秀吉麾下の大名にはすでに周知の当然の政策だったことがわかります。

秀吉は、一度発布した法令は、すべての大名に渡さなくても、基本的に全国を規制する法令として通用すべきものと考えていたようです。

そのために必要なのは、秀吉が派遣した部将たちへの指示です。各大名に銘々の領内の刀狩りを任せるのではなく、部将たちが占領地域に刀狩りを強行し、没収した刀や鑓、脇差を秀吉に提出することになったのでしょう。

さらに、拙著で述べたように、服属下にある地域でも、刀狩りが不十分だと見なされた地域には個別に刀狩りが命じられました。

秀吉文書を考える上で重要なことは、基本法令だった刀狩令でさえ、それほど広く出されたわけではないということです。秀吉は、朱印状を、その時点で知らせるべきと考えた者にしか出していないのです。天下統一過程にある秀吉の場合、全国を視野に入れた法令であってもすべての大名に発給されることはなく、支配下の大名に対してすら全員に発給することはなかったのです。

これは、刀狩令が限定的な効力しか持たなかった、ということではありません。「刀狩令」の存在を知って、すぐさまそれを領内に施行しようという大名もいました。また秀吉は、いったん命じたことは、新たな征服地にも自動的に適用しています。刀狩令も検地も、そのような政策として理解すべきでしょう。その意味で、秀吉が朱印状で命じた指示は、将来的にはどの大名をも拘束するものだったと考えるべきなのです。

この朱印状は、ほぼ全国統一を完成させた秀吉が発給した豊臣政権の基本方針を明示したものですから、多くの大名に交付されるべき内容だと思います。それなのになぜ、石田三成と青木一矩に宛てられたものだけが残っているのでしょうか。

これらの朱印状は、石田らの領内に適用させるために発給されたものとは思えません。おそらく、以後の民政の基本方針を石田ら奉行に伝えることによって、諸大名へ浸透させようとするものだったのでしょう。天正十八年八月の時点で、石田らは奉行としてそうした任務に就いていたと推測できます。そうだとすれば、青木、石川の地位を位置づける必要が出てきますし、さらにこの内容の朱印状が、ほかの誰かに発給されていたのかどうかということも重要な問題となります。

おわりに

秀吉の朱印状は、同じ文面でも、宛所によっては全く意味が違うものになります。天正十六年七月の「刀狩令」は、島津氏や大友氏に対してはこれまで治めてきた領国に刀狩りを要求しているのに対し、小早川隆景や加藤清正宛のものは、征服地に乗り込んだ大名に対して刀狩りを行なえと命じたものです。そして、天正十八年八月十日付け朱印状は、服属した大名領に刀狩りを行なうよう奉行に指示したものです。

刀狩りを命じたほぼ同文の朱印状であっても、宛所によってそれぞれ意味を考えていく必要があると言えるでしょう。

徳川家康や上杉景勝に対して刀狩令が発給されたかどうかという問題は、「出典」が一つ二つ増えるというレベルのものではありません。本章で述べたように、秀吉の政権構想を考える上で非常に重要な問題です。ここまで述べれば、刀狩令がどこの史料保存機関にあるのかということにこだわった私の真意が理解していただけるのではないでしょうか。

本章の考察によって、高等学校の教科書に史料として掲載され、多くの人が知っている刀狩令でさえ、ずいぶんと謎が多く、またそれを考察することによって、さまざまな論点が提出できることがわかっていただけたと思います。

なお、三鬼氏は、島津家文書が「氏（山本――筆者注）と関わりが深い東京大学史料編纂所に国宝として収められ、部外者が接することは事実上不可能だ」と書いています。しかしこれは、全くの事実誤認です。島津家文書は、申請してしかるべき手続きを踏めば閲覧できます。閲覧申請されたことがあるのでしょうか。

ちなみに史料編纂所では、一万五千点を超える島津家文書を『島津家文書目録』全三冊にまとめて全国の主要な大学、研究機関、史料保存機関に送付しています。『大日本古文書　島津家文書之四』も刊行されました。『薩藩旧記雑録』だけでなく、島津家文書がこれまで以上に研究者に活用されることを望みます。

第四章 秀吉の右筆

曽根勇二

はじめに

天正十八年七月は、豊臣秀吉の関東平定にほぼ目途がたち、まさに奥羽平定へ乗り出す時期ですが、同月三日付けの朱印状（宛所なし）で、秀吉は小田原から会津までの道路を整備するよう命じています（『大日本古文書　伊達家文書』五一九号）。これは伊達政宗の所領が会津周辺にあったため、豊臣方の軍勢へ対し沿道の百姓を動員して道路の整備を命じたものです。その中で秀吉は「礼銭・礼物を取り、不当なことを要求するのは奉行たちの失態である。その後もこのようなことを聞いたなら、必ず処罰をする」と命じています。これは豊臣方の侵攻にあたり、その軍勢の中で村々から礼銭などを不当に多く取る者がいて、秀吉はそれを問題にしたのです。

秀吉らは、その軍勢を統率するために制札を出すことがあります。従来の研究では、この制札は、侵攻してくる軍勢の乱暴狼藉を防ぐために、村方の方から軍勢の統率者側と交渉し、制札下付の礼銭を支払うことで獲得するものと理解されています（藤木久志『雑兵たちの戦場』朝日新聞社、一九九五年。峰岸純夫『中世災害・戦乱の社会史』吉川弘文館、二〇〇一年）。これまで私自身も、小田原合戦で関東各地を侵攻する豊臣方の軍勢が、制札を村々に下付する事実を明らかにしてきました（特別展図録『秀吉襲来』横浜市歴史博物館編、一九九九年）。

しかし従来の研究からは、制札（秀吉朱印状）が村方に残された意味はよく理解できますが、制札を発給する側の実態など、まだ多くの検討すべきことが残っています。そこで本章では、制札だけではなく、知行宛行状などの秀吉朱印状の発給に深く関与する右筆の動向に注目し、そこから秀吉の意思伝達に関わる奉行人の存在も考えてみたいと思います。

1　制札百枚の追加

まず一二四・一二五頁に掲げた写真の文書を見てみましょう。これを読むと以下の通りです。

【史料①釈文】（北條和子氏所蔵文書）

江戸城俵物改之注文、披見候、城中掃除以下申付、御座所拵、玉縄（玉縄城）ニハ瀬多掃部助・生駒主殿正を置候て、其城ニハ松下石見守・古田織部召寄、可入置候、河越城、羽柴筑前（前田利家）守請取候、一左右次第相越、彼城兵粮・武具等入念可改置、則鉢形城へ可相動候、不可有由断候、次制札事、如申越、百枚遣之候、猶山中橘内（長俊）可申候也

五月三日（天正十八年）〇（秀吉朱印）

浅野（長吉）弾正少弼とのへ

木村常陸介とのへ

【現代語訳（本文のみ）】

江戸城の兵粮調査に関する書類を確認しました。江戸城内の掃除などを命じ、上様の御座所を用意し、玉縄城には瀬田正忠・生駒忠清を置き、江戸城には松下之綱・古田重然を呼んで駐屯させなさい。また攻略予定の河越城は前田利家が請取りました。その方らは上様の命令次第で出張し、かの城の兵粮や武具の配備も入念に行ない、すぐにも鉢形城へ向かいなさい。油断してはいけません。なお制札については、申請してきたように百枚を送付しました。なお山中長俊が詳細を伝えます。

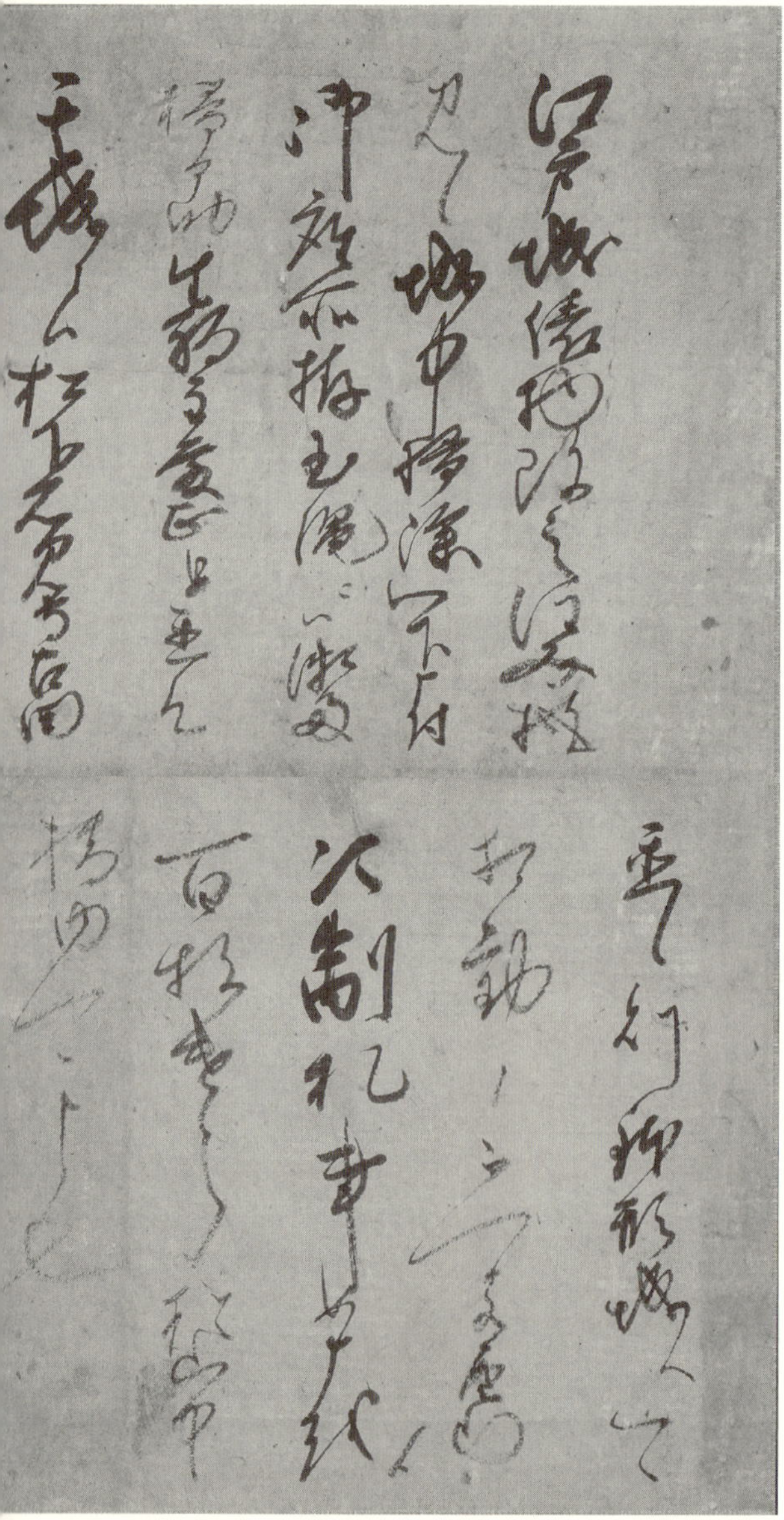

五月三日付け浅野長吉・木村常陸介宛豊臣秀吉朱印状

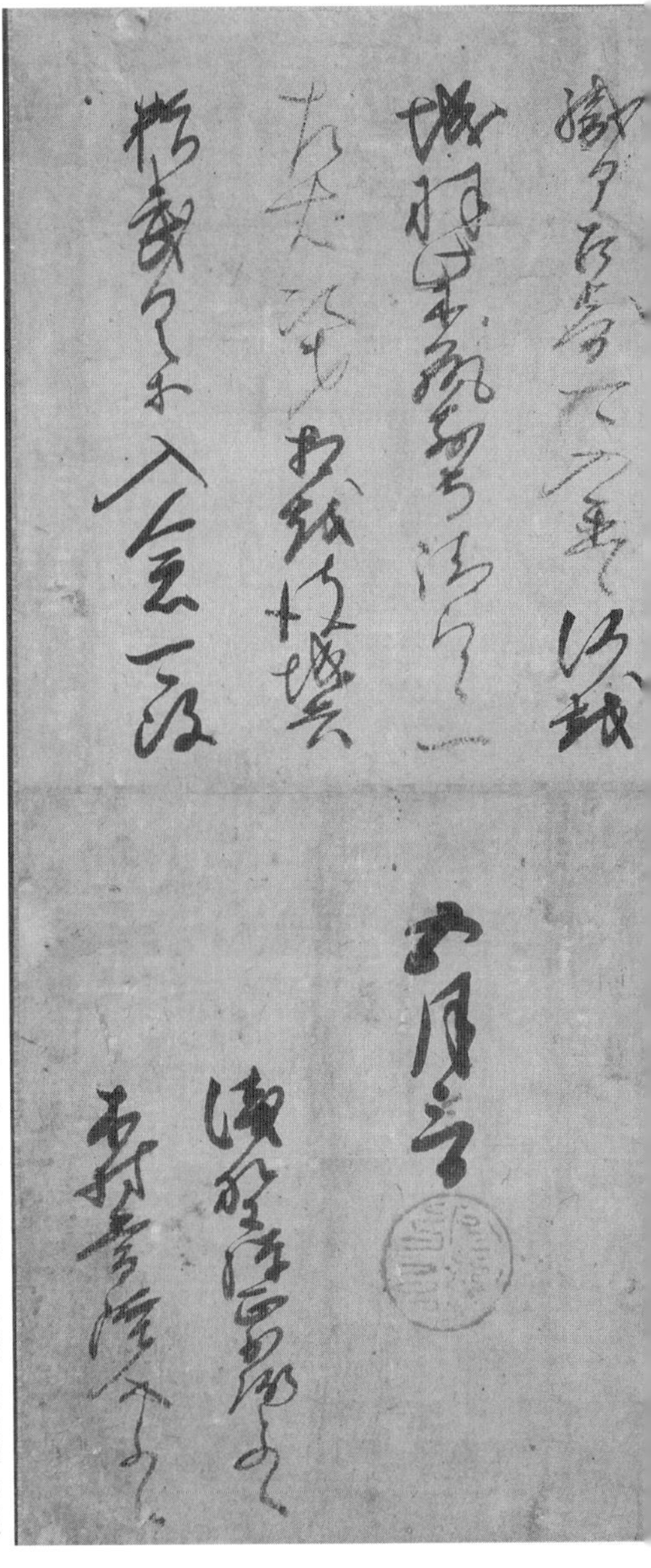

（北條和子氏所蔵・写真提供：横浜市歴史博物館）

天正十八年四月初旬、秀吉ら豊臣方の主力軍勢は箱根湯本（現・神奈川県箱根町）に入り、北条氏の本拠・小田原城を攻囲します。秀吉が著名な石垣山一夜城に本営を移すのは六月下旬ですが、四月二十六日、浅野長吉（のち長政）・木村常陸介らは小田原の本営から離れ、北条方の拠点・相模国玉縄（たまなわ）城（現・鎌倉市）を攻略し、翌日には江戸城を開城させます。

一方、上杉景勝と前田利家らの軍勢は、北陸から信濃・上野両国を経由し、北条方の拠点・鉢形（はちがた）城（現・埼玉県寄居町）や河越城（現・川越市）などを攻略する予定でした。このような戦況の一端が史料①でも確認できますが、この朱印状が発給された五月三日は、浅野らの軍勢が武蔵国から下総国内へ入ったばかりです。

末尾の「申請してきた制札を確かに百枚送りました」の文言に注目すると、北条方の拠点を占領しようとする浅野らの軍勢は、かなりの数の制札を各地に下付しています。

五月十二日にも、秀吉は朱印状で浅野らに「制札を与える村々の家をけっして焼き払うことなく、その礼銭として兵粮を差し出すよう命じなさい。もしそこで変ったことがあれば、それに従うようにしなさい」（「難波創業録」東京大学史料編纂所影写本）と命じています。各地に制札を下付する豊臣方の軍勢ですが、その礼銭は単に徴収するだけではなく、軍勢の兵粮として活用することも命じられています。

この時に秀吉が発給した制札ですが、これは朱印の捺印と宛所の村名が記され、①軍勢そのほかが乱暴狼藉をすること、②放火すること、③寺院や門前の人々に対して無理な要求を強いること、との三点を三ヶ条からなる条文で禁じたものです。村方はこの制札を所持することで侵攻してくる豊臣方の軍勢から正常な治安を保障してもらえることになりますが、これとは別に次のような史料も村方に残っています。

【史料②釈文】（葛西神社文書、東京都葛飾区・葛西神社所蔵）

当所江御朱印取次候而、遣（つかわし）候間、狼藉之族（やから）、有（ある）間敷（まじく）候、若（もし）違犯之輩（ともがら）、於有之者（これあるにおいては）、此
方へ可申来（もうしきたるべく）候也
（天正十八年）卯月二十九日　浅野弾正少弼
長吉（花押）
笠井卅三郷之内
い、つかむら（飯塚村）
さるかまた村（猿俣村）
こわいむら（小岩村）
かなまち村（金町村）
しはまた（柴又村）

【現代語訳】

当地へ秀吉様の朱印状（＝制札）を取次いで発給させましたから、けっして狼藉をする者はいないはずである。しかしもしこれに違犯する者があれば私の方へ申し出なさい。

四月二十九日　浅野弾正少弼　長吉（花押）

笠井三十三郷内　飯塚村・猿俣村・小岩村・金町村・柴又村

ここで言う秀吉の制札とは、秀吉の朱印や宛所の村名があり、日付が「天正十八年四月日」という表記のものですが、このような制札だけで、その地域の治安が保障されるとは思えません。実際には軍勢を現地に進める指揮官のお墨付きが必要なはずです。そのため秀吉の制札だけではなく、史料②のような文書が同時に下付されたのです。つまり秀吉の制札と史料②はセットで出されたのです。史料②だけでは、その内容もよく理解できませんし、明らかに秀吉の制札を補完する内容です。

村方の申請で秀吉の制札が発布されたとの従来の見解は重視すべきです。しかし天正十八年二月二十六日、鎌倉の妙本寺側から制札の下付申請を受けた浅野長吉は、寺側に「秀吉様の機嫌をみて制札の件は交渉しますが、制札を渡すのは出陣した時になります。しかしそれ以前に、もしも先陣の者が乱暴をするようならば、私の方に申し出なさい」（「妙本寺文書」『鎌倉市史』史料編三）と通達しています。秀吉の命で、浅野長吉は関東各地を転戦しますので、侵攻地において、彼が秀吉の制札とともに、自らの書状（史料②）を出すのは極めて自然なことでした。

関東各地を侵攻する豊臣方の軍勢ですが、その指揮官は秀吉の制札を下付する際、自身の書状（史料②）も同時に副えて出していたのです。だからこそ史料①で前線の浅野長吉らから追加申請を受けて、秀吉側も制札百枚を送付したのです。

2　制札の礼銭徴収とその処理

先の浅野らの部隊だけではなく、豊臣方の軍勢には、北陸からの上杉景勝・前田利家隊もおり、豊臣方の軍勢は広範囲に関東各地を侵攻しています。現在でも、百二十通ほどの秀吉の制札が確認されますが、かなりの数の制札が発給されていたのです。現在、史料②のような書状の方があまり残っていないのは、あくまでも秀吉の制札を補完する内容のものだからです。

天正十八年六月二日、前田利家は秀吉右筆の安威了佐（あいりょうさ）に書状を出しています。この時の利家らは、北陸から信濃・上野を経由し、ちょうど武蔵の鉢形城を侵攻しようとしていました。軍勢の関東入りにあたり、利家は具体的な占領の方策を安威へ尋ねたのです。安威は秀吉の許にいますので、安威の回答は実質的な秀吉の意思となります（峰岸純夫前掲書）。

この書状で利家は、「村々には秀吉朱印の制札を配布するのでしょうが、これを帳面に記し、徴収する礼銭をまとめることも必要でしょう。あるいは村々から制札を求める申し出もありますが、これらは誰に相談すればよいのでしょうか？」と聞いてきており、安威は「村々へ発給する制札の礼銭は必ず徴収し、それらはまず利家自身がまとめ、あとでこちらへ納入しなさい」と答えています。多くの制札が関東で下付されていますので、その礼銭も相当な額になるはずです。そこで制札発給の実態を記録し、現地で礼銭を徴収する作業が重要になったのです。軍勢の指揮官はこのような対応も必要でした。

なお一般的に利家は秀吉の盟友と理解されますが、この時点では、行動を共にした上杉景勝らと比べると、政権内でけっして高い地位にいません。利家が官位を昇進させるのはこの小田原合戦後からで、ようやく朝鮮出兵の講和・休戦期である文禄三年に毛利輝元や上杉景勝と同列の地位を獲得します。ここで利家が右筆の安威を介して、秀吉の意思を確認するような低姿勢ぶりをみせた理由の一つには、このような事情も考えられます。

制札の礼銭徴収については、天正十八年八月日付け石田三成宛の「御制札御判銭掟」という表題の秀吉朱印状（京都府古文書等緊急調査報告『本法寺文書』七〇〇号）があります。これによると、秀吉は村々へ制札を下付する際、その村を上・中・下に区別し、それから制札の礼銭（発給料）

を徴収するよう指示しています。おそらく生産力の高い耕地を有する村を「上」とし、同様に村ごとに「中」や「下」の判断をしてから、礼銭を納入させたようです。また「徴収する礼銭は永楽銭でも金貨でも構わない。さらに相場に応じて礼銭を徴収し、筆耕料二百文を徴収することやすべては永楽銭だけに限る」とも命じています。

天正十八年八月十日付けで青木紀伊守へ宛てた秀吉朱印状に「金子一枚で永楽銭が二十貫文、鐚(びた)銭は永楽銭一銭で三銭とする」(大東急記念文庫所蔵)とあり、秀吉は貨幣相場も定めています。永楽銭の礼銭徴収や貨幣相場が設定されるのは、「永楽銭は東国、とくに関東では良質の精銭と見なされ、しかも権力編成のさいに基準銭として取り扱われていた銭貨」(本多博之「織豊政権の貨幣政策と石高制」〔『戦国織豊期の貨幣と石高制』吉川弘文館、二〇〇六年〕)との評価によると、村々からの申請を受けた秀吉側も、関東・奥羽地方を平定するにあたり、制札を発給・下付することにかなり積極的であったようです。

こうして秀吉は礼銭徴収の詳細な規定を定めます。個々の軍勢による不当な礼銭徴収を禁じるためですが、永楽銭の礼銭徴収まで言及しているところをみると、従来のような村方の論理だけで、制札下付の問題を理解することができないと思います。もっと政権内部の権力編成上の問題にも踏み込んで、制札の発給・下付や礼銭徴収の意味を評価する視点が必要なのです。

3　軍勢を指揮する奉行人の登場

先ほどの六月二日付けの前田利家書状に戻りますが、ここで利家は「今年の夏年貢を徴収することですが、特に武蔵・上野国は今がその時期です。これは政権の代官に依頼すべきでしょうか。大量に徴収することになりますので、今から催促してもよろしいのでしょうか?」とも聞いています。安威は「上野国の代官には石田三成がなることを本人に伝えてある。武蔵国の方は、それぞれの軍勢で相談し、夏年貢の徴収に関する書類は、浅野長吉と木村常陸介に渡すようにしなさい」と答えています。すでに四月二十八日、江戸城を開城させた浅野長吉らの部隊は、さらに下総・常陸両国方面を経由し、五月下旬以降は再び武蔵国内に入り、拠点の岩付（現・さいたま市）・鉢形・忍（現・埼玉県行田市）などの城を攻略し始めます。この間の五月半ば、石田三成も自ら軍勢を率いて、本営の小田原を離れます。その後の三成の具体的な侵攻経路は不明ですが、おそらく小田原から武蔵国の内陸部を経由し、五月末日に上野国の館林城（現・群馬県館林市）を攻略します（前掲『秀吉襲来』参照）。

関東各地を侵攻する豊臣方の軍勢ですが、六月二日付けの前田利家書状にあるように、秀吉は個々の部隊に夏年貢の徴収を命じます。畑作中心の関東農村に年貢として夏麦の徴収を指示したのです。先の三ヶ条の制札でも、付帯事項として無理な麦年貢の徴収を禁じるものもあります。これは夏麦を不当に多く徴収する豊臣方の部隊がいたからです。しかし秀吉は制札の礼銭を徴収する際、それを兵粮として徴収することも認めています。

ここでは、秀吉が浅野長吉や石田三成に対し、代官として個々の軍勢が徴収した麦年貢を取りまとめるよう命じたことが重要です。個々の部隊が組織的な現地略奪を命じられる一方、浅野や石田が上野・武蔵両国の代官という立場で個々の部隊を統括するようになったからです。

天正十八年五月二十八日付けの秀吉朱印状（宛所なし）に「佐竹・宇都宮・結城・那須・佐野氏やその家臣まで、もしも下野・常陸・上野の三ヶ国で私の命令が出たならば、石田三成の指揮下、一緒に行動してそこで陣を構えなさい」（『思文閣古書資料目録』一九一号、二〇〇五年七月）とあります。下野・常陸の両国の動きは明らかではありませんが、少なくとも当時の石田が上野国侵攻のリーダー的な存在であったことが確認できます。

浅野長吉についても、天正十八年六月二十九日付けの浅野配下の安野元時書状に「常陸・下総・上総・下野の四カ国は浅野長吉・木村常陸介の両名が管理する秀吉様の代官所となり、この地の夏年貢は私が担当して徴収することになりました」（「見徳寺文書」『千葉県の歴史』資料編中世三、九六一頁）との表記もあります。

豊臣方の諸軍勢が新たに占領した地は、このようにまずは政権が直轄し、その管理は浅野らに委ねられたのです。

秀吉は、個々の部隊に対し、兵粮調達の手段として制札の礼銭を徴収することを認める一方で、恣意的に麦年貢を横領することを禁じます。制札下付や礼銭徴収という秀吉の指令が、個別部隊の乱暴や狼藉を防止するだけではなく、それが全軍勢の動きを規制する重要なものになるのです。秀吉は全軍に占領政策の原則を明示したことになります。つまり制札下付だけではなく、礼銭徴収やその基準までを設けるよう指示することで、秀吉が個々（諸大名）の軍事行動を規制し、次第に政権中枢が全軍を統括できるように考えたのです。この点こそが、冒頭の秀吉が礼銭や礼物を禁じた理由の本意かと思います。朝鮮出兵における豊臣軍の兵糧調達の実態を彷彿とさせるものがあります（拙著『秀吉・家康政権の政治経済構造』校倉書房、二〇〇八年）。

4　秀吉朱印状（知行宛行状）と右筆

天正十八年十二月二十三日付けで石田三成へ出された粟屋彦兵衛・白江善五郎（正重）・自庵（じあん）・山中橘内（長俊）・回斎宗補（そうほ）・徳法軒道茂（どうも）・木下半介（吉隆）・長束大蔵（正家）計八名の連署状（大東急記念文庫所蔵）があります。ここで連署者の八名は「知行宛行と加増に関する朱印状の件ですが、いずれもその知行高千石に付き、筆耕料として蠟燭（貨幣の異称カ）三百疋（疋は銭貨を数える単位）を与えるというのが秀吉様の命令ですので、それを我らにお渡しください」

と石田三成に要求しています。

ここでは知行宛行状の筆耕料を要求するなど、右筆は村々への制札ばかりではなく、知行宛行状も執筆していることがわかります。八名が右筆であることは間違いありませんが、これ以上のことはよくわかりません。また天正十八年十二月二十二日付け大村由己宛の白江善五郎・自庵・回斎宗補・山中橘内（長俊）の四名連署状（総本山金剛峯寺編『高野山文書』四五六号）があります。これも石田三成宛の八名連署状とほぼ同じメンバーが連署していますし、その内容や日付からも、二つの右筆連署状は関連するものです。

特に後者には「於関東　御朱印九ツ調　進　之候、方々御朱印銭到来候処」と記され、関東地方で九通の秀吉朱印状が発給され、その礼銭が政権の方へ続々と届いていることがわかります。すなわち関東地方では、村々への制札だけではなく、領主権を保障する秀吉朱印状（知行宛行状）も発給されていることが確認できるのです。しかも制札と同様、このような知行宛行状が発給・下付される際にも、その礼銭が徴収されています。

また、後者の連署状によると、秀吉の御伽衆大村由己（『秀吉事記』の著者）の仲介する西門院からの礼銭がまだ秀吉の許に届いていませんでした。西門院とは高野山金剛峰寺の一寺院です。東国の戦国大名は真言宗を信仰する際、このような寺院と師檀関係を持つことが多いのですが、秀吉の知行宛行状を獲得するため、このような関係を利用したことが知られます。これは知行宛行状（秀吉朱印状）の獲得をめぐり、関東の個別領主と深い関係にある人物が政権内部にも出現してきたことも意味します。政権側からすれば、御伽衆や大寺院という伝統的権威を介して、秀吉の意思を関東の個別領主へ通告できるようになったのです。

右筆は、秀吉の知行宛行状を執筆するだけではなく、その礼銭を徴収していたのです。特に右筆の筆耕料が、知行宛行状の石高に応じて支払われるのは、興味深い事実です。秀吉が制札下付の礼銭徴収に際し、村々をランク付けするよう命じたのと同様の論理があるからです。個別領主の方から知行宛行状を獲得しようとする動きも推測されますが、これも制札を求める村々の積極的な姿勢とよく似ています。

秀吉が関東地方を制圧するにあたり、その知行宛行状が個別の地域へ発給・下付されるまでには、さまざまな人物が介在したのですが、こうした人間関係の形成こそが秀吉の政権運営を支えていたようです。このあたりは村々への制札下付と異なる点でしょう。

5　秀吉朱印状と奉行人・右筆の存在

制札と知行宛行状という秀吉朱印状が関東地方で発給・下付され、それに関わる右筆や奉行人の動きを追ってきました。しかし話が少し煩雑になってきましたので、次の秀吉朱印状をめぐる一連の史料（「親九町組文書」（『京都町触集成』別巻二、二四六〜九号、岩波書店、一九八九年）を紹介し、本章で主張したいことを整理します。

天正十九年（一五九一）九月二十二日、秀吉は上京中（かみぎょうちゅう）宛に「京都中の屋敷年貢を免除します。これが今後も同じようになることは間違いありません」という朱印状を出します。同年九月二十五日、前田玄以も秀吉朱印状とほぼ同じ内容の書状を上京中に出します。さらに山中長俊と木下吉隆からは次のような書状が出されます。

【史料③釈文】「親九町組文書」（『京都町触集成』別巻二、二四九号）

上・下京中、地子（じし）御めん（免）なされ　御朱印筆功（耕）儀、銀子（ぎんす）弐拾枚請取申候也

天正十九

十二月二十八日　山中橘内（長俊）（花押）

木下半助（吉隆）（花押）

民部卿法印（前田玄以）

【現代語訳（本文のみ）】

上京・下京とも京都のすべての町の屋敷年貢を免除しますが、その朱印状の筆耕料として我らは銀貨二十枚を確かに請取しました。

これらは朝鮮出兵を目前とした秀吉が、京都の町々地子（屋敷年貢）の永代免除を許可したものです。まず天正十九年九月二十五日に、九月二十二日付けの秀吉朱印状と九月二十五日付けの前田玄以の書状が直書と副状の関係からセットで各町へ下付されます。秀吉朱印状の方が日付が早いのは、秀吉の意思を確認してから、前田玄以が自身の書状を出したからです。直書より副状の方が日付の遅いのは当然です。また山中長俊・木下吉隆連書状（史料③）において、両名は前田玄以に秀吉朱印状の筆耕料として銀子二十枚を受領したことを報告していますので、先の秀吉朱印状は山中・木下が執筆したことがわかります。

山中と木下の両名が執筆した秀吉朱印状に前田玄以の書状が副えられて各町の方へ渡されたことは、当時の前田玄以が京都の町支配を担当していたことからもよく理解できますし、秀吉の意思と奉行人前田玄以の役割、右筆としての山中・木下の立場も明らかです。なおこの秀吉朱印状ですが、京都の各町の申請で下付される形式をとっていることが知られます（『京都町触集成』別巻二、二四八号）。これも、村方から申請して制札という秀吉朱印状を獲得することに類似していると言えるでしょう。

これまで述べてきた制札や知行宛行状、あるいは京都の各町への秀吉朱印状をめぐる文書の事例だけで、政権内部の人間関係が形成される実態を説明しきれたとは思いません。しかし、京都の各町に出された一枚の秀吉朱印状が作成・下付される過程がよくわかり、特に奉行人や右筆の役割が明らかになってきました。

6 右筆の地位向上

これまで、秀吉の意思（秀吉朱印状）を伝達するためには、浅野長吉・石田三成や前田玄以のような奉行人の役割を担う人物が必要であり、さらに秀吉朱印状を執筆する右筆の重要性も指摘してきました。ここでの奉行人とは、秀吉の意思を現場で代行する人物のことです。彼らは制札・知行宛行状という秀吉朱印状の内容を現地に浸透させるための動きをします。そのために秀吉朱印状を補完する副状も出します。

天正十八年（一五九〇）八月、秀吉自身も奥州の会津まで進軍しますが、九月朔日に京都へ戻ります。その翌日の九月二日、秀吉は北関東の領主である多賀谷重経（たがやしげつね）と水谷勝俊に対し、北条氏当主（氏直）を助命すること、降伏の証しに北条氏規（うじのり）（氏直の叔父）を上洛させたことを公言し、秀吉の使者は、多賀谷・水谷ら諸領主の所領範囲を確定することや降伏の証しに上洛するよう命じます。これらすべてを石田三成が指揮することも通告します（「秋田藩採集文書」二号、『結城市史』古代中世史料編）。そして天正十八年九月二十日、秀吉は多賀谷重経をはじめ関東の諸領主に対し、知行宛行状を発給しています（「多賀谷季雄氏所蔵文書」三号、『結城市史』古代中世史料編、など）。石田三成は、秀吉の命を受けて、その意思を確かに関東の諸領主へ伝達していたのです。

天正十八年十一月五日付け浅野長吉・増田長盛・石田三成宛の秀吉朱印状によると、秀吉は「先日命じた諸領主の知行宛行は、検地結果の村高に応じて、秀吉朱印状（知行宛行状）を発給したら渡す」とし、「その知行方目録の用意ができたら、お前ら三人が年貢の徴収を厳しくし、信頼できる奉行を駐留させなさい」（「長井健一文書」二二号『小浜市史』史料編・諸家文書編一）と指示します。奥羽平定にあたり、秀吉は知行宛行状を下付する際、その前に即座に検地を実施するよう命じています。いわゆる指出（さしだし）検地（申告検地）の実施ですが、関東の戦国大名佐竹氏の作成した知行高でも、秀吉は朱印を加えただけで知行方目録にしています。

先の十一月五日付けの朱印状でも「現地で検地惣目録を作成したら、確かな奉行を残して目録帳を携えて上洛しなさい」と命じています。秀吉は早急な検地を実施し、それに応じて服属する諸領主に知行宛行状を発布しています。主従関係を成立させることを重視したのです。

天正十八年十二月二十一日付け山中長俊宛の里見義康書状によると、安房の里見義康は「最近、秀吉様の許にいることも忘れ、つい到着の挨拶もせず申し訳ございません。特に増田長盛様が京都に戻ってきましたが、増田様には大変感謝しております」（「山中山城守文書」一号、『千葉県の歴史』資料編中世五）と記しています。すでにこの時の義康は秀吉に恭順の意を表すため上洛していますが、その留守中、増田長盛が安房国の検地を実施します。天正十八年十月七日付けの安房国内を対象とする増田署名の知行目録（「石井守家文書」二号、「石井常夫家文書」二号、『千葉県の歴史』資料編中世三、「那古村森田吉平所蔵文書（安房国古文書摘要・二号）」「西門院文書」四三号、『千葉県の歴史』資料編中世五」）が現存しますが、これらは増田長盛が検地を実施した証拠です。

関東・奥羽地方を平定するにあたり、秀吉は石田三成や増田長盛らに早急に検地を断行させ、同時に上洛を条件として、服属する個別領主へ知行宛行状を下付したのです。その際、秀吉朱印の知行宛行状（直書）の発給だけではなく、現地支配に関与する人物（奉行人）の存在を重視したのです。増田長盛の手で行なわれた安房国の検地も、従来の村高をそのまま認める指出検地ですが、機械的に石高に換算できるようになっています（「妙本寺文書」「妙本寺検地帳」『千葉県の歴史』資料編中世三）。秀吉朱印状の記載内容だけではなく、その裏付けとなる彼ら自身の連署する目録も必要なのです。秀吉の占領地支配を考える上では、特にこのような奉行人の動きが重要になります。最後に、奉行人と右筆の人間関係が形成される実態を考えてみます。

天正十八年四月四日、右筆の山中長俊は伊豆国狩野内田代郷の人々に宛てて、当地に秀吉朱印状（ここでは離散した住民を再び戻す還住令（げんじゅう））を発給したことを公表し、早々に村に戻って元の生活をするよう勧めます。さらに非道なことを言うものがあれば申し出よ、とも付け加えています（「天城文書」『静岡県史』資料編八・中世四、二三九九号）。当地の戦闘はすでに終了しているので、還住令として秀吉の制札が出されますが、これはその内容を補完するものです。つまり山中は秀吉の制札（秀吉朱印状、直書）の内容を補う文書を発給したのです。ここでの山中は、単に秀吉の朱印状を執筆する右筆ではなく、秀吉の意思を現地で代行する奉行人の役割を担うようになっています。

次も、天正十八年五月十一日に山中長俊が現地へ出した書状です。ここでも山中は、伊豆田代郷の人々に「当地の七郎左衛門と十郎の麦が理不尽にも刈り取られたとの申し出があるが、当地に制札を発給したのは我らである。あまりにも嘆かわしいことであり、どのような事情があったのであろうか」（「天城文書」『静岡県史』資料編八・中世四、二四七四号）と述べています。右筆の山中は当地の制札発給に関わりますが、村方の復興にも関与したのです。山中は、現地の占領に関わることがあったからこそ、先の「還住（げんじゅう）の御制札（秀吉朱印状）」を補完する書状も出すこととなったのです。

山中らの執筆する知行宛行状を発給・下付するためには、まず軍勢を率いて侵攻する石田三成や浅野長吉らの武将らが、秀吉の意思を伝達・執行する奉行人の動きをみせます。しかし次第にその役割を右筆の山中らも担うようになります。つまり浅野長吉や石田三成らとともに、右筆の彼らも政権の中枢を担うようになるのです。

7、右筆連署状の意味

小田原北条氏が降伏したのち、関東地方は家康の領国になります。このような時期である天正十九年正月十九日、家康が長束正家・山中長俊・木下吉隆宛の書状（「徳川恒孝氏所蔵文書」『新修・徳川家康文書の研究』一三二～四頁）を出しています。これによると、家康は新領国の関東地方を視察した家臣を上方へ戻すため、秀吉に通行証明書の発給を求めています。秀吉の通行証明書を得るため、家康が長束・山中らに直接依頼したことは注目すべきことです。

これと同様なものには、天正十九年七月十七日付け伊達政宗宛の木下吉隆・山中長俊連署状（『大日本古文書　伊達家文書』六〇一号）もあります。木下・山中の両名は、伊達政宗に対し、①秀吉が奥羽の一揆鎮圧に対する政宗の働きぶりを評価し、そのため朱印状を出す予定にあること、②一揆を鎮圧するため、豊臣秀次や家康までも動員するので、今後も奥羽平定に尽力すること、③京都で建設中の伊達屋敷の進捗状況、の三点を報告しています。前年の天正十八年秋、奥羽地方で最初の一揆が勃発した当初、政宗は不審な行動を見せますが、この頃は秀吉に完全な服従の態度を示し、率先して京都に自分の邸宅を建築しています。秀吉はここで政宗にさらなる忠勤ぶりを命じますが、これとほぼ同様の秀吉朱印状（『大日本古文書　伊達家文書』六〇〇号）

も出されています。

このように木下・山中の連署状は、秀吉朱印状の内容を補完するものとして出されています。この時の山中・木下は秀吉の許にいますが、政宗への秀吉朱印状の発給に関与するだけではなく、秀吉の意思を大名側へ伝達する役割も担っていたのです。つまり、秀吉朱印状を執筆するだけの彼らが、次第に秀吉朱印状を補完する文書を発給するまでになってきたのです。この点はたいへん重要なことです。石田三成や浅野長吉のような奉行だけではなく、右筆の中からも、秀吉の意思を伝達する職務を担う者が出てきたからです。

このような動きをもって、即座に彼らを秀吉の奉行人と規定するのは早計ですが、彼らを介して秀吉の意思が諸大名へ伝達されたことは事実です。特に山中長俊は、のちに浅野長吉と秀吉朱印状の副状に連署する事例（朝鮮における兵粮備蓄や秀吉の御鷹場設定に関するものなど）がありますし、京都南禅寺から浅野長吉に宛てられた書状に対しても、その副状を出しています（『南禅寺文書』中・三〇七号）。山中は浅野の配下としても動いているのです。

天正十八年五月十七日付けで、長束正家は家康重臣の鳥居元忠へ「大豆」合計百俵を受け取ったことを報告しています（「精忠神社所蔵文書」『壬生町史』資料編・原始古代中世）。この時は、家康家臣をも引き連れた浅野らの豊臣方の軍勢が、関東地方を侵攻中でした。長束がこの請取書を発給したのは、秀吉の右筆だからでしょうが、この署名行為がすでに秀吉の意思を豊臣方の軍勢に伝達したことになります。彼らが右筆であることは確認してきましたが、彼らに関する文書を検討すると、このように秀吉朱印状を執筆するだけではなく、秀吉の意思を詳細に伝達する役割を担う内容のものもあるのです。

天正十八年八月二十二日、山中長俊は家康の代官伊奈忠次に対し、①鶴岡八幡宮以下の鎌倉四寺社の領知は従来通りとし、秀吉朱印状の形態で発給すること、②今回の検地で増量となった分は不正のないよう管理すること、の二点を通告しています（「帰源院文書」四七七号、『鎌倉市史』史料編二）。この時の山中は秀吉に同行していますが、奥羽平定後の会津から京都へ戻る途中です。これによると、鎌倉の寺社へ知行宛行状を与える際、いきなり秀吉から寺社側へ発給するのではなく、その領主となる家康へ事前に伝達します。ここでも山中は、秀吉の意思を補完する行為をしています。鎌倉の地も新たな家康領国になるので、ここで家康の代官が登場しますが、これ以前から秀吉家臣の山中らが奔走していたからこそ、鎌倉の寺社との深い関係が形成されているのです。秀吉の軍勢が鎌倉の地を占領したことが優先され、すでに秀吉の意思で鎌倉四寺社の知行安堵は決定しています。ここでは、新領主としての家康は、秀吉から一国規模の検地実施を命じられただけです（天正十八年七月二十三日付け高力清長・成瀬国次宛の片桐且元・早川長政連署書状案「帰源院文書」四七六号、『鎌倉市史』史料編二）。

山中と鎌倉の寺社との深い関係は、文禄二年正月二日、山中が鶴岡八幡宮の関係者に宛てた書状でも確認できます。ここで山中は、①朝鮮出兵用の見舞いとして、鶴岡八幡宮が使者と蠟燭（通貨の異称カ）三百挺（挺は通貨を数える単位）を進上したことをすぐさま秀吉に報告したこと、②このことを秀吉が大変に喜び、秀吉朱印状を出したこと、③秀吉に鶴岡八幡宮の造営を申請し、秀吉も大変に乗り気であること、④鶴岡八幡宮が山中に献上品を進上したが、それも秀吉へ報告したこと、などを鶴岡八幡宮へ伝えています（「鶴岡八幡宮文書」一四五号、『鎌倉市史』史料編二）。鶴岡八幡宮から秀吉の許へ朝鮮出陣の見舞い品が無事に献上されたことを報告するだけの内容ですが、これを裏付けるように、その返礼として秀吉は、文禄元年十二月二十八日付けの朱印状を出しています（「鶴岡八幡宮文書」一四二号、『鎌倉市史』史料編二）。この秀吉朱印状の内容を補完するものが、先の文禄二年正月二日付けの山中書状です。これらの動きからも、山中が右筆だけの人物とは考えられません。

このほか、文禄二年七月二十九日、長束正家・山中長俊・木下吉隆の三名連署状も興味深い内容のものです（『大日本古文書　小早川家文書』四二二号）。長束ら三名は小早川隆景に対し、①朝鮮から送られてきた隆景の書状が公表され、朝鮮での隆景の働きが大いに評価されていること、②朝鮮の番城が完成次第、隆景の帰国を許可する秀吉朱印状と浅野長吉・石田三成・増田長盛の連署状（副状）が出されること、③小早川秀包（ひでかね）と立花宗茂（むねしげ）、そのほかの軍勢を残して無事に帰国することを待っていること、などを伝えています。

極めて豊富な内容ですが、ここで注目すべきことは、朝鮮の小早川隆景に帰国を許可する秀吉朱印状が出され、その副状として浅野長吉らの連署状が出された点です。さらに興味深いことは、副状を出す浅野らが朝鮮に滞在中のため、国内で秀吉の許にいる長束正家らが連署状を出したことです。ここでも秀吉朱印状に対し、右筆の長束や山中らは重要な役割を担っています。

小田原合戦から朝鮮出兵の時期にかけて、豊臣方の戦線は飛躍的に拡大します。それに応じて秀吉の意思も、多方面かつ数多く伝達されるようになり、多くの秀吉文書が作成・発布されることになりますが、その過程において、秀吉の意思を現地で代行する者が数多く必要になりました。そのために多くの秀吉朱印状が作成されるようになりますが、それを執筆する右筆の役割も重視されるようになるのです。

こうして豊臣方の全軍勢を率いるような人物が政権中枢の奉行人となり、秀吉の意思が頻繁に他方面へ伝えられ、さまざま文書に連署もするようになります。このような奉行人の連署状が出現し、秀吉文書の正当性も次第に強められていきます。具体的には浅野長吉や石田三成らの登場を示唆していますが、まさに彼らは奉行衆と呼ばれようになります。浅野や石田らの広範な業務を補佐する立場にいたのが山中長俊や木下吉隆ら右筆ということになるのです。

おわりに

秀吉は、関東・奥羽平定にあたり、制札や知行宛行状を数多く発給しました。秀吉の意思を現地に伝達するために、奉行人の役割を担う人物も出現します。さらに秀吉朱印状を執筆する山中長俊や木下吉隆ら右筆も、文書の作成・発給に関わりながら、次第に多彩な役割を担うことになります。この結果、秀吉の政権運営は集権化の度合いを高めますが、その政権中枢では、さまざまな人間関係も生じてきます。右筆の地位向上もその一つかと考えられます。

右筆の地位向上に関しては、早くから桑田忠親氏が指摘しています（『豊臣秀吉研究』角川書店、一九七五年）が、特に高木昭作氏は「公家文書から独自の発展をとげた武家文書の歴史」をふまえて、豊臣政権期の右筆の重要性を明快に説明しています（「書札礼と右筆」『書の日本史』平凡社、一九七六年））。

高木氏は、まず源頼朝が公文所別当（くもんじょべっとう）に公家の大江広元を招いて、同時に右筆を兼ねさせるなど、それ以降の武家政権が発給文書の「政治的権威の源泉」を朝廷に求めるようになったことに注目します。この結果、公家文書の影響を受けて、武家文書の形式が整備されることとなり、その文書を作成・管理する右筆の存在が重視されるようになります。なお当初（鎌倉幕府）の右筆は「行政官僚として、判決や行政命令書の起草・執筆にあたり、その記録をつけ、管理する」ことがおもな職務です。しかし「足利将軍（義満―筆者注）の政治的権威が全国的」に確立すると、当初のような右筆ではなく、「将軍の側近にあってその直書を代筆する」右筆も出現してきます。高木氏は、「単なる物書きではなく、将軍側近の一員として幕政に参画」する右筆が出現することから、室町将軍による御内書（直書）の政治が展開し、副状を発給する奉行人の重要性を指摘したのです。こうして室町幕府の将軍政治の実態を極めて簡潔に説明した上で、同氏は、「秀吉の意思を諸大名に伝える手段となったのは、超特大の檀紙の折紙に大ぶりの字で書かれた朱印状（形式の点では御内書と異なるところがないが、秀吉は将軍にならなかったので御内書とはいわない）であり、彼ら（石田三成や浅野長吉―筆者注）側近はこれを諸大名に執り次ぎ、あるいはその副状を出すことで権勢を振るった」とも述べています。

秀吉は、室町将軍の文書発給の形式を継承しようとしていたのです。将軍御内書と秀吉朱印状が同じものであるとは思いませんが、秀吉が自らの意思を諸大名はじめ多くの方面に伝達しようとすれば、本章で述べたようなことは、当然のごとく起きるものです。秀吉がその意思（直書）を諸大名らへ伝達しようとすれば、内容を詳細に説明することも必要となり、それゆえに武家文書としての副状の役割が注目されるのです。このような形式は、すでに室町幕府の諸将軍や戦国大名も用いています。すなわち、奉行人や奏者といった役割を担う者たちです。

しかし秀吉の意思伝達は、単に「文書」を介するだけではなく、その意思を仲介する人物の存在も必要となり、これが極めて重要な要素となります。これはシステムが必要ということではなく、人間関係の方が重要だということです。秀吉の権力が「独裁」であればあるほど、政権中枢の政治機構などが必要ではなく、未整備な状態のままとなります。むしろ制度化する必要もないし、当然の現象です。秀吉政権では、何よりも秀吉の意思をスムースに政策へ反映させることが優先されます。これが副状に連署する人物が重視される理由ですし、秀吉の権威（秀吉朱印状）付けにもなります。このあたりが室町幕府や戦国大名とは異なる点かと思います。

なお本章では、浅野長吉や石田三成ら武将系の人物とともに、山中長俊や木下吉隆ら右筆も、秀吉朱印状の内容を補完する文書を出すようになったことを紹介してきました。その後、木下は文禄四年の秀次事件に連座して失脚しますが、山中は浅野長吉と連署して、秀吉朱印状の副状を出すようになります。しかしこれはあくまでも過渡期的なものと考えています。次第に浅野・石田や前田玄以らの「固定的」なメンバーが連署し、秀吉朱印状の副状を発給するようになるからです。これらが五奉行連署状（奉書）として整備され、秀吉の意思を代弁するようになります。このあたりを解明することが今後の課題になるかと思います。

第五章　豊臣秀吉と「豊臣」家康

堀　新

はじめに

織田信長・豊臣秀吉・徳川家康を、俗に三英傑と言います。家康が乱世を最終的に統一して江戸幕府を開き、東照大権現として神格化されました。そのため、信長・秀吉時代の家康の事績は過大評価され、改竄もされました。例えば、三代将軍家光が日光東照宮にあった家康の官位叙任文書（辞令のようなもの）をすべて源姓に書き替えたことを、米田雄介氏が明らかにしています（「徳川家康・秀忠の叙位任官文書について」『栃木史学』八、一九九四年）。征夷大将軍は源氏に限られるはずだからです。この背景には、平氏や藤原氏の信長・秀吉は将軍になれなかったが、源姓である神君家康こそが真の武家の棟梁だ、だから江戸幕府は正当な権力だという政治的なメッセージがあるのです。

事績を改竄されたのは家康だけではありません。将軍になりたかった秀吉が、足利義昭に養子入りを断られて仕方なく関白になったというエピソードは有名です。しかしこれは、寛永十九年（一六四二）に江戸幕府の御用学者である林羅山が著した『豊臣秀吉譜』に初めて出てくる話です（石毛忠「思想史上の秀吉」〔桑田忠親編『豊臣秀吉のすべて』新人物往来社、一九八一年〕）。同時代史料には、秀吉は天皇に将軍任官を勧められて断ったとあります（『多聞院日記』天正十二年十月十六日条）。よく考えてみれば、その後秀吉の御伽衆（おとぎしゅう）になる義昭が、秀吉の申し入れを断ることができたでしょうか。それに関白になることは、将軍よりもずっと難しかったはずです（三鬼清一郎「戦国・近世初期の天皇・朝廷をめぐって」〔『歴史評論』四九二、一九九一年〕）。鎌倉・室町幕府の将軍は何人も暗殺され、最後の将軍義昭は落ち武者狩りあって身ぐるみ剝（は）がれ、「貧報公（こ）方」と嘲られています（『信長公記』）。当時、将軍職そのものにそれほどの権威があったとは思えません。さらには、鎌倉幕府には藤原将軍と皇族将軍がいて、源氏将軍の方が少数派ですから、将軍＝源氏という議論の前提そのものが怪しくなってきます。

江戸時代を通じて、家康や将軍職がことさらに神聖化・絶対化された結果、現代の我々にもこうした徳川史観が刷り込まれています。天下人となる以前の家康の実像をとらえるためには、こうした徳川史観のフィルターを一つ一つ剝がす必要があるのです（堀新「信長・秀吉の国家構

想と天皇」（池享編『天下統一と朝鮮侵略』吉川弘文館、二〇〇三年）。
そのためには、「一級史料」とも言うべき同時代史料を丹念に読み返すことが有効でしょう。家康と秀吉の関係は、両者間でやりとりされた文書を読むのが一番です。本書の序章や第一章の鴨川論文でも触れられているように、文書には書札礼（しょさつれい）というルールがあり、これによって両者の関係が明確に表されているからです。

1　家康宛秀吉朱印直書を読む

では、秀吉から家康に宛てた朱印直書（じきしょ）（名古屋市秀吉清正記念館所蔵）を見てみましょう。

【釈文】

伊与（予）鶴并巻物為礼儀書状、令披見候（ひけんせしめそうろう）、煩之事、弥（いよいよ）快気候哉（や）、緩々（ゆるゆる）と被加養生（ようじょうをくわえられ）、其方（そのほう）次第上洛相待候、猶（なお）冨田左近将監（一白）可申候也（もうすべくそうろうなり）、

（文禄五年）十月十七日　秀吉（朱印）

（徳川家康）江戸内大臣殿

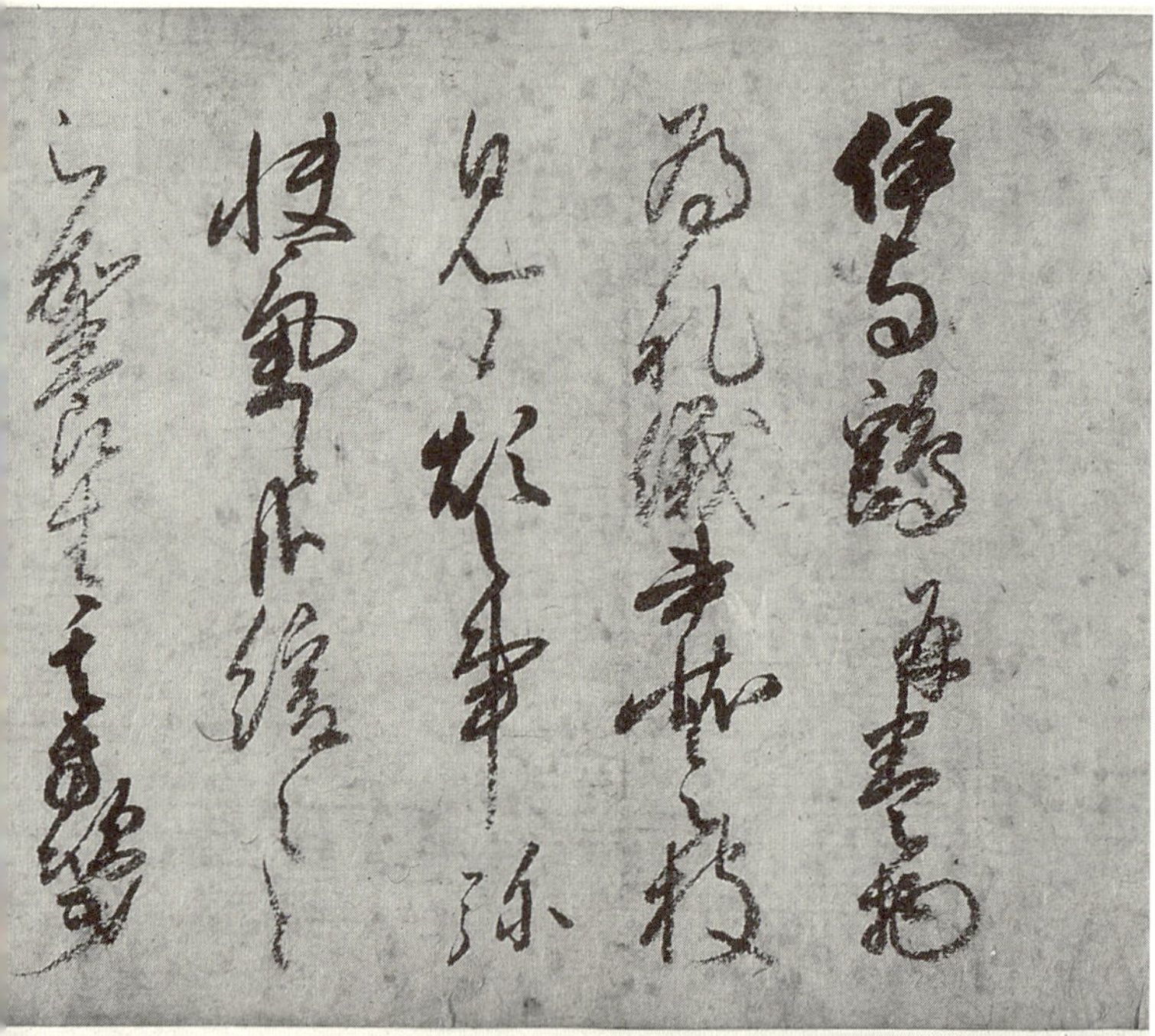

十月十七日付け徳川家康宛豊臣秀吉朱印直書

（名古屋市秀吉清正記念館所蔵）

【現代語訳】

伊予鶴(いよつる)と巻物(まきもの)の御礼状を見ました。病気は良くなったでしょうか。ゆっくりと養生して、体調次第で上洛するのを待っています。なお富田一白(いっぱく)が詳しく申し述べます。

十月十七日　豊臣秀吉（朱印）

徳川家康殿

秀吉から家康に宛てられた文書は約二十通伝来していますが、本文書は時期的に最後のものになります。家康が文禄五年（一五九六）正月十一日に内大臣に任官し、秀吉が慶長三年（一五九八）八月十八日に歿するまでの間で、家康が十月十七日に畿内にいないのは文禄五年だけです。したがって本文書の年代は文禄五年です。ちなみに、この直後の十月二十七日に改元され、慶長元年となります。

伊予鶴とは真鶴(まなづる)の一種で、巻物とは軸に巻いた反物（織物）です。本文書では真鶴と巻物を贈ったのが秀吉か家康かわかりづらく、それによって現代語訳も変わってきます。ここではとりあえず、字面通りに秀吉が贈ったと解釈しました。家康からの文書が残っていればことは簡単なのですが、残念ながら現存しません。

ところで、その家康からの文書には病気のことが書いてあったようです。そこで本文書では、秀吉は家康の病状を心配して、上洛は体調次第で良い（つまり無理に急がなくてもよい）と気遣っています。秀吉の意を受けた富田は、秀吉の使者として本文書を携帯して下った可能性もありますが、おそらくは本文書と一緒に家康へ文書を送っただけだと思います。

　ところで、この時家康は秀吉への文書と一緒に、富田にも文書を送っており、幸いなことにそれが現存しています。十月十二日付けのその文書（「富田文書」）によれば、家康は草津温泉（上野国）の湯を江戸へ汲み寄せて湯治する（ので、病状が思わしくなく、すぐの上洛は難しい）として、富田に秀吉への取り成しを依頼しています。これが功を奏して、本文書で秀吉は家康の体調を気遣っているのでしょう。

　ここで少し、本文書の様式について解説しておきましょう。古文書学では、公文書ではない私文書を書札様文書（しょさつようもんじょ）と言います。これには御教書（みぎょうしょ）、直書（じきしょ）（直状（じきじょう）とも言います）、書状、奉書（ほうしょ）などがあり、ここで問題となるのは書状と直書です。この両者を截然と区別することは難しいですが、本文末尾の書止文言（かきとめもんごん）が「恐惶謹言（きょうこうきんげん）」等となるのが書状、「〜也、仍（よって）状如件（くだんのごとし）」等となるのが直書です。本文書の書止文言は「候也」ですから直書であり、しかも秀吉の朱印が捺されているので朱印直書と呼ぶのが適当でしょう。

　以上のことを前提として、本文書の書札礼から秀吉と家康の関係を読み取っていきましょう。まず注目されるのは書止文言です。現在でも「敬具」「草々」などがありますね。書状では「恐惶謹言」「恐々謹言」「謹言」をおもに使用しますが、この順に薄礼になっていきます。つまり、差出人の宛先に対する敬意が少なくなるのです。そして直書の書止文言は「候也」「～也、仍状如件」「～之状如件」を使用しますが、これは主君が家臣に宛てた場合等に使われるものですから、書状よりも薄礼です。したがって、秀吉と家康の間に明確な上下関係があることを示しています。

次に署名を見てみましょう。これは名前と印・花押の二点が基準になります。名前は実名（秀吉）だけでなく名字（羽柴）や官途名（筑前守など）が書いてあれば厚礼です。また、印でなく花押が据えてあれば厚礼です。本文書は実名のみで朱印使用ですので、薄礼と言えます。

これに対して、宛所「江戸内大臣殿」は、比較的厚礼になっています。写真（一五五頁）を改めてご覧下さい。まず、宛所の「江」の字が比較的高い位置に書かれています。宛所が高い位置に書いてあればあるほど厚礼です。この頃の秀吉文書では、多くの大名は左下の隅に小さく書かれるのが通例です。次に「殿」の書体があまり崩れていません。これは楷書に近ければ近いほど厚礼となります。この頃の秀吉文書では、多くの大名は「とのへ」という平仮名に近い崩しで書かれています。以上の点から、本文書の宛所は厚礼と言えます。

また、本文書で使用している料紙の紙質やサイズを見てみましょう。これは大高檀紙といって、当時の最高級の紙質です。これを使用できるのは天皇や関白、武家では将軍に限られるとされています。また、サイズは縦二二・六センチ×横六五・四センチです。本文書の下半分は切り取られていると考えられますので、実際の縦の長さはこの二倍だったと思われます。他大名の文書では見られない巨大さです。料紙の様式は真ん中で上下に半分に折った折紙で、これは略式の使い方です。これらの点から、料紙に関しては尊大の面が強く、また薄礼でもあると言えるでしょう。

書札礼上の基準はほかにもありますが、文中の表現に注目してみましょう。家康の行為に敬語が使われているのは「養生を加えられ」の一ヶ所のみです。「養生」「書状」「煩」「快気」「上洛」に敬語の「御」がついていません。さらには、家康を「其方」と下に見る呼び方をしています。こうした表現は薄礼と言えるでしょう。

以上のように、書札礼の観点から検討してみると、他大名宛と比較して厚礼の部分もありますが、全体的には薄礼が目立ちます。現代語訳だけ見れば、家康の上洛に対する秀吉の気遣いが目立ちますが、それは言わば、家臣に対する主君の思いやりのようなものでしょう。

ところで、中川秀成（ひでなり）・立花宗茂（むねしげ）宛の秀吉文書の書札礼は、秀吉の関白任官を契機に書札礼がきれいに尊大化・薄礼化します（拙稿「秀吉文書の書札礼」〔『戦国史研究』二三、一九九二年〕）。しかし上杉景勝宛秀吉文書は、景勝の上洛・臣従が契機となっています（堀新「豊臣政権と上杉氏」〔『早稲田大学大学院文学研究科紀要』別冊一八集・哲学史学編、一九九二年〕）。全体的に、時期が下るにつれて秀吉文書が尊大化・薄礼化することは事実ですが、その契機は大名によってさまざまです。これは、書札礼が秀吉とその大名間との関係を直接的に示しているからでしょう。

本章で、家康宛秀吉文書約二十通すべての書札礼を検討することはしませんが、その変化は一様でなく、時には薄礼から厚礼に逆戻りもしています。家康は他大名と同等ではなく、特殊な地位にあったことが窺えます。しかし繰り返しますが、秀吉と同等だったわけではありません。

2 豊臣期の二重公儀論

しかし、天正十二年（一五八四）の小牧・長久手の戦いで秀吉は家康に敗れたため（この点は後述します）、家康を特別扱いせざるを得なかったはずだという意見は学界にもあります。笠谷和比古氏は「豊臣関白体制の下で公然と徳川将軍制を志向するような政治力学が作動している」と主張しています（『関ヶ原合戦と近世の国制』思文閣出版、二〇〇〇年）。これは「豊臣期の二重公儀論」とでも言うべき議論です。すなわち、豊臣政権は秀吉を頂点とする関白型公儀と、家康を頂点とする将軍型公儀の二重構造になっていたという主張です。

「公儀」とは当時の史料用語です。もともと「私事ではない公的な事柄」を指し、その延長上から朝廷や幕府を指すようになりました。室町期の武家社会ではおもに将軍を指しています。戦国大名は下剋上の過程で自らの正当性を主張するスローガンとして「公儀」を称するようになります（久保健一郎『戦国大名と公儀』校倉書房、二〇〇一年）。江戸時代には、幕府や藩が「公儀」と呼ばれたことは時代劇などでもおなじみだと思います。このように、「公儀」とは「権力の正当性」や「正当性を持つ権力そのもの」といったニュアンスで使用されています。

秀吉の関白（あるいは前関白としての太閤）という地位が、形式的には豊臣政権の正当性の根拠となっていますので、関白型公儀というのはよくわかります。しかし、豊臣政権下における将軍型公儀とは一体どういうものでしょうか。もちろん、豊臣政権下の家康が実際に征夷大将軍に任官していたわけではありません。笠谷氏も、家康を「事実上の将軍」（傍点は筆者）と評価しています。

では、家康はなぜ「事実上の将軍」なのでしょうか。笠谷氏によれば、それは家康の本姓に関連しています。それぞれの名字（松平や徳川など）には本姓があり、その代表が源平藤橘（げんぺいとうきつ）の四姓です。当時は本姓を変えることは珍しくなく、織田信長も藤原から平へ改姓しています。これは源平交替説にのっとって、源姓である足利将軍を倒して自ら天下を取るためだったとよく言われますが、それは疑問です。家康は、慶長八年（一六〇三）の将軍任官に先だって、本姓を源に改姓しました。前関白・近衛前久（このえさきひさ）によれば、それは「将軍望に付ての」ものだったのです（「陽明文庫所蔵文書」）。すなわち、家康の本姓が源であることは、将軍任官と幕府開設を意図してのものだというのです。

笠谷氏はこの前久の言葉をもとに、家康と本姓源の関わりを検証しました。意外なことに、家康は将軍任官のずっと以前、永禄四年（一五六一）〜永禄九年、天正十六年（一五八八）〜文禄三年（一五九四）にも源姓を称していたのです。天正十四年には藤原姓を称していますので（「大通院文書」ほか）、家康は本姓をその時々に使い分けていたのかも知れません。

このうち笠谷氏が注目したのは、豊臣政権下における源姓です。天正十六年（一五八八）四月の聚楽第行幸の際に提出した起請文（誓約書）に「駿河大納言源家康」と署名しています（「聚楽第行幸記」）。この起請文は秀吉への臣従を誓うものですが、家康は源姓を称して将軍志向を明らかにしたことになるわけです。おそらくは秀吉もそれを認めていたからこそ、家康は公然と源姓を称することができた。そして秀吉が家康の野望を公認した理由は、小牧・長久手の「敗戦」にあると考えておられるのでしょう。

そして笠谷氏は、この年正月、室町幕府十五代将軍足利義昭が上洛し、出家したことに注目します。義昭は織田信長によって元亀四年（一五七三）に京都を追放され、室町幕府は滅亡しました。ところが上級公家の名簿である『公卿補任』では、その後もずっと征夷大将軍とされています。このことから京都追放後も室町幕府は滅亡していない、義昭はずっと将軍だったとする説もあります。しかし私は、それは形式的な議論だと思います。『公卿補任』は公家社会のあるべき姿を伝えようとして、しばしば改竄されています。また、天正十年の本能寺の変の直前に、朝廷が織田信長に「太政大臣か関白か将軍か」に推任しますが、その当時義昭が将軍でないと認識されていたからこそ、三職推任の一つに将軍が含まれていたのです。これは最初に述べた、天正十二年に秀吉が将軍任官を勧められて辞退した時も同様です。

笠谷氏の議論に話を戻すと、天正十六年正月に足利将軍家が名実ともに終焉した。そしてその直後に、義昭と入れ替わるようにして家康が源姓を称しているから、これもまた「将軍望に付て」の改姓だと笠谷氏は考えておられるのです。

このように、実際に将軍に任官する十五年も以前から、家康はずっと源姓を称していたのです。これが「将軍望に付て」であり、そして秀吉もそれを公認していたから、豊臣政権下の家康は「事実上の将軍」だった。以上のことから、笠谷氏は豊臣政権の政治構造を、関白型と将軍型の二重公儀の国制と考えておられるのです。

ここまでの説明では、「なんだ、家康が源氏改姓しただけじゃないか。何をオーバーなことを」と感じる方もいらっしゃるかも知れません。しかし、堀越祐一氏の研究によって、豊臣政権下における名字と本姓は重要な意味を持っていたことがわかっています（「豊臣期における武家官位制と氏姓授与」〔『歴史評論』六四〇、二〇〇三年〕）。秀吉は配下の武将や服属した諸大名に羽柴姓を授与して、擬制的な同族関係を築こうとしています。羽柴授姓された大名は本姓も豊臣に改姓しました。そして聚楽第行幸以降は、羽柴授姓されない大名も含め、官位叙任された全ての武家は、本姓を豊臣に改姓しています。

すなわち、秀吉は諸大名に自らと同じ名字（羽柴）を授姓し、同じ本姓（豊臣）に改姓させたわけです。江戸幕府の松平授姓は徳川の旧姓ですし、本姓にはノータッチでした。これと比較すれば、秀吉は有力大名との強い一体感を志向していたと言えるでしょう。これもつまり、自らの低い出自を糊塗するためだったのです。

低い身分出身の秀吉は、それを糊塗することに執着しました。自ら御落胤説を流布させ、八条宮智仁（としひと）親王を猶子（ゆうし）としています。また、前関白近衛前久の娘前子（さきこ）を養女として、後陽成（ごようぜい）天皇の女御（にょうご）として入内（じゅだい）させています。このように、秀吉は天皇家との一体化工作を進めます。このほかにも、織田信長の四子秀勝を養子としています。信長の血縁でもある茶々（淀殿）や名門京極家の竜子（松の丸殿）を側室としたことも、低い出自のコンプレックスの表れかもしれません。

3 「源家康」か「豊臣家康」か？

このように見てくると、家康の本姓が源であり、羽柴名字・本姓豊臣を授姓されなかったのであれば、家康が自立的な地位、さらに言えば秀吉と対等に近い関係にあったことを意味するようにも思えてきます。豊臣期の二重公儀論は、まさにこのことを前提にしているのです。

ところで、家康の嫡子秀忠はどうだったのでしょうか。秀忠が天正十八年十二月の従四位下任官から天正二十年九月の従三位・権中納言任官の叙任文書には、いずれも「豊臣秀忠」と記されています。本姓が豊臣ですから、当然羽柴授姓されて「羽柴秀忠」と名乗っていたはずです。そして意外なことに、秀吉死後の慶長四年三月でも「羽柴武蔵守秀忠」と署名しています（「大洲加藤文書」）。秀忠は一時期秀吉の養子になり、「秀」の字を一字拝領していたくらいですから、羽柴授姓されて本姓を豊臣に改姓していたとしても不思議ではありません。そうすると、父家康の本姓とは異なっていたことになってしまいます。

では家康はどうでしょうか。文禄四年（一五九五）七月の秀次事件直後に提出された起請文案では、「羽柴武蔵大納言家康」と署名しています（『大日本古文書　毛利家文書』九五八号）。しかしこれは原本ではなく案文（あんもん）（控）なので、実際に家康も「羽柴」と称していたとは断言できません。ほかに一点だけですが、「羽柴江戸大納言」宛の文書が残っています。それが文禄三年九月二十一日付け豊臣秀吉知行方目録です（「関地蔵院文書」）。その写真を次頁に掲げましょう。

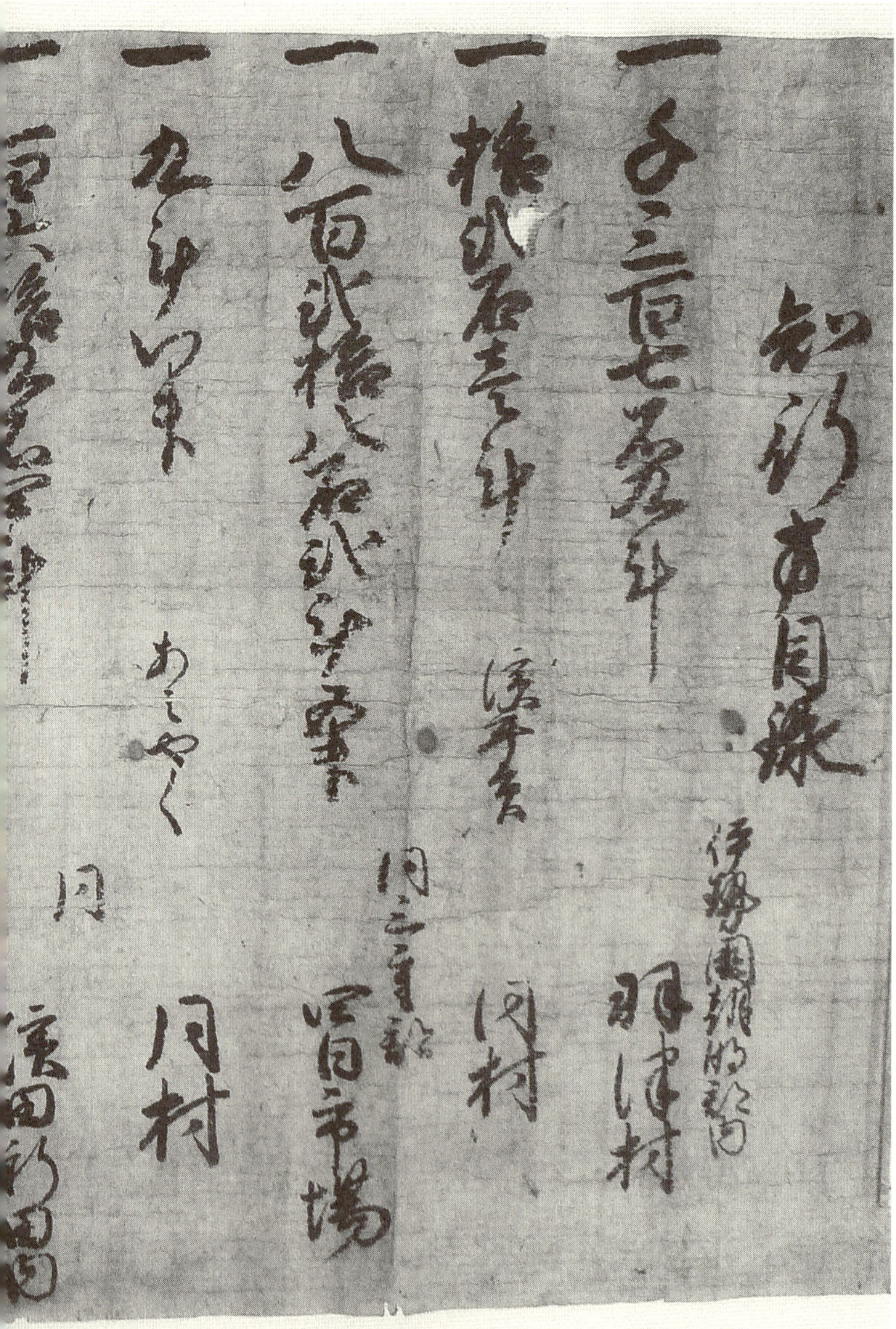

文禄三年九月二十一日付け徳川家康宛豊臣秀吉知行方目録

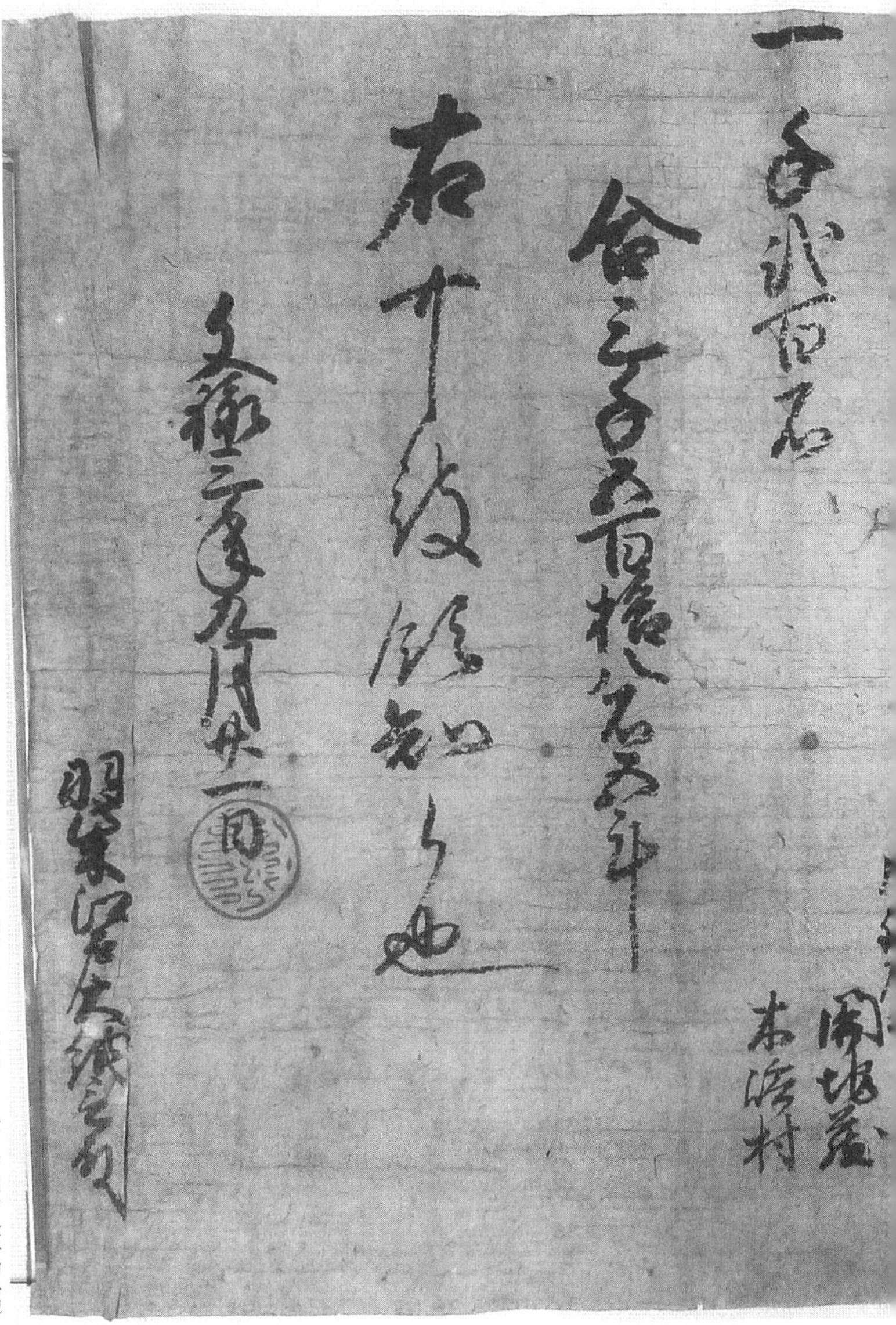

（関地蔵院所蔵・写真提供：亀山市歴史博物館）

【釈文】

知行方目録

一、千三百七石九斗伊勢国朝明郡内
羽津村

（中略）

合（あわせて）三千五百拾八石五斗、

右可致領知候也（りょうちいたすべく）、

文禄三年九月廿一日〇（秀吉朱印）

羽柴江戸大納言殿（徳川家康）

この頃、伊勢国では太閤検地が実施され、その結果に基づいて知行宛行（あてがい）が行なわれました。同日付けの多くの知行宛行状などが残されています。家康もその一人として、伊勢国朝明（あさけ）郡・三重郡・鈴鹿郡などにおいて合計三千五百石余が宛行われたわけです。書止文言は直書形式の「候也」で、最も薄礼となっています。

なお、この朱印状の原本を実見しましたが、宛所「羽柴江戸大納言殿」は本紙からいったん切断され、その上で再び本紙に貼り付けられています。こういった場合は、本来は別の宛所だった可能性が高いものです。しかし、この文書は本紙と宛所は紙質・墨色・筆跡いずれも一致しますし、宛所の「納」「殿」の文字の一部が本紙に残っています。いったん切断された理由は不明ですが、「羽柴江戸大納言」がこの文書の宛所だったことは間違いありません。秀吉は家康に羽柴姓を授姓していたのです。

そうすると、家康も遅くとも文禄三年九月には羽柴授姓されており、おそらく本姓も豊臣に改姓していたとことはほぼ確実です。つまり、この頃の家康の名前は「羽柴家康」で、本姓を使用すれば「豊臣家康」だったのです。源姓を称していない以上、家康を頂点とする将軍型公儀の存在を認めることはできません。もちろん家康に自立性はなく、擬制的とはいえ豊臣一族として秀吉に仕えていたことは明白です。

では、近衛前久は家康の源氏改姓を、なぜ「将軍望に付ての」改姓だと述べたのでしょうか。岡野友彦氏によれば、家康は生涯で三度、本姓を源に改姓しています（「家康生涯三度の源氏公称・改姓」〔二木謙一編『戦国織豊期の社会と儀礼』吉川弘文館、二〇〇六年〕）。そして、その理由は三回とも異なっているのです。

最初の改姓は、永禄四年（一五六一）です。それ以前の藤原姓からの改姓ですが、これはあくまでも私称です。この頃の家康の源姓志向は、祖父清康（きよやす）の意思を引き継ぐものでした。そして永禄九年十二月に従五位下・三河守に叙任された時に、朝廷に本姓源の公認を求めますが、拒絶されました。そのため、こののちは藤原姓を名乗ります。

次に本姓源を称するのは、天正十六年四月です。今度の改姓は、朝廷に公認された可能性があります。聚楽第行幸時に提出した起請文で、家康は「駿河大納言源家康」と署名しています。そして天正十八年八月に関東へ転封されたあと、天正十九年十一月に関東地方の多くの寺社に寺社領寄進状を発給しますが、このうち鶴岡八幡宮・建長寺・香取神宮など二十六の有力寺社に対しては「大納言源朝臣」「正二位源朝臣」と署名しています。その後、文禄三年二月にも「源朝臣」として三島大明神に社領寄進状を発給しています（「矢田部文書」）。これは関東地方では源頼朝以来の源氏の伝統があり、家康は自らが源氏であることによって関東支配を円滑に進めようとしたのでしょう。天正十四年十二月に、家康は秀吉から「関東惣無事（そうぶじ）の儀」を仰せ付けられており（『大日本古文書　伊達家文書』九八六号）、関東入部以前から源姓を称する必要があったのです。

しかし、前述したように、文禄三年九月には「羽柴江戸大納言」と呼ばれており（「関地蔵院文書」）、羽柴授姓が確認されます。もちろん、本姓を豊臣に改姓していたと考えられます。この頃には関東支配も一段落したのか、あるいは豊臣政権に完全に包摂されたのか、秀吉と同じ羽柴名字・本姓豊臣となったのです。

最後の源姓改姓は慶長六年です。確実なのは十月日付けの安南（アンナン）国太守宛国書と呂宋（ルソン）国太守宛国書（いずれも「異国日記」所収）からです。ここでは文中に「日本国源朝臣」と記されています。この時の源姓改姓は、前年の関ヶ原の戦いでの勝利が影響しているようです。近衛前久の言葉によれば、それは「将軍望に付て」のことでした（「陽明文庫所蔵文書」）。おそらく慶長七年二月頃に本姓源が朝廷に公認され、翌慶長八年二月に家康は征夷大将軍に任官します。

つまり、家康は三河国の戦国大名の時代から都合三回、本姓を源に改姓しており、その理由はそれぞれ異なっていたのです。三回目の慶長六年の改姓だけが「将軍望に付て」だったのに、それを二回目にも当てはめたために、豊臣政権下の家康を「事実上の将軍」と誤認し、さらには豊臣期の政治構造を「二重公儀」と誤認する結果になったのです。

豊臣政権下の家康については、書札礼のほか、秀吉外出への供奉（ぐぶ）、役負担、太閤検地との関連、政策関与等の諸点について、平野明夫氏が検討しています（『徳川権力の形成と発展』岩田書院、二〇〇六年）。これによれば、家康の地位は他大名と比べて高かったが、秀吉の臣下であったことは否定できないという点において、平野氏の結論と本章は一致します。ただし平野氏は、文禄四年七月の起請文前書に「板東法度・置目・公事篇、順路憲法之上をもって（以）家康（徳川）可申付候、坂西之儀者輝元（毛利）并隆景（小早川）可申付候事」（関東の法度等は正しい道理に従って家康が申し付け、関西は輝元と隆景が申し付けること）とあることから（『大日本古文書　毛利家文書』九五八号）、これ以降の豊臣政権の運営に家康が関与したと評価しています。しかしこれは、秀次事件という危機に直面して、諸大名を豊臣政権に引き付けておくための美辞麗句であると思います。家康が実際の政権運営に関与するようになるのは、秀吉死後の「豊臣体制」下と考えるべきでしょう。

しかし、太閤検地などの豊臣政権の政策と家康との関わりを検討することは、豊臣期における「二重公儀」体制の是非を検証するには正しい方法だと思います。こうした研究や、「羽柴江戸大納言」宛の文書（「関地蔵院文書」）を正当に位置づけさえしていれば、豊臣期の政治構造が「二重公儀」だったと誤認することはなかったはずです。そもそも、本姓源と言えばすぐに将軍と結びつけてしまう思考回路自体に問題があります。これこそが徳川史観の産物なのです。

4 小牧・長久手の戦いと徳川史観

ここで、徳川史観の虚構性を浮き彫りにするため、小牧・長久手の戦いを取り上げましょう。秀吉は小牧・長久手の戦いで敗れたために、家康に特別な地位を認めざるを得なかったはずだ、という「常識」です。

この戦いで家康は、実際は「長久手の戦い」と呼ばれている局地戦で勝利したのみでした。実際の戦場は、小牧・長久手よりも遥かに広範囲にわたっています。美濃や伊勢なども含めて全体を見ると、実際は秀吉の勝利だったのです（小和田哲男『秀吉の天下統一戦争』吉川弘文館、二〇〇六年）。だからこそ、織田信雄も家康も、秀吉に人質を提出して停戦したのです（跡部信「秀吉の人質策」〈藤田達生編『小牧・長久手の戦いの構造』岩田書院、二〇〇六年〉）。

ところが江戸時代になって、小牧・長久手の戦いにおける徳川譜代の活躍を強調するために（これは関ヶ原の戦いが外様大名の活躍による勝利だったことが関係しています）「長久手合戦図屏風」が作成され、その写本の流布とともに、家康の「勝利」が喧伝されていったのです（高橋修「戦国合戦図屏風の成立と展開」〈歴史学研究会編『戦争と平和の日本史』青木書店、二〇〇一年〉）。そして家康が勝利したという「長久手の戦い」も、実際は岩崎城を奪取された家康が、何とか長久手で秀吉軍を捕らえて逆転勝利に持ち込んだに過ぎません。この局地戦の焦点は岩崎城の攻防にあったのですから、本当は「岩崎の戦い」と呼ぶべきでしょう。しかし、いったん岩崎城を奪われたことを隠蔽して家康の勝利を強調するためか「長久手の戦い」と呼ばれるようになったことは、本書第一章の鴨川論文が明らかにしています。

このように、小牧・長久手の戦いで家康が勝利し、それがのちに家康が将軍に任官することにつながったという「常識」こそが、徳川史観なのです。このような工作が江戸幕府によって二百年以上繰り返され、現代の我々にも大きな影響を与えています。その具体例として、小牧・長久手の戦いの通説的理解として現在も引用されている、一九七五年に発表された二つの論文を挙げましょう。

一つは三鬼清一郎「太閤検地と朝鮮出兵」（『岩波講座日本歴史』近世一、岩波書店、一九七五年）です。三鬼氏はこの論文で、「長久手戦の政治的意義」を「勝敗が預りとなったところに、この戦いの意義が象徴されている」とした上で、「表面的には一五八六（天正一四）年の家康の上洛によって臣従関係が結ばれたものの」、「徳川氏との軍事的緊張関係は、豊臣政権の全過程を通じて存在し」、「秀吉は自己の権力を徳川領国へ浸透させることができ」なかった。「家康は……九〇（天正一八）年の関東移封後は、知行割によって権力構成を質的に高め、朝鮮役にも自己の勢力を温存し、来るべき日のために力を蓄えていた」と述べています。三鬼氏が家康の勝利としなかった点はさすがですが、それは家康の秀吉への臣従が表面的なものに過ぎず、実質的には対等であったという主張の伏線のようにも感じられます。そして、豊臣政権下の全過程を通じて家康が自立性を保ち続け、来るべき天下取りの準備をしていたとする点は、豊臣期の二重公儀論の系譜に連なる議論だと言えるでしょう。

もう一つは、朝尾直弘「幕藩制と天皇」（『大系日本国家史』近世、東京大学出版会、一九七五年）です。朝尾氏は、「豊臣秀吉は天正十一年（一五八三）四月、賤ケ獄（しずがたけ）の戦に勝利した段階で、織田政権の継承者の地位を確保したが、東進しようとして徳川家康にさえぎられ、同十三年路線を変更し、関白として政権を樹立した」、「ただし、秀吉の家康に対する関係は純粋な封建的主従制とはいえず、信長の麾下（きか）武将に対して発揮された絶対者的性格は、ここにはみられない」

と述べています。朝尾氏は勝敗を明言せず、「さえぎられ」と文学的表現を使用していますが、家康に実質的な軍事敗北を喫したことを契機に、秀吉は天皇権威を利用した天下統一・大名編成に路線変更したと主張しています。つまり小牧・長久手の敗戦は、豊臣政権の確立とその権力構造に大きな影響を与えたと位置づけられているのです。朝尾氏は「純粋な」「封建的」と限定条件を付けていますが、秀吉と家康の関係が主従関係にないことを印象づけています。朝尾門下である笠谷氏は、こうした朝尾氏の議論に少なからず影響を受けているのではないでしょうか。かくいう私も、秀吉の「路線変更」については、最近まで朝尾説を踏襲していた一人です。

小牧・長久手の講和交渉が始まった頃から、秀吉が急激な官位昇進を果たしたことは事実です。わずか十ヶ月の間に、「平人」（無位無官）から関白にまで登りつめたのは、摂関家の御曹司ですら不可能なことです。前述した、秀吉が後陽成天皇から将軍任官を勧められ辞退したのもこの頃です。しかし、この急速な官位上昇は、朝廷への急速な接近を意味するのではありません。主君筋に当たる織田信雄を軍事的に圧倒したものの、律令官位を利用して信雄との上下関係を築いて、その「下剋上」をカムフラージュしようとしたのです。そして関白任官は、たまたま起こった関白職をめぐる二条昭実（あきざね）と近衛信輔（のぶすけ）の相論（そうろん）に乗じた「たなぼた」でした（堀新『天下統一から鎖国へ』吉川弘文館、二〇一〇年）。そして秀吉の朝廷への接近は当初からのものであり、それは公武結合という当時の王権構造からすれば当然のことでした。

小牧・長久手の戦いに話を戻しましょう。三鬼氏や朝尾氏以前では、北島正元『江戸幕府の権力構造』（岩波書店、一九六四年）が代表的なものでしょう。北島氏は「小牧長久手の役は概して外交戦・心理戦の傾向が強かったが」、「この戦闘の敗北で秀吉の鋭鋒がくじかれ、秀吉にゆずらぬ家康の面目が発揮された」としています。そしてさらに「秀吉と互角で戦ったことは、戦後、家康の政治的地位を高め、一応秀吉と和順の関係を保ちながら、その一大敵国と見られるようになった。それも小牧長久手の役の戦果と、その戦果をささえた徳川氏の権力構造の量的・質的な発展によるものであった」と述べています。家康の地位は、小牧長久手の戦勝のみではなく、権力構造の発展にもあるというわけです。そしてそれは、「豊臣政権と徳川氏とのあいだの政治的緊張は小牧長久手の役後もかなり切迫したものがあり、徳川氏の側でも豊臣氏との断交に備えてあいかわらず領国の軍事体制の強化がはかられている」ことによるものと指摘しています。つまり、家康は秀吉と軍事的緊張関係（すなわち家康は自立的な地位）にあり、それが家康の権力進展をもたらし、最終的には天下取りにつながっていくという主張なのでしょう。これまた豊臣期の二重公儀論と相通じる議論だと思います。

もっとも北島氏は、「小牧長久手の役後、秀吉の統一事業は順調に進行するとともに、徳川氏の豊臣政権への従属関係もしだいに促進されてきた」とし、天正十八年の小田原攻めでは「先鋒をつとめることになり、諸大名中、もっとも重い軍役を課せられた」とも指摘しています。また、家康権力の基盤である領国経営も、「豊臣政権の基本政策にもとづいていることはいうまでもない」とも述べています。

ところが「完全な君臣関係ではなかったから、秀吉の指令にどこまで忠実であったか疑問である」ともあります。結局、北島氏は豊臣政権下の家康は「秀吉に臣従する諸大名中、最大の実力者たる地位」であり、「そのことはまた、家康をしてその地位と名声をもって秀吉に対し一般の大名とややちがった態度をとらしめることを可能にし、秀吉もそれを容認せざるをえなかった」と位置づけています。これは諸大名が羽柴授姓・本姓豊臣となる中で、家康だけが公然と本姓源を称し、秀吉もそれを認めざるを得なかったとする笠谷説と、文章表現上ですが、似ている気もします。

以上のように、豊臣期の二重公儀論は、小牧・長久手の戦いによって、家康が豊臣政権下において独自の地位を保つことができたという戦後歴史学の「成果」の上に成り立っていることは明らかです。そしてそれは、徳川史観によって生み出された歴史認識に影響されたものでもあるわけです。このように述べると、江戸時代に生み出された徳川史観と戦後歴史学の間に位置する戦前の歴史学、すなわち皇国史観ではどのようになっていたか、興味が湧いてきますよね。

驚いたことに、大正八年（一九一九）刊行の徳富蘇峰『近世日本国民史』豊臣氏時代（民友社、一九二〇年）でも、同様の指摘があるのです。蘇峰は「約言すれば、物質上に於ては秀吉の勝であり、精神上に於ては、家康の勝であつた」としています。その上で「精神的に打算すれば、此の敗軍、は秀吉の一生に払拭し難き、不名誉であって」、「家康が最後迄倔強にして、強情張り、あえて秀吉に屈下せなかつた、自信力の若干は、固より此賜と云はねばならぬ」と述べています。

田中義成『豊臣時代史』（明治書院、一九二五年）も同様です。これは田中氏が文科大学教授として国史学第一講座を担当した明治二十八年（一八九五）～大正八年の講義ノートを、死後に公表したものです。ここで田中氏は「小牧役の結果は、家康の実力・伎倆を発揮し得るの機会となり秀吉は其実力を認めて媾和を遂げ、更に家康を優待尊重することとなりしなり」と述べています。

以上のように、田中・徳富両氏ともに、小牧・長久手の戦いによって家康が豊臣政権下において独自の地位を占めることになったとしています。豊臣期の二重公儀論につながっていく小牧・長久手の戦いの評価は、戦前の歴史学にも色濃く反映されていたのです。もっとも、戦いの勝敗そのものは、徳富氏が「精神上に於ては家康の勝」ちとして、両者の「精神」（心理）上における影響を重視している点は、戦前の歴史学の限界性を示しているかもしれません。しかし「物質上に於ては秀吉の勝」ちとしている点は、最近の研究成果がようやくこれに追いついたとすら思えてきます。

田中・徳富両氏のほか、戦前には三上参次『江戸時代史』（冨山房、一九四三年）があります。これは明治三十八年（一九〇五）以降の東京帝国大学や史談会などの講演原稿を死後に公表したものです。その際、妥当でないと思われる箇所を削除していますが、それはおおむね天皇関係の記述でしょうから、ここでは問題とならないでしょう。三上氏は、秀吉の「大敗」とした上で、「家康此の義戦によりて名望の重きを致せし」と述べ、やはり共通する見解を述べています。そして講和については「秀吉方も家康方も各強硬なる事をいひし」と留保しながらも、「家康より低頭平身和を請ひし」「於義丸を遣す事、たとひ養子といふ名義にもせよ其の実質子なれば、家康一歩を譲れるものなるべし」と的確な指摘をしています。しかも目次では、豊臣期を「豊臣屈服時代」と名付け、本文でも「家康は久しく尺蠖の如く縮み居たりし」と述べています。豊臣政権下の家康の境遇を尺蠖（尺取虫）に喩えているように、秀吉への従属的な地位を明確に述べているのです。

このように見てみると、小牧・長久手の戦い（特に長久手の戦い）の「勝ち」によって、家康が諸大名中の特別な地位に立ったという評価はいずれにも共通しています。しかし、家康の「勝ち」は「精神上」のものであり、全体的には秀吉の「勝ち」であり、講和条件がそれを示していること、さらにはその後の家康の地位が「尺蠖」（尺取虫）と喩えられているように、秀吉への「屈服」が明確に述べられています。

むしろ戦後歴史学の方が、長久手の局地戦に目を奪われて家康の「戦果」を強調し過ぎているかも知れません。家康の「勝ち」を明言してはいないのですが、「互角」や「さえぎる」など、勝利を印象づけるような表現がなされています。その結果、秀吉への臣従が視野から外れ、豊臣政権下の家康の地位を過大評価することになってしまったようです。

もちろん、戦後歴史学のすべてがそうだったわけではありません。例えば、名古屋の郷土史家・武田茂敬氏は、「結局、総力戦では家康の負けと見るのが妥当」と的確に指摘しています（『岩崎城の戦』日進市教育委員会、一九八一年）。こうした成果を踏まえていれば、豊臣政権下の家康を等身大に描くことも可能だったはずです。しかし、武田氏の指摘が三十年間も顧みられなかったように、徳川史観から自由になることは難しいのです。

おわりに

最後に、「二重公儀」について触れておきましょう。豊臣期の政治構造が「二重公儀」ではないことを主張してきましたが、実は秀吉の死後、「二重公儀」体制になるのです（笠谷和比古『関ヶ原合戦と近世の国制』思文閣出版、二〇〇〇年）。秀吉の死後、まだ秀吉の定めた掟や国制が効力を持っていた「豊臣体制」において、家康が豊臣家の五大老の地位を脱していかに天下人の地位を獲得したかが問題となってきました。そこで、家康が「取次（とりつぎ）」という豊臣政権の政治手法を利用して「公儀」を掌握したことや（山本博文『幕藩制の成立と近世の国制』校倉書房、一九九〇年）、豊臣家家老とも言うべき片桐且元（かつもと）の動向に着目して豊臣から徳川への「公儀」の移行が検討されてきました（曽根勇二『近世国家の形成と戦争体制』校倉書房、二〇〇四年）。「豊臣体制」においては、徳川家康と豊臣秀頼という二つの「公儀」が存在していたのです。より厳密に言えば、まだ幼い段階の秀頼は「公儀」の頂点となる可能性があったとすべきかも知れません。

関ヶ原の戦いは、徳川本隊を率いる秀忠の遅参によって、軍事的には豊臣系大名による勝利でした。慶長五年（一六〇〇）の関ヶ原の戦いによって、豊臣秀頼が一大名に転落したというのは誤りです（笠谷和比古『関ヶ原合戦』講談社、二〇〇八年）。家康は、武威という軍事カリスマだけでは、「豊臣公儀」を克服できなかったのです。そこで家康は、改めて本姓源を称して征夷大将軍となったのです。しかし、それでも「豊臣公儀」を完全に潰して「徳川公儀」を確立するためには不十分だったようです。慶長二十年の大坂夏の陣で豊臣家を滅亡させることによって、ようやく「二重公儀」体制を完全に終了させたのです。

家康の将軍任官は、「二重公儀」体制の下で行なわれた関ヶ原の戦いが、豊臣系大名の軍事力によって勝利したという極めて特殊な状況下において有効な政治手法でした。しかし将軍職は、源頼朝以来の武家政権の伝統を受け継ぎ、さらには先行する信長・秀吉と家康との差異を強調して、「徳川公儀」の正当性を主張するには、非常に都合がよいものでした。そのため征夷大将軍が本当の武家の棟梁であり、それは本姓源（中でも清和源氏）に限られるという言説が江戸時代に諸書で繰り返され、徳川史観（将軍史観とも言えるかも知れません）が日本社会に定着していったのです。織田信長や豊臣秀吉が将軍になりたかったはずだと信じ込んでいる人は、今でもたくさんいます。このように、徳川史観は人々の歴史認識に現在もなお大きな影響力を持っているのです。

第六章

人掃令を読みなおす

金子　拓

はじめに

本章では、天正十九年（一五九一）八月二十一日付けで出された豊臣秀吉朱印状を中心に取り上げたいと思います。以下、これを単に秀吉朱印状と呼びます。この秀吉朱印状は、一般的には「人掃令（ひとばらい）」という名称で認知されている法令のことです。ただ、人掃令と聞いてもピンとこなかった方が多いのではないでしょうか。この法令は別に「身分法令」「身分統制令」と呼ばれることもあります。これで少し「ははあ、あの法令か」と気づかれた方もいるでしょう。

人掃令は、秀吉による統治のあり方を考える上で、「刀狩令」や「バテレン追放令」などと並ぶ最重要法令の一つです。ところが、刀狩令やバテレン追放令が、それ以外ほかに呼びよう

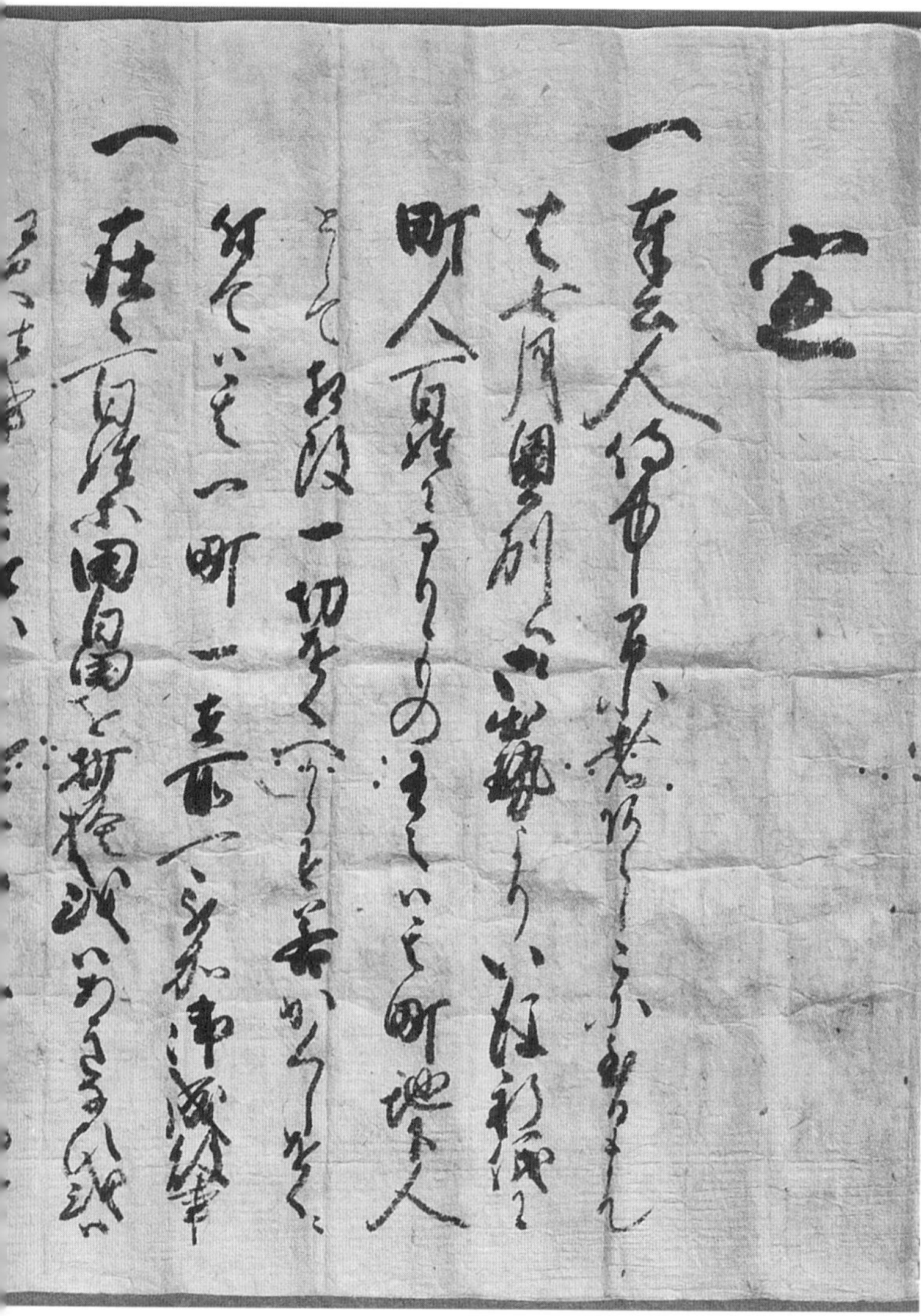

天正十九年八月二十一日付け豊臣秀吉朱印状

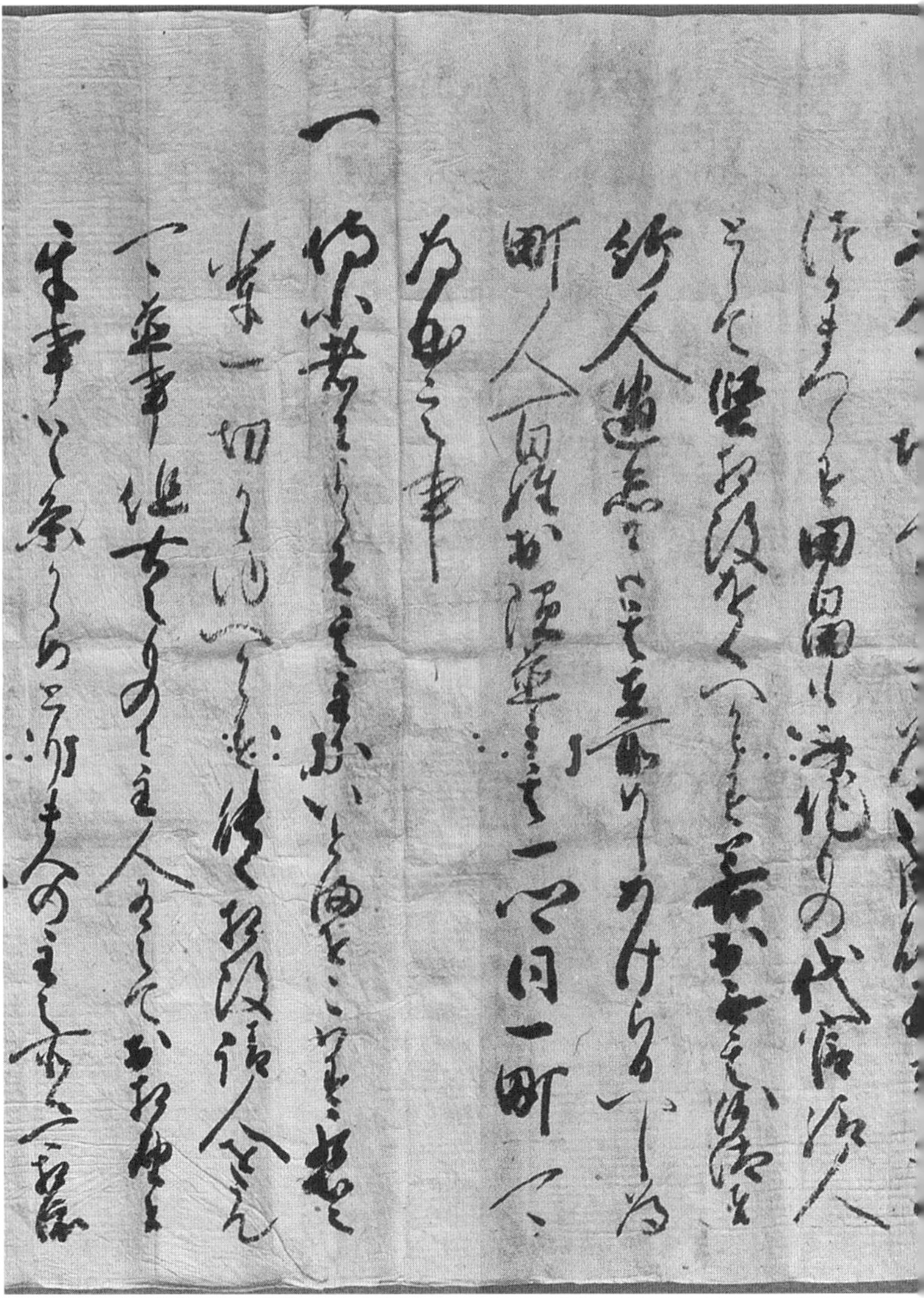

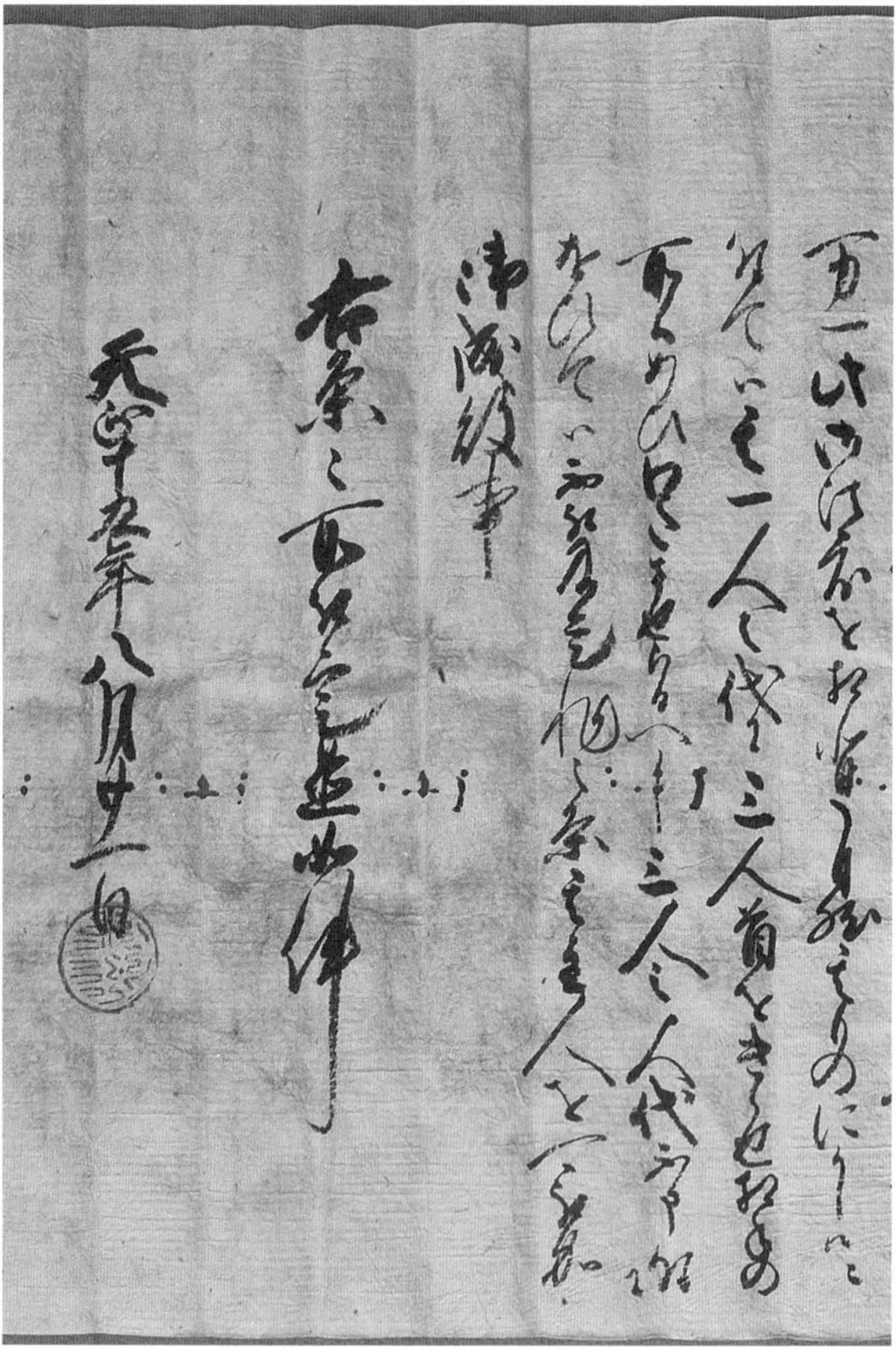

（立花家史料館所蔵・福岡県立柳川古文書館寄託）

がなく、名称から法令の主意が窺えるのと対照的に、人掃令は輪郭がいま一つ曖昧であり、名称も一定していません。これは、現在においてもこの法令（および関係する一連の法令）をめぐる研究者の考えに幅があり、解釈について定説を見ていないことと深く関係しているようです。

人掃令については厚い研究史があります。山本博文氏も『天下人の一級史料』（柏書房、二〇〇九年）の中で主要な研究を紹介していますが、論争的要素を含んでいる上に、論点も多様です。これらをまとめるだけで紙数を費やしてしまい兼ねないので、本章では人掃令およびその関連法令を私なりに読んでいく中で、適宜関係する先行研究に触れていきたいと思います。

【釈文】

定

一、奉公人、侍(さむらい)・中間(ちゅうげん)・小者(こもの)・あらしこに至るまて、去七月奥州へ御出勢(ごしゅつぜい)より以後、新儀に町人・百姓になり候もの有之(これあら)ハ、其町地下人(じげにん)として相改(あいあらため)、一切をく(置)へからす、若(もし)かくしをくニ付てハ、其一町一在所可被加御成敗(ざいしょごせいばいをくわえらるべき)事、

一、在々百姓等、田畠を打捨(うちすて)、或ハあきなひ(商)、或ハ賃仕事に罷出之輩(まかりいづるのともがら)有之ハ、其もの、事ハ不及申(もうすにおよばず)、地下中可為御成敗(ごせいばいたるべし)、并(ならびに)奉公をもつかまつらす、田畠も不作(つくらざる)もの、代官給人として堅(かたく)相改、をくへからす、若於無其沙汰者(そのさたなきにおいては)、給人過怠(かたい)にハ、其在所

めしあけらるへし、為町人百姓於隠置者、其一郷同一町可為曲言事、

一、侍・小者によらす、其主にいとまをこハす罷出之輩、一切かゝゆへからす、能々相改、請人をたて、可置事、但右之ものに主人有之て、於相届者、互事候条、からめとり、まへの主之所へ可相渡、万一此御法度を相背、自然其ものにかし候ニ付てハ、其一人之代に三人首をきらせ、相手の所へあひわたさせらるへし、三人之人代不申付にをひてハ、不被及是非之条、其主人を可被加御成敗事、

右条々、所被定置如件、

天正十九年八月廿一日（朱印）

【現代語訳（本文のみ）】

定め

一、侍から中間・小者・あらしこまでに至る奉公人のうち、昨年七月の奥州出陣以後、新たに町人・百姓になった者がいたら、その町の住人として調査を行ない、一切居住させてはならない。もし彼らを隠し置くことがあれば、その町・在所を成敗する。

一、在地の百姓らのうち、田畠を捨て、商売や賃仕事に従事する者がいたら、当人は言うまでもなく、その村も成敗する。次に、奉公もせず、田畠の耕作もしない者について、

その地の代官・給人は厳しく調査し、居住させてはならない。もしこれを実施せず、給人の怠慢が明らかになれば、給地を召し上げるものとする。町人・百姓たちが彼らを隠し置いていれば、その一郷・一町全体を処罰する。

一、侍・小者によらず、前の主人に暇乞いをせず出奔した者を一切召し抱えてはならない。よくよく調べ、保証人を立ててから召し抱えるように。ただし、召し抱えた者に主人があって、先方から抗議された場合、双方当事者間の問題なので、身柄を拘束して前の主人へ返しなさい。万が一この法度に背き、その奉公人を逃がすようなことをしたら、今の主人は逃がした一人の代わりに自分の奉公人三人の首を斬り、相手へ差し出すように。身代わりとなる三人を差し出せないようであれば、是非を論じるまでもなく、今の主人を成敗する。

1　人掃令とはどんな法令か

いま掲げた人掃令について、まず参考のため、〝教科書的理解〟の代表例である『詳説日本史研究改訂版』（山川出版社、二〇〇八年）という高校生向け学習参考書の記述を紹介しましょう。

人掃令は、1591（天正19）年8月の秀吉令と翌年正月の秀次令の2度にわたり発令された。秀吉の人掃令は3カ条よりなり、（以下法令内容紹介略す―金子注）。一方、秀次の人掃令とは、一五九二（文禄元）年正月に秀次が朝鮮出兵に際して出した5カ条の臨時立法（とくに武家奉公人の脱走を禁じた第1条）を指す。従来は秀吉令を身分統制令、秀次令を人掃令と呼んで区別してきたが、1592年3月に人掃令に基づいて実施された全国的な戸口調査は、武家奉公人に限らず、すべての身分を対象としていることから、この調査の法的根拠となった人掃令も、武家奉公人を対象とした秀次令だけでなく、前年の秀吉令をも指していたと考えざるをえない。つまり人掃令とは、正しくは秀吉令と秀次令の併称と考えるべきなのである。

写真を掲げた秀吉朱印状は、右の引用文で言う秀吉令のことです。これまで身分統制令と呼ばれてきたけれども、正しくは秀次令（後述）とあわせて人掃令とするべきだ、と言うのです。それでは秀吉朱印状の内容を確認します。三ヶ条にわたっていますが、注目したいのは第一条と第二条です。第一条では武家奉公人の離散（奉公から離れ町人・百姓化すること）禁止を打ち出しています。これに関連して第三条では前の主人の許可を得ない再奉公も禁じています。

高木昭作氏や藤木久志氏によれば、侍とは戦闘員として武士に奉公する人間であり、中間・

小者（こもの）・あらし子は、戦場で主人の馬を牽いたり、鎗持を務める身分の人間です（高木昭作「いわゆる『身分法令』と『一季居』禁令」〔『日本近世国家史の研究』岩波書店、一九九〇年〕。藤木久志『雑兵たちの戦場』朝日新聞社、一九九五年）。彼ら奉公人たちが勝手に主人の許から離れることを禁じたわけです。

次に第二条では、百姓の耕作放棄・転業を禁止しています。以上、武家奉公人の離散禁止、百姓の耕作放棄・転業禁止が法令の柱ですが、さらにこれらの中で、いまの二つを実現するための方法として、「改」（調査）を実施するよう命じており、これも重要です。

武家奉公人の離散禁止、百姓の耕作放棄・転業禁止という二つの禁止命令は、なにもこの時初めて打ち出されたものではありません。そもそも後者は、あの刀狩令の「百姓は農具さえ持ち、耕作を専らに仕り候えば、子々孫々まで長久に候」という考え方に通じるものです。戦乱に巻き込まれることを避け、耕作地を放棄して逃散した百姓を元に戻す「還住」政策に由来し、秀吉に限らず、戦国時代の各大名領国でもたびたび発せられた法令です。

前者についても、秀吉は繰り返し同様の法令を出していました。出された年がはっきりわかる文書として早いのは、天正十年卯月日付けの定書案（さだめがきあん）（「永運院文書」『叢書京都の史料9』）です。この中で秀吉は、「家中において、奉公人上下に寄らず、暇（いとま）出さずにかなたこなたへ罷り出る輩これあらば、成敗を加うべし」と命じています。天正十年四月ですから、秀吉がまだ信長配下の一部将だった時に（本能寺の変は同年六月）自領内へ通告されたものだと思われます。

関白に補任された翌年の天正十四年（一五八六）正月にもまた、「諸奉公人、侍事は申すにおよばず、中間・小者・あらし子に至るまで、その主に暇を乞わず出で候儀、曲事（くせごと）に候あいだ、相拘えべからず。ただし前の主に相届け、たしかに合点（がてん）これあらば、是非に及ばざる事」という箇条を冒頭に据えた法令を出しています。この法令全体は、「豊臣政権の支配原則をはじめて集成してしめした」「関白政権最初の法典」という評価がなされています（藤木久志『日本の歴史15　織田・豊臣政権』小学館、一九七五年）。

小田原北条氏を滅ぼし、奥羽仕置（秀吉による陸奥・出羽の知行割）に乗り出した天正十八年八月付けでも、「諸奉公人の事、侍儀は申すに及ばず、中間・小者・下男至るまで、その主人に暇を乞わず、他所へ罷り出る族（やから）これあらば、たしかに使者をもって三度まで相届くべし。そのうえ扶持を放たざるにつきては、すなわち成敗すべき事」「在々百姓、他郷へ相越す儀これあるにおいては、その領主へ相届け、召し返すべし。もし罷り帰らざるにつきては、その者の事は申すに及ばず、相抱え候者ともに成敗すべき事」という法令を、この時に服属した宇都宮国綱へ与えています。これは新しく支配下に入ったほかの関東諸国へも同様に出されたと考えられています（小林清治『奥羽仕置と豊臣政権』吉川弘文館、二〇〇三年）。

戦国時代、主人の許を許可なく離れ、ほかの領主に仕えた奉公人をめぐる領主間のもめごとが絶えませんでした。戦国大名はこうした奉公人問題に頭を悩まし、たびたび禁令を出しています。俗に「人返し」と呼ばれる政策がそれですが、藤木久志氏は、そのような事例を多く紹介しています（前掲『雑兵たちの戦場』）。したがって人掃令の二つの柱自体は、この時代の領主誰もが抱えていた問題について取り締まったものであり、格別珍しいわけではないのです。

ただ秀吉の場合、特徴的なのは、これらを繰り返し発令していることです。特に秀吉朱印状に至って、離散・移動・転職の禁止を支える具体策として「改」を実施するように命じていることは、それまでの法令になかったこととして、注目できます。

ところで、先に掲げた秀吉朱印状を読み、これが人掃令であると説明して内容を紹介しても、なお釈然としない感じが残った方もいるのではないでしょうか。それは、文書の中に「人掃」という言葉が全く登場しないからではありませんか。なぜこの法令が、研究者の間で条文の中に全く登場しない言葉を冠されて呼ばれるようになったのか。そこで次に、武家奉公人の離散禁止のほうに焦点を絞って、名称の謎に迫っていきたいと思います。

2　人掃令の誕生

人掃令の「人掃」という言葉は、天正十九年三月六日付けの安国寺（あんこくじ）恵瓊（えけい）・佐世元嘉（させもとよし）連署状に由来します。この文書の解釈も大きなポイントとなるため、全文の釈文を掲げます。論述の便宜のため、各条・各附則冒頭に丸数字を付けました。

【釈文】

急度申候、
①一、従当　関白様六十六ヶ国へ人掃之儀被仰出候事、
②付、中国御拝領分ニ岡本次郎左衛門尉・小寺清六被成御下、広嶋御逗留之事、
③一、家数人数、男女老若共ニ、一村切ニ可被書付事、
④付、奉公人ハ奉公人、町人ハ町人、百姓者百姓、一所ニ可書出事、但書立案文別紙遣之候、
⑤一、他国之者・他郷之者不可有許容事、
⑥付、請懸り手有之ハ、其者不可有聊爾之由、血判之神文を以可被預ケ置事、
⑦付、他国衆数年何たる子細にて居住と可書載候、去年七月以来上衆人を可憑と申候共、不可有許容事、
⑧一、広嶋私宅留守代、并在々村々ニ被置候代官衆之書付、至佐与(佐世元嘉)ニ可被指出事、
⑨一、御朱印之御ヶ条、并地下究之起請案文進之候、令引合、無相違様ニ可被仰付事、

右之究於御延引者、彼御両人直ニ其地罷越、可致其究之由、一日も早々、家数人数帳ニ御作候て、可有御出候、於御緩者、其地下〱へ可為御入部之由候之間、為御届こま〱申達候、已上、

　　　　　　　　　　　　　　　　　安国寺（恵瓊）
　　　　　　　　　　　　　　　　　佐世与三左衛門（元嘉）（花押）

天正十九年
三月六日

（付箋）「広家奉行」
粟屋彦右衛門尉（就光）殿
桂左馬助（春房）殿

右の連署状は、毛利家家臣の安国寺恵瓊と佐世元嘉両名が、吉川家家臣の粟屋就光と桂春房に宛てた文書です。周知のように毛利家と吉川家は一族同士であり、当時の毛利家当主輝元と吉川家当主広家は従兄弟の関係にありました。この直後にあたる天正十九年三月十三日、輝元は秀吉から安芸国以下百十二万石を給付されます。吉川広家はこのうち伯耆国三郡と出雲国など一一万石を割き与えられました（『大日本古文書　毛利家文書』九五六・九五七号）。吉川広家は一応独立大名として遇されますが、知行割の上では毛利領国に包摂されるという関係にあったのです。連署状が毛利家家臣から吉川家家臣への通達というかたちになっているのも、このこと

と関係があったと思われます。

連署状が初めて学界に紹介されたのは大正十四年（一九二五）、相田二郎氏によります。相田氏は①と③から、人掃とは戸口調査（家数と人口の調査）のことであると論じました（「豊臣秀吉の戸口調査」〔『相田二郎著作集3 古文書と郷土史研究』名著出版、一九七八年〕）。しかしのちに勝俣鎮夫氏から批判を受けたように（勝俣鎮夫「人掃令について」〔『戦国時代論』岩波書店、一九九六年〕）、この解釈には飛躍があります。

①②を見ると、「人掃の儀」が「当関白様」から六十六ヶ国に仰せ出され、監察のため、家臣とみられる岡本・小寺両名が広島に下向するとあります。③は、家数・人数を一村ごと、性別・年齢を問わず書き出せという内容で、④の附則は、奉公人・町人・百姓という身分ごとにまとめなさいということでしょう。「戸口調査」とは厳密には③④を指すものであり、これは①の人掃そのものを意味するのではなく、人掃という政策を実現するための手段だと考えることができます。秀吉朱印状で言えば、第一条・第二条の二つの柱と、それを支える「改」の関係と合致します。

いま私は、①で人掃を命じた主語を、「当関白様」と史料表記のまま示しました。相田氏はこれを秀吉とします。秀吉はこの年（天正十九年）十二月、関白職を甥の秀次に譲り、以降太閤と称されますから、三月時点での「当関白様」は当然秀吉を指すわけです。

ところが昭和五十年（一九七五）、この解釈を根本から変え、人掃令の政治史的意義についても大きく踏み込んだ考え方を示した画期的な研究が発表されます。三鬼清一郎氏の論文「人掃令をめぐって」（名古屋大学文学部国史学研究室編『名古屋大学日本史論集　下巻』吉川弘文館）です。以後の研究は、三鬼氏が示した解釈を受けて行なわれています。

この論文の中で三鬼氏は、「当関白様」を秀次だとします。十九年三月時点で秀次はまだ関白ではないのですが、どういうことでしょうか。連署状の年記「天正十九年」が「天正二十年」の誤記もしくはのちの加筆であるとして、この文書が天正二十年三月に出されたことを裏づける証拠を提示したのです。

三鬼氏の実証作業に説得力があったため、以後の研究も連署状を天正二十年とみなし、進められてきました。三鬼氏が天正二十年とした根拠については節を改めて検討するとして、連署状を天正二十年とした場合、人掃令（およびその関連法令）はどのような流れで出されたことになるのでしょうか。

天正十九年八月二十一日に、秀吉から武家奉公人の離散禁止、百姓の耕作放棄・転業禁止を命じた文書が出されます。すなわち最初に掲げた秀吉朱印状です。翌二十年正月には、前月関白になったばかりの秀次から、次のような箇条を第一条に持つ朱印状が出されます。最初のほうで引用した『詳説日本史研究改訂版』でいう秀次令がこれにあたります。

【釈文】

唐入に就て御在陣中、侍・中間・小者・あらし子・人夫以下に至る迄、かけおち仕輩於有之者、其身の事ハ不及申、一類并相拘置在所、可被加御成敗、但類身たりといふ共、つけしらするにをひては、其者一人可被成御赦免、縦使として罷帰候とも、其主人慥なる墨付無之においてハ、可為罪科事、

（『大日本古文書　浅野家文書』二六〇号ほか）

秀吉朱印状の第一条と似ていますが、よく読むと違うところもあります。冒頭には「唐入に就て御在陣中」とあります。秀吉は天正十八年七月に小田原北条氏を滅ぼし、奥羽の大名も服属させた直後の八月、小西行長らに唐入（朝鮮侵略）の準備を命じます。そして十九年末に関白を秀次に譲ったあと、右の法令が出されたのと同じ月に「大明国へ御動座する」という軍令を発します。

したがって右の秀次令は、唐入という戦争体制に入るにあたり、武家奉公人たちが「かけおち」すなわち主人の許を離れることを禁止したと解釈できます。これには戦争に必要な兵力、物資運搬などに必要な労働力を確保するという現実的な目的がありました。秀吉朱印状、ひい

てはそれ以前から繰り返し発令されていた武家奉公人の離散禁止について、非常事態にあたり改めて厳しく命じられたということになるでしょう。『詳説日本史研究改訂版』でこれを「臨時立法」とするのは、そういう意味です。

なおこれまでの研究史では、人掃令が臨時（時限）立法なのか基本法なのかという問題について、論者の意見が分かれています（時限立法説が高木氏、基本法説が勝俣氏）。秀次令は唐入にあたって発令されたという意味では時限立法的ですが、唐入という局面にあたり、これまで秀吉によって繰り返し発令されてきた法令を改めて出したということなので、基本法という基盤の上に立つ法令と解釈すべきでしょう。

さて、連署状を天正二十年のものとすれば、連署状はこの秀次令を受けて出されたという時間的流れになります。そうすると、連署状①の「当関白様より六十六ヶ国に人掃の儀が仰せ出された」というのは正月の秀次令を意味し、連署状⑨において、安国寺恵瓊らから吉川家奉行に渡された「御朱印之御ヶ条」もまた秀次令（朱印状）を指すことになります。

勝俣氏はこれらのことから、秀次令こそ人掃令そのものであり、その前提となる秀吉朱印状もまた人掃令にほかならないと指摘し、「人掃令の『発見』」と宣言します。この考え方が『詳説日本史研究改訂版』に受け継がれているのと言っていいでしょう。天正十九年（三鬼氏以来同二十年）三月の連署状は、正月に出された人掃令（秀次令）の具体的な実施方法を通達した施行細則という位置づけを与えられます。

3　安国寺・佐世連署状は天正十九年か二十年か

文書に天正十九年と書かれてあるのを天正二十年の誤記だと指摘するには、相当のエネルギーを要します。確かな実証に裏打ちされていなければならないのです。ただ三鬼氏は、天正二十年とする有力な根拠を複数挙げつつも、原文書を直接検討していないという理由で、断定には若干の留保をつけていますが、実証に説得力があったため、通説の地位を獲得しました。

最近山本博文氏は、連署状の原本を直接調査した上で、「はっきりと『天正十九年三月六日』と書かれており、年月日は同筆のようですので、誤記だと考えるのが適当です」（前掲『天下人の一級史料』）と三鬼氏の説を強く後押ししました。原本を目にして「天正十九年」と「三月六日」が同筆である（つまり「天正十九年」が別人による追筆などではない）と判断したのなら、なぜ素直に天正十九年のものとは考えず、天正二十年の誤記としてしまうのだろう。『天下人の一級史料』を読んで感じたのは、そんなことでした。書かれてある通り天正十九年ではいけないのか。

そこで、まずは三鬼氏が天正二十年とした根拠について、私なりに再検討したいと思います。三鬼氏は連署状①の「当関白様」という表現にまず注目します。秀吉が関白ならわざわざ「当」

と付けるはずがない。この時点で秀次が関白になっているため、「驚きにも似た感情がこめられて」いるというのです。『多聞院日記』という興福寺の僧侶が記した日記では、「当関白様」という表現は太閤秀吉との対比で秀次を呼ぶ場合に例があり、秀吉のみを呼ぶ時は「当」が付かないそうです。しかしながら、天正十九年三月であれば、その時点の関白は秀吉にほかならないわけなので、彼を「当関白様」と呼んでも、三鬼氏のように「決しておこりえない不自然な表現」とまで言えないように思います。

②に「中国御拝領分」とあることについて、前述のように毛利輝元は天正十九年三月十三日に中国地方を給付されているので、それ以前の六日付けの連署状に毛利家側の人間が「中国御拝領」と書くのはおかしいと指摘しています。毛利家の中国拝領の件で取次を担当したのは黒田孝高でした。実はこの時、孝高は煩っていました。そのため毛利家の中国知行割を秀吉に披露し、朱印状を出してもらったのが十三日になってしまったという詫び状を吉川広家に出しています（『大日本古文書　吉川家文書』一二二号）。

つまり、毛利家の中国拝領はもっと早い段階から内定し、秀吉への披露と正式な許可を待つだけになっていたところ、黒田孝高の病気という個人的事情で延期されていたわけです。朱印状の日付より前に、毛利家が「中国御拝領分」と認識していたことに矛盾はないと言えます。

③から⑦に見られる人掃のための調査の施行細則については、天正二十年三月下旬に毛利家

領内でこうした調査が実施された史料（家数・人数を書き上げた帳簿）がいくつか残されており、二十年であることを裏づけていると指摘されています。これらの史料については後述します。

次に、⑦にある「去年七月」と、秀吉朱印状の第一条にある「去七月」は同じ年を指すとし、いずれも天正十九年七月を意味する（したがって連署状は二十年である）という指摘はどうでしょうか。秀吉朱印状は天正十九年八月付けですから、そこに「去七月」とあれば、やはり三鬼氏のように先月と考えるのがふつうです。

秀吉朱印状には、「七月に奥州へ出勢した以後、武家奉公人のうち町人・百姓になった者について、調査の上で在所に置いてはならない」とあります。連署状の⑦は⑤の附則ですので、一緒に意味をとると、「⑤他国の者・他郷の者を受け入れてはならない。⑦去年七月以来上方の人間に奉公していると申しても許可しない」となるでしょうか。毛利・吉川家領内における奉公人の移動や他国からの流入を禁じ、こうした移動・流入者たちが去年七月以降上方の人間（すなわち秀吉あるいはその家臣たち）に奉公していると言い逃れをしても許されなかったのです。毛利家において「上衆」とは、秀吉を中心とした政権側の人びと（「上方の衆」）を指しました（『大日本古文書　毛利家文書』八六〇号など）。

以上のことから見て、秀吉朱印状の「去七月」と連署状の「去年七月」が同じ時点を指すことは、まず間違いありません。人掃令（およびそれに基づく調査）にとって重要な起点となるわけです。これを天正十九年とすると、「去七月奥州へ御出勢」とは、三鬼氏やその後の研究者のように、同年に奥羽仕置に反対して陸奥で起きた葛西大崎一揆と九戸一揆を鎮圧するために出兵したことを指すと解釈せざるを得ません。

この時、一揆鎮圧の軍令が発令されたのは同年六月二十日であり、秀次や徳川家康らは七月に出陣したものの、秀吉自身出陣することはありませんでした。一揆が鎮圧され、最終的にこれら地域の再仕置が終わるのは九月のことです。法令の起点とするには節目が曖昧すぎるのではないでしょうか。

相田氏の研究以来三鬼説が提起されるまで、「去七月」は前年の天正十八年のことだとされていました。天正十八年の七月は、北条氏の居城小田原城が落城し、さらに秀吉自身宇都宮城まで進んで奥羽仕置を行なった月にあたります。翌年反対一揆が起こり再仕置が行なわれることになるとしても、日本全国（六十六ヶ国）が秀吉の支配下に入ったのはまさに天正十八年七月であり、法令の起点としてまことにふさわしい節目だと考えられます。

少しあとのことですが、文禄五年（一五九六）に石田三成が近江国浅井郡の河毛村へ出した村掟中に、「当村の百姓之内、さんぬる小田原御陣の後、ほうこう人・町人・しよく人ニ成、よそへまいり候ハヽ、めし返し候へと御はつとに候間」という文言があります（『河毛文書』）。この「御はつと」は文意から秀吉朱印状の第一条を指すと考えられます。起点は「小田原御陣」

です。こうある以上、天正十九年でないことは明らかです。少なくとも石田三成は、百姓転業・移動禁止を取り締まる起点を天正十八年七月とみなしていました。秀吉直属の奉行石田三成の認識ですから、これが一般的だったと考えるべきです。

法令の中に実効の起点となる年を明示している例としては、いわゆる「人身売買停止令」がありました。天正十五年六月十八日付けで発せられたバテレン追放令において、日本人の売買が停止されました。この年四月に秀吉は島津氏を降し、九州全土を支配下に収めます。九州では大友氏と島津氏との衝突を経て秀吉軍による島津氏領制圧まで戦乱が絶えず、その混乱の中で人間の生捕りと売買という惨禍にみまわれていました（前掲『雑兵たちの戦場』）。

そうした惨状を目の当たりにした秀吉は、バテレン追放令の中で人身売買の禁止を発したのです。以来、人身売買の禁止は九州において幾度か発令されました。奥羽仕置を進めていた天正十八年八月に、陸奥・出羽両国を対象に、「人を売買の儀、一切これを停止（ちょうじ）すべし。しからば去る天正十六年以来に売買の族、棄破（きは）なさるるの条」（「芝文書」大阪歴史博物館保管文書）と人身売買禁止を命じ、実効の起点を天正十六年に置いています。

藤木氏は、天正十六年という起点について、秀吉による九州制圧と、その後に起きた肥後国一揆の鎮圧（および肥後への加藤清正・小西行長の配置）が終わった時点にあたることを論証しています（前掲『雑兵たちの戦場』）。軍事的混乱状況が鎮静化した時点をもって法令の起点となすという考え方で人掃令を見れば、陸奥・出羽における仕置反対一揆鎮圧に向けて出陣した天正十九年よりは、北条氏屈服と奥羽仕置が一段落した天正十八年七月のほうが、その起点としてよりふさわしいと言えるのではないでしょうか。

そうなると、秀吉朱印状第一条の「去七月」は、「去年七月」のつもりで書かれたとせざるを得ません。連署状は、書かれてある通り、天正十九年三月六日付けだったとすべきです。六十六ヶ国に人掃の儀を仰せ出したのは秀吉だったのです。

そのほか、三鬼氏が挙げている根拠についてはどうでしょうか。

⑧の「私宅留守代」について、三鬼氏は、すでに朝鮮に向けて出兵した毛利輝元の「留守代」だと解釈します。しかし、毛利家から吉川家家臣に宛てた文書であるという点を考えれば、吉川家が広島に置いている私宅の留守代のことでしょう。毛利家の本城となる広島城は天正十七年に建設が開始され、輝元は同十九年正月（連署状の数ヶ月前）に入りました。城下には吉川家の屋敷もありました（『広島県史　近世編1』）。

⑨では、この連署状と一緒に「御朱印の御ヶ条」と「地下究の起請案文」も添えるので、引き合わせた上で調査を実施するよう申し渡しています。

天正二十年正月の秀次令を受け、領国において調査を実施することを誓約した伊達家臣石田宗朝の同年五月二十日付け起請文案（『伊達家四代治家記録』）には、「御朱印五箇条の御置目（おんおきめ）」と

「百姓三箇条誓詞の趣」について、確かに了承した旨が記されています。前者は実際五ヶ条にわたっている秀次令であり、後者は秀次令の内容を遵守することを誓う三ヶ条の起請文で、それぞれ⑨の「御朱印の御ヶ条」「地下究の起請案文」に対応すると三鬼氏は論じます。この考え方は、勝俣氏や、さらに久留島典子氏の研究（「『人掃令』ノート」〔永原慶二編『大名領国を歩く』吉川弘文館、一九九三年〕）へと受け継がれます。

特に後者、「百姓三箇条誓詞」と「地下究の起請案文」は内容的に似たものであることを推測させ、連署状が天正二十年であることを裏づける有力な根拠となっています。しかしながら、要は人掃の儀を遵守する旨を誓った起請文ということであれば、秀吉による人掃の命令が出た時にも同様の起請文提出要請がなされ、以降の秀次令でもこれを踏襲したと考えられなくもありません。天正十九年の年記のある起請文は見つかっていないのですが、この二つが同一のものであるとまでは言いきれないように思うのです。

一方の「御朱印の御ヶ条」と「御朱印五箇条の御置目」の関係ですが、一見間違いなく符合するように思えるものの、私には、言葉を結合させる助詞である「の」の位置や、「御ヶ条」「五箇条」の違いが気になります。「御ヶ条」「五箇条」は等号で結びつけられる関係にはありません。連署状⑨に見える「御朱印の御ヶ条」とは、石田宗朝起請文案にある「御朱印五箇条」（五ヶ条にわたる秀次朱印状）と同一ではなく、「（秀吉）御朱印の（うち人掃に触れた）御ヶ条」を意味するのではないでしょうか。

例えば、先に触れた前年天正十八年の奥羽仕置後、宇都宮国綱らに与えた朱印状を書き抜いたものかもしれません。この朱印状もたまたま五ヶ条ですが、第一条で奉公人の離散禁止、第二条で百姓の耕作放棄の禁止を命じているほかは、年貢以外の賦課禁止、人身売買の禁止、銭と金の交換比率を定めた内容であり、このうちの第一・第二条を骨子とした「人掃」の方針が奥羽仕置の過程で秀吉から示され、毛利家へも部分的に通知されたというわけです。

以上、三鬼氏が挙げた天正二十年説の根拠について再検討してきました。通説化している二十年説に対し、有効な反証を示せたかどうか、はなはだ心もとない限りですが、石田三成の村掟だけでも、連署状が天正十九年であることを示す有力な根拠になり得ると考えます。

4 人掃令再考

三鬼氏の論文は、連署状を天正二十年とし、「六十六ヶ国人掃の儀」が秀次によって発令されたと論じるだけにとどまらず、それを発令し得た秀次政権の権力的性格を、併存していた秀吉権力と対比して、当時の国家的枠組みを論じようという、スケールの大きさがありました。これを受けて秀吉朱印状や天正二十年正月の秀次令を人掃令と呼んだ勝俣氏の論文もまた、秀吉による人掃令と、同時期に実施された御前帳（検地帳）徴収を並べ、秀吉の国家構想を考えるという柄の大きな議論でした。

連署状を天正十九年と差し戻したからには、人掃令の流れやその歴史的意義についても考えなおさなければなりません。と言っても、三鬼氏や勝俣氏の議論に比肩するような見解を持ち合わせておらず、恥ずかしいのですが、ひとまず次のように考えることはできるでしょう。

武家奉公人の離散禁止、百姓の耕作放棄・転業禁止は、関白補任直後や北条氏の滅亡で関東を支配下に入れ奥羽仕置にのぞんだ直後など、秀吉によって節目節目で繰り返し発令されてきました。奥羽仕置が一段落したあと、最終的に「六十六ヶ国人掃の儀」として、秀吉の支配下に入った全国に適用されます。新たに服属させた領域に対し、これまで自領に出していた法令を適用してゆくという秀吉のやり方は、刀狩令を例にとって山本氏が明らかにしています（前掲『天下人の一級史料』）。

ただ、連署状が出された天正十九年三月の時点では、「仰せ出された」とあるだけで、朱印状のような文書としては発令されていなかったと思われます。前後の時期にこうした内容を定めた法令が残っていないからです。そのあと、天正十八年七月の奥羽仕置終了時点を起点と定め、それ以後の離散や転業など移動の禁止が、秀吉朱印状によって改めて表明されました。

実は天正十八年十二月に、長束正家ら秀吉の奉行衆が、近江国に知行を持つ領主や蔵入地担当者に対し、「主をも持たず、田畠つくらざる侍、相払わるべき事」「この触れののち、彼主を持たず、田畠つくらざる侍共、職人・商売仕り候と申し候とも、地下相払わるべき事」という法令を下します（『平埜荘郷記』下）。冒頭に「浪人停止、相払わるべき事」とあることから、藤木氏により「浪人停止令」と名づけられた法令です（前掲『雑兵たちの戦場』）。「掃」と「払」、字が異なりますが、この法令が人掃令とも深く関係することは明らかです。

藤木氏は、来たるべき朝鮮出兵のための人員確保を目論み、奉公を離れ、また耕作にも従事しないような侍を在地から「払」う（追い出す）ことによって、行き場のなくなった彼らを動員しようとしたと論じますが、おそらくその通りでしょう。

六十六ヶ国人掃という考え方は、奥羽仕置の終了（天下統一の完成）とともに打ち出され、これは従来の「人返し」を全国規模で実施した完成形態であると同時に、朝鮮出兵のための準備の意図もあったわけです。秀吉朱印状は「人掃」の二文字こそないものの、六十六ヶ国人掃を具現化した法令であるという意味で、人掃令と呼ぶことは妥当であると思います。以上本章で論じたできごと・法令などを年表（次頁）にまとめてみましたのでご参照ください。

ところで、毛利領にだけなぜかくも多くの家数人数帳が作成されたのか、という疑問が残されたままになっていました。天正二十年三月下旬という時期といい、同じ月に六十六ヶ国人掃が仰せ出された成果を示す根拠史料となっていました。連署状を天正十九年に差し戻した以上、

年月日	内容　(　)内は典拠
天正10年(1582)4月	秀吉、領国に奉公人離散の禁止、百姓の移動禁止を命じる。(永運院文書)
天正13年(1585)7月11日	秀吉、関白に任ぜられる。(公卿補任)
天正14年(1586)正月19日	秀吉、奉公人離散禁止、年貢収納、奉公人の服装などについて定める。(近江水口加藤文書)
天正15年(1587)5月	島津義久、秀吉に降伏する。
天正15年(1587)6月18日	秀吉、バテレン追放令を発令する。(御師職古文書)
天正15年(1587)8月	肥後の国人・百姓、新領主佐々成政に対し一揆を起こす。
天正16年(1588)閏5月	秀吉、肥後国一揆の責任を取らせ、佐々成政を切腹させる。また、肥後を加藤清正・小西行長に宛て行なう。(立花文書・豊鑑など)
天正16年(1588)7月	秀吉、刀狩令を発令する。(島津家文書など)
天正18年(1590)7月13日	秀吉、北条氏の小田原城を陥れ、同城に入城する。
天正18年(1590)7月26日	秀吉、宇都宮に入り、奥羽仕置に着手する。
天正18年(1590)8月	秀吉、宇都宮国綱に、奉公人離散禁止、逃散百姓の召返を命じる。(小田部氏所蔵文書)
天正18年(1590)8月10日	秀吉、石田三成・石川兵蔵に奥羽への刀狩り・人身売買禁止を徹底させる。(大阪歴史博物館保管文書・芝文書)
天正18年(1590)12月5日	秀吉奉行人長束正家ら、近江国の領主・蔵入地担当者に対し、浪人停止とその「払」を命じる。(平埜荘郷記下)
天正19年(1591)初頭?	秀吉、六十六ヶ国に「人掃の儀」を命じる。(吉川家文書)
天正19年(1591)正月	毛利輝元、安芸広島城に入城する。
天正19年(1591)3月6日	**安国寺恵瓊・佐世元嘉、吉川家の粟屋就光・桂春房に人掃の施行細則を伝達する。(吉川家文書)【連署状】**
天正19年(1591)3月13日	秀吉、毛利輝元に中国112万石を宛行う。(毛利家文書)
天正19年(1591)6月20日	秀吉、葛西・大崎一揆と九戸一揆鎮圧のための動員令を発する。(尊経閣文庫所蔵文書)
天正19年(1591)7月19日	徳川家康、一揆鎮圧のため江戸を出発する。(家忠日記)
天正19年(1591)8月13日	秀吉、翌年3月の唐入りを発令する。(渋沢栄一氏所蔵文書)
天正19年(1591)8月21日	**秀吉、奉公人離散禁止、百姓の耕作放棄・転業の禁止、およびそのための調査を命じる。(立花家文書など)【秀吉朱印状】**
天正19年(1591)9月4日	九戸政実、豊臣秀次・家康らの軍に対し降伏する。(浅野家文書)
天正19年(1591)10月	秀次・家康ら、陸奥を離れる。(家忠日記)
天正19年(1591)12月28日	秀次、関白に任ぜられる。(公卿補任)
天正20年(1592)正月	**秀次、唐入りにあたり、奉公人の離散などを禁止する。(大阪城天守閣所蔵文書)【秀次令】**
天正20年(1592)2月17日	秀吉、輝元に、名護屋出陣につき毛利領国内各泊における馬の手配を命じる。(毛利家文書)
天正20年(1592)2月28日	輝元、兵を率いて広島を発ち、名護屋へ向かう。(江氏家譜)
天正20年(1592)3月12日	毛利領国の秀吉宿泊予定地への人馬手配が行なわれる。(毛利家文庫所蔵文書)
天正20年(1592)3月下旬	安芸厳島神社領において家数・人数の調査が行なわれる。(野坂文書)
天正20年(1592)4月11日	秀吉、広島に到着し、15日まで滞在する。(大かうさまくんきのうち)
天正20年(1592)5月21日	伊達政宗臣石田宗朝、伊達家領内において家数・人数調査を行なう旨の起請文を豊臣家奉行人に提出する。(伊達氏四代治家記録)
文禄5年(1596)3月1日	石田三成、近江国河毛村などに、小田原陣後の百姓・奉公人転業の禁止を通達する。(河毛文書・成善提院文書)

この関連性もまた考えなおさなければなりません。

私は朝鮮出兵に伴う秀吉の肥前名護屋出陣に関係すると推測しています。秀吉は天正二十年三月二十日頃に大坂を出発し（同月一日の出発予定が延期されていました）、海路瀬戸内海を通って九州に入ります。毛利領を通過したのは、四月上旬から中旬にかけてのことでした。厳島神社へも参詣しています（「大かうさまくんきのうち」）。このため二月の時点で毛利領国のいくつかの港湾都市は秀吉の宿泊地として指定され、物資輸送のための馬の手配が命じられました（『大日本古文書　毛利家文書』八六九号）。

もちろん馬だけでなく、人夫も集められています。「御動座の時御とまり〳〵送夫渡し方の事」という毛利家に残る三月十二日付けの覚書（「毛利家文庫所蔵文書（軍事）」）によれば、合計八百人の人足と五十匹の馬の確保が命じられています。同じ頃、輝元は自ら三万の兵を率いて朝鮮に渡っていましたから、毛利領では、出兵のため多くの奉公人が徴発されたあと、さらに秀吉を迎えるための人夫確保を急いだわけです。

天正二十年三月下旬の日付で毛利家領に家数人数帳が集中的に残っているのは、この時の人夫徴発と無関係ではないと考えます。家数人数を調査し、本来その土地の者でない人間を見出して払うこと（人掃）により、人夫徴発がやりやすくなるのです。家数人数帳はこれまでの研究でもいくつか紹介されているものの、全国的規模で実施されたとは言い難く、毛利家でも秀吉下向にあたってあわてて実施されたというのが実情なのではないでしょうか。

おわりに

本章では、安国寺恵瓊・佐世元嘉連署状の年記についての通説を再検証することを軸に、天正十九年八月二十一日付けの秀吉朱印状（人掃令）を読みなおし、秀吉による天下統一・朝鮮侵略の過程に人掃令を改めて位置づけるという試みを行ないました。山本氏の目を媒介にしていますが、原文書検討というきっかけが、その文書の評価を変える可能性をはらんでいることを示す一例にもなりました。連署状を天正十九年とする判断に説得力を持たせることができたかどうか、読者の皆さんはどうお考えでしょう。

人掃令の研究については、ほかにも重要な研究がいくつかあります。久留島典子氏は、人掃令は欠落人が集まる都市的な場に出されたのではないかという、これまでの研究からは抜けていた空間的な対象についての指摘をしています。

また、安田初雄氏の研究（『天正の太閤検地・人掃と村鑑』歴史春秋社、一九九六年、初出は一九八三年）は、いちはやく三鬼氏の連署状天正二十年説を批判し、本章と同じく十九年であると主張しました。ただし、批判点が本章と一致するのは連署状⑧の「広島私宅留守代」の解釈のみで、それ以外の論拠は異なっています。

そもそも安田氏は連署状を写しとみなし、①の「当関白様」は写しによくある差異だろうと考えているようです。②の「中国御拝領分」については、天正十九年以前から中国は毛利氏の本領であり、それ以外、例えば小早川氏領である筑前などにも毛利氏は宗主権を持っていたのではないかという推測を前提に、そういった広義の毛利領全体の中での「中国御拝領分」なので、天正十九年でも問題ないとします。

⑨の「御朱印の御ヶ条」と伊達家臣石田宗朝の起請文案にある「御朱印五箇条の御置目」の対応についてはどうでしょう。後者は三鬼氏以来五箇条の秀次令に対応すると考えられていましたが、安田氏は秀次令が家数人数調査に触れていないことからこの対応関係を否定します。したがって「御朱印の御ヶ条」の指す法令が天正二十年正月の秀次令である必然性はなく、連署状の年記は天正十九年でいいということになります。

それでは連署状にある「御朱印の御ヶ条」が何にあたるのか、安田氏ははっきりと示していません。安田氏が行なった批判の前提となる仮説には疑問も多く、三鬼説への有効な批判となっているとは言いきれません。もとより本章においても、安田氏の批判に増して説得力のある根拠を提示できたという自信があるわけではないので、関心を持たれた方は、三鬼氏の説、安田氏の説、本章の説を相互に読みくらべていただければと思います。

戦国から信長・秀吉の時代における村落社会のあり方についての研究が近年進展していますが、そうした研究をふまえて人掃令をとらえなおす研究も登場しています。例えば中野等氏は、人掃令と陣夫役確保の問題を切り離すべきで、人掃令は国家的兵力動員がなされた「後」の村落社会掌握をめざしたものであると指摘します（「『唐入り』と『人掃』令」〔曽根勇二・木村直也編『新しい近世史2　国家と対外関係』新人物往来社、一九九六年〕）。

また稲葉継陽氏は、人掃令は百姓の土地緊縛・耕作強制をめざした法ではなく、奉公人と百姓を区分するという兵農分離政策と、その奉公人を村から供給しなければならないということから引き起こされた村の疲弊に対する矛盾に満ちた対応策として出されたと指摘します（「兵農分離と侵略動員」〔池享編『日本の時代史13　天下統一と朝鮮侵略』吉川弘文館、二〇〇三年〕）。中野氏と稲葉氏の研究では、人掃令は秀吉政権の基本法かどうかといった問題設定自体が問いなおされていると言っていいのかもしれません。

このように、人掃令は、中野氏・稲葉氏のように、秀吉が政治的権力を握った時期全体の社会動向を視野に入れ、その歴史的意義を考えなおす必要があるでしょうし、秀吉文書の出され方など、秀吉文書についての史料論的な理解をより深めた上で、いま一度、入念に検討すべきだろうと思います。この法令の位置づけについては、まだまだ検討の余地が残されており、視点の据え方によって解釈が大きく変わる可能性を秘めているのです。

第七章

秀吉と情報

佐島顕子

はじめに

豊臣政権最大の戦争「文禄・慶長の役」において、諸大名は朝鮮各地の戦況を注進状で報告し、秀吉はそれに応じた指示を下して戦争を遂行しました。

しかし、戦場が広がれば広がるほど現地からの注進に日数がかかり、秀吉からの朱印状が届くのにも時間を要し、その間にも状況は変化していきます。この外征を失敗させた要因の一つは、ついに朝鮮に渡海できず国内から指示を送った秀吉と、朝鮮在陣諸将との、距離の遠さにあったと言われています。

ではその朱印状や注進状は、遠い道のりをどのように伝達されたのでしょう。そもそも諸大

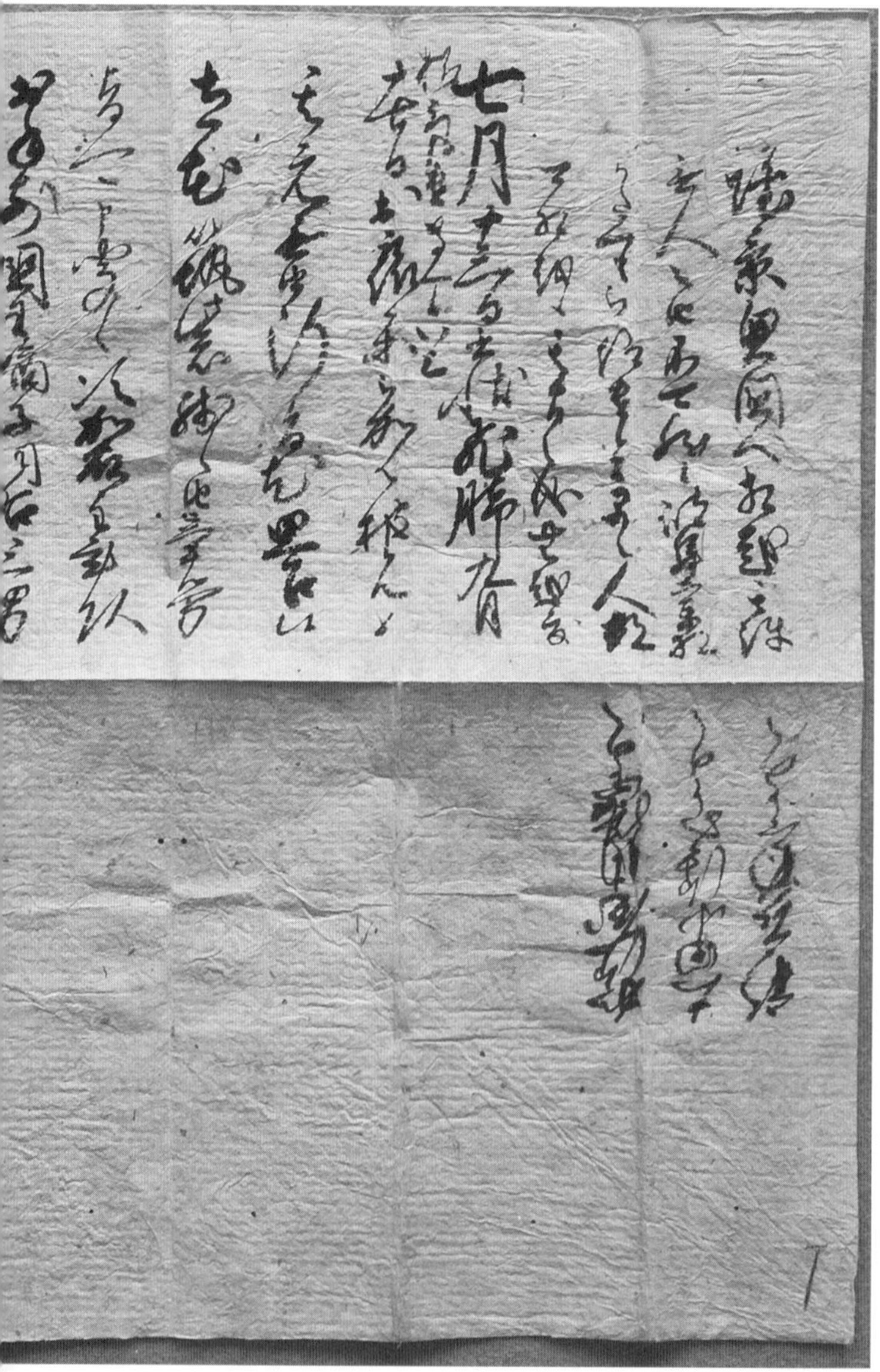

九月二十二日付け加須屋真雄ほか宛豊臣秀吉朱印状

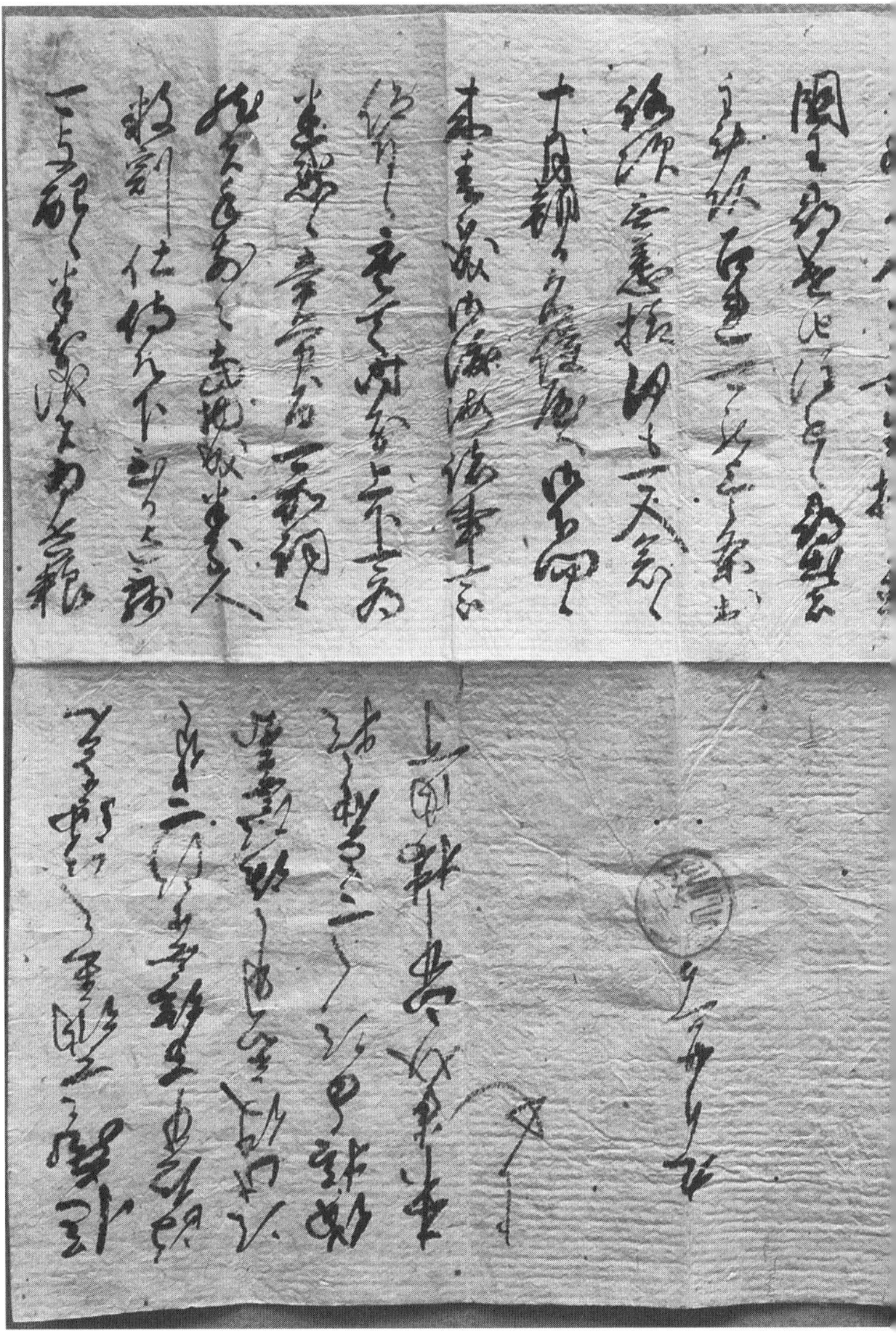

（立花家史料館所蔵・福岡県立柳川古文書館寄託）

名は事実通りに注進したのでしょうか。諸大名に朱印状が届いた時に戦況が変わってしまっていたら、それでも彼らは秀吉の指示の実行を要求されたのでしょうか。そして、同じ時期でも書状の到達日数には幅がありますが、それは天候や戦況だけによるのでしょうか。「立花家文書」（立花家史料館所蔵、福岡県立柳川古文書館寄託）に残る秀吉朱印状を糸口に考えてみましょう。

1　九月二十二日付け朱印状

【釈文】

隆景奥国へ相赴、其許無人之由不可然候、岐阜宰相かたへも被仰遣候間、
早々人数可相越候、其間之儀無越度様気遣専一候、以上

七月十三日書状飛脚、九月十七日於聚楽被加御披見候、其元無由断旨尤思召候、立花・筑紫残候由、辛労旨可申聞候、次加藤主計頭於手前、国王嫡子・同后・二男其外官人男女生捕之置、国王尋遣由注進候、尋出候者、主計頭召連可罷上之条、於路次無恙様何も可入念候、十月朔日名護屋へ御下向候、来春被成御渡海、諸事可被仰付候、寒天時分上下可為迷惑候、辛労旨可加詞候、然者手前之当物成半分人

数割仕、侍・凡下至る迄不残可支配候、半分儀者為兵粮慥蔵ニ可納置之候、弥其元政道方万端無由断可申付候、次此使急用之路次無異儀様、手次〳〵可送届候、猶木下半介・山中橘内可申候也

九月廿二日　○（秀吉朱印）

加須屋内膳正（真雄）とのへ
大田小源吾（一吉）とのへ
新庄新三郎（直定）とのへ

【現代語訳（本文のみ）】

七月十三日付け書状が飛脚便で到着し、九月十七日に聚楽第にて太閤様が御覧になりました。そちらが油断なく勤めている旨、もっとものことと思し召されています。立花宗茂・筑紫広門が全羅道・錦山の陣に残っているとの由、辛労である旨を伝えてください。次に、加藤清正の軍勢にて朝鮮国王の嫡子とその妃、三男、そのほか官人男女を生け捕りにして留置し、国王を捜しているよしを注進してきました。尋ね出した場合は加藤清正が国王を連れて朝鮮の都に罷り上るので、その通行に問題がないよう皆が念を入れてください。十月朔日に太閤様は名護屋へ御下向になり、来年春に御渡海なされ、支配についての諸事を

御命令になります。寒い時期なので身分が高い者も低い者も苦労していることでしょう。辛労である旨、ことばをかけてやってください。それで各自が集めた今年の年貢は、半分は人数割りにし、侍からその下の身分に至るまで残らず分配してください。残りの半分は兵粮として確実に蔵に納めておいてください。そちらの在陣地域において、いよいよ万端油断なく統治してください。次に、この使者は急用の旅路なので、すみやかに次から次へと送り届けてください。なお詳細は木下吉隆と山中長俊が申し伝える、ということです。

（追伸）小早川隆景が全羅道の奥の地域へ赴いたので、そちらの在陣地域の兵力が足りないとの由、あってはならないことです。豊臣秀勝の軍にも仰せ遣わされたので、早いうちに援軍が到着することでしょう。それまでの間、落ち度がないよう、気遣いを第一にしてください。以上。

大意は、①朝鮮北部の咸鏡道（ハムギョンド）在陣の加藤清正が朝鮮の二人の王子一行を捕らえたが、国王を探し出したら漢城（ハンソン）（ソウル）に連行すること。②秀吉は来年春に朝鮮に渡海して支配を固めること。③朝鮮で今年徴収した年貢の半分は侍以下を含めて皆に分配し、残り半分は兵粮として蔵に納めること。④この朱印状を持つ急ぎの使者は、陣から陣へと次々に送ること。⑤小早川隆景勢が抜けた兵力不足は、豊臣秀勝から援軍を送らせる、という内容です。

年次は、加藤清正が二王子を捕らえ、京にいる秀吉が十月一日に名護屋に下向し、来年春に渡海予定であることから、天正二十年（文禄元年、一五九二）とわかります。

天正二十年とは、「唐入り」（文禄・慶長の役）開始の年です。肥前名護屋の秀吉の指揮下、諸大名は朝鮮に渡海して五月初めに漢城を陥落させました。その報を受けて秀吉は明まで攻め込むよう指示します。続いて自身も渡海しようとしますが徳川家康などの諫止で思いとどまり、代わりに石田三成・増田長盛・大谷吉継など七名の奉行衆を派遣します。しかし七月の閑山島（ハンサンド）の敗戦を受け、秀吉は当年の明侵入を中止させました。そして大政所（おおまんどころ）（秀吉の母）の危篤によっていったん畿内に戻りました。大政所の死後、秀吉は十月一日を期してまた名護屋に向けて出発し、天候が回復する来年春に朝鮮に渡海し、朝鮮の支配を固めようと考えているのが、この九月二十二日の状況です。

なお、内容①の部分で、加藤清正が捕らえた王子の、「嫡子」は臨海君（イメグン）です。実は庶子ですが、国王宣祖（ソンジョ）の正妃には子どもがなく、恭嬪金氏（コンビンキム）が宣祖の長男として産んだのが臨海君（一五七二年生）、次男として産んだのが光海君（クァンヘグン）（一五七五年生）でした。宣祖の後継者に選定された光海君の同母兄として、臨海君が事実上嫡子の自覚を持っていたとしても自然です。

もう一人は順和君（スナグン）で生年不明。生母は順嬪金氏（スンビンキム）。序列上は第六王子です。しかし序列と年齢は違うので、一五七八年生まれの第四王子や一五八〇年生まれの第五王子より年上かもしれない、という説が韓国にあります（一五七七年生まれの第三王子は早世）。
とすれば、清正が三男を捕らえたというこの日本側史料から、順和君（スナグン）は一五七五年から七八年の間に生まれた王子だと推測できます。

清正が王子の生年順まで把握できたと推測する根拠は、王子に従う「官人」たちの存在です。開戦直後の四月末、宣祖（ソンジョ）の王子たちが各地の兵を集めるために出発した時、宣祖の二等功臣として表彰された七十四才の金貴栄（キムギヨン）が臨海君（イメグン）に、一等功臣として表彰された六十一才の黄廷彧（ファンジョンウク）が順和君に添えられました。宣祖の宮廷を代表する老臣たちです。しかも黄廷彧の嫡子・黄（ファン）赫（ヒョク）は開戦の前年、娘を順和君と結婚させています。黄廷彧や黄赫夫妻は、娘夫婦を守るために同行したのです。王子や妃に仕える女官や宦官、滞在地の官吏ら、黄（ファン）氏一族の家従や男女奴婢もいるので、王子はちょっとした小宮廷を率いていたことになります。国王の所在を問い詰める清正と直接わたりあったのは、順和君の義父・黄赫でした。

清正が七月二十三日の報告で「高麗国王の嫡子、同后、三男のしうと（舅）幷むすめ（順和君妃）、又都にて一二番の官人壱人、其外（そのほか）」を捕らえたと書いたのは（「韓陣文書」『小宮山楓軒文書纂』）状況によく合致し、第六王子三男説は功臣や姻戚から得た信憑性ある情報だと考えられます。

2　三名宛に一通を発給

この九月二十二日付け朱印状は三名宛に一通が発給されました。宛所は複数なのに発給されるのは一通だけという朱印状はよくあります。加須屋らのように同じ陣にいれば一緒に受け取って読めるでしょうが、それぞれ別の場所にいたらどうなるのでしょう。

加藤清正と鍋島直茂の場合を見てみます。天正二十年六月三日、秀吉は同じ第二軍の彼ら二名宛に陣立書と朱印状覚と漢文体朱印状という三種類の文書を発しました。そして清正・直茂個人宛にも一通ずつ朱印状を発します。その朱印状覚の案文（写）が鍋島家に残されていますが、端裏書に「九月八日咸興（ハムン）にて御拝領。御朱印、二ツ御印、二ツ写。ただし本文加主（加藤清正）へこれ有り」とあります（「鍋島家文書」三九号、『佐賀県史料集成二』）。その通り、陣立書と朱印状覚という二つの正文（しょうもん）は加藤家に残っています。漢文体朱印状の正文は鍋島家に残りました。

当時、咸鏡道（ハムギョンド）南部の咸興に鍋島直茂が在陣し、加藤清正はその北方にいました。朱印状群はまず直茂陣に届きます。直茂宛の一通は当然正文として、ほかの連名宛三種類の朱印状は、正文に案文を添えて各二通ずつ届いたのを両家が適宜分け合ったのか、正文だけが各一通届いたので鍋島家で案文を作成して正文を加藤家に譲ったのか、そのあたりの事情はわかりません。ただ、朱印状送達に関わる奉行や使者側で案文を作成して宛所に届けた例はあります。

出兵直前の正月十八日付け毛利吉成・加藤清正・黒田長政の三名宛朱印状の案文が一通残されています（「小西行長書状」東京大学史料編纂所架蔵写真。大友義一氏所蔵）。その末尾に、黒田長政宛の小西行長の奥書があります。

【釈文】

御朱印ハ此者飛脚□□□不進之（これをまいらせず）候、加主へ進可申（まいらせもうすべく）候、即（すなわち）拙者判を仕（つかまつり）差上候、以上

【現代語訳】

御朱印状は、この者（行長の使者）が配送するので、正文はお渡ししません。正文は加藤清正へ届けるので、写しの証明として拙者の花押を入れてお渡しします。以上。

小西行長は、この朱印状本文で「委細小西摂津守申すべく候」と、秀吉の意を補い伝える者として指定された人物でした。委細を伝える者の業務範囲には、秀吉から朱印状を預かり、確実な案文を作成して宛所の大名たちに行き渡らせることも含まれていたと考えられます。

なお、この朱印状の正文は加藤清正・毛利秀包（ひでかね）を経て最終的に黒田長政に渡され、『黒田家文書』一三六号文書として残っています。行長の奥書つき案文は、黒田長政から同軍の大友吉統（よしむね）に回覧されて、大友家に残った可能性があります。

諸大名全体に及ぶ重要な法令であっても、朱印状を発給されない大名たちが存在すること、

彼らに秀吉の意がどう伝えられるのか、そこに秀吉政権の特質が現れることを山本博文氏は『天下人の一級史料』（柏書房、二〇〇九年）で指摘しています。文禄役中も、大きな方針発表については多くの大名に朱印状が発給されましたが、大小の指示を伝える朱印状は一部の大名にしか発給されません。この九月二十二日付け朱印状も、③で在陣軍に越冬させるため物成の分配を指示していますが、この内容の朱印状はあまり多く残っていません。

注進の返書としての加藤清正宛（「加藤文書」一一号、『熊本県史料中世編』五）と鍋島直茂宛（『鍋島家文書』四〇号）のほかは、福島正則宛（『細川家近世文書目録　付中世編補遺』三四三号）、加須屋らを含む十六人の上使衆宛（『譜牒余録』巻五七・片桐家）です。

ある程度は散逸したために少ないとも考えられますが、同じ天正二十年六月三日付けや十一月十日付け朱印状が広範に残っているのに比較すると、それほど多くの大名に発給されたようではありません。しかし内容は、全軍が知っておくべき物成分配方針です。

秀吉の朱印状は、一部の大名に発すれば全体に伝わるという前提があったのかもしれません。この加須屋ら宛朱印状が立花家に伝わり、同日付けの福島正則宛が細川家に伝わったように、秀吉の朱印状は宛所と違う大名家に伝わることがよくあります。一通しかない朱印状正文がどのように送達され、どう閲覧・回覧・写されたのか、今後の研究が必要です。

3　七月十三日付け注進状の内容

開戦前の陣立（軍編成）では、筑前・筑後勢の小早川隆景・毛利秀包・立花宗茂・高橋直次・筑紫広門が第六軍として編成されました。第一軍小西行長・宗義智、第二軍加藤清正・鍋島直茂、第三軍黒田長政・大友吉統、第四軍島津義弘・毛利吉成、第五軍福島正則ら四国衆、に続く位置です。小早川・立花勢の後ろに第七軍毛利輝元、第八軍宇喜多秀家、第九軍豊臣秀勝が重鎮として控えます。

文禄役初年の小早川・立花勢の全般的な動きについては、池内宏「文禄役における小早川隆景の全羅道侵略」（『文禄慶長の役』付編再録、吉川弘文館、一九八七年）、北島万次『朝鮮日々記・高麗日記』（そしえて、一九八二年）、中野等『立花宗茂』（吉川弘文館、二〇〇一年）、同『文禄・慶長の役』（吉川弘文館、二〇〇八年）に詳しいので、ここでは簡単に述べるにとどめます。

五月の漢城占領後、諸将は漢城で宇喜多秀家を中心に話し合い、朝鮮八道（八つの行政区域）を各軍で分担支配することを決めます。

第六軍は朝鮮南西部の全羅道を受け持ち、五月二十五日頃に南下を始めます（「西征日記」）。その時「御公儀より御上使には新庄新三郎殿・糟屋内膳・大田小源五、右三人御付なされ候」（「梨羽紹幽物語」）とあるので、加須屋真雄らが目付として第六軍に同行したことがわかります。加須屋はそれまで検地奉行や蔵入地代官を経験した人物でした。

第六軍は全羅道に入ってすぐの錦山（クムサン）に拠ります。小早川勢はなお七十キロほど山を越えて奥に進み、七月九日（朝鮮暦十日）に全羅北道（チョルラブット）中央の全州（チョンジュ）に迫りますが、七月八・九日（同九・十日）に錦山を朝鮮側が襲い、立花宗茂らが防戦しました。全州を落とせなかった小早川勢は軍を錦山に返し、第六軍は九月中旬まで錦山付近で戦闘を続けます（七月下旬から八月初めにかけて隆景は、石田三成らの軍議招集に応じて一度漢城に行きます）。

冒頭の朱印状には、加須屋らの七月十三日付け注進状が到着したとあります。その注進状は現在残っていませんが、加須屋らの役目と日付から判断して、錦山の戦いを報告し、今後の指示を求める内容だったと推測できます。なお、隆景は奥国にいるとあるので、七月十三日付けの注進が発された時点で隆景は、全州から錦山にまだ戻っていません。

ところで、錦山から七月十三日に発した注進状が京に着いたのは九月十七日。六十三日もかかっています。同時期の文書に比べると、ちょっと長すぎるようです。例えば、同陣の立花宗茂が七月十六日に発した注進状は、すでに九月八日に届いています（「立花家文書」四一五号、『福岡県史・近世史料編柳川藩初期・上』）。五十二日しか要していません。七月十三日には全羅道「奥国」にいた隆景は、八月の漢城会議に赴く際、慶尚道（キョンサンド）か漢城で第七軍の安国寺恵瓊と合流し、八月三日に安国寺と連名で毛利輝元の病状を訴えました。その注進は九月二十四日に秀吉に届きます。要した日数は立花とほぼ同じ、五十一日です。もちろんこの時期、台風などの自然条件や各地の戦闘で文書送達に時間差が起きやすいのは確かです。

そこにもう一つ原因が考えられるとすれば、「飛脚便」です。はるか遠い北部辺境から加藤清正が家臣・飯田覚兵衛に持たせた注進状もわずか五十七日で届きました（『加藤文書』一二号）。宇喜多秀家は花房志摩守、小西行長は弟（洗礼名ジアン）など、諸大名は重要な案件については家臣を秀吉に派遣します。その際、大事な注進を失わないよう、それなりの護衛もつけたでしょう。文禄二年初頭の時点ですが、加藤清正は所用があって使者を派遣する時は護衛が五十人から百人必要だと書いています（『旧記雑録後編二』一〇四八号）。

しかし目付の場合、朝鮮への動員規模自体、加須屋百二十人、大田八十人、新庄百八十人です（『大日本古文書　浅野家文書』二六三号）。実際に朝鮮に渡り、この時点で戦死も負傷も発病もせず使えた人数はもっと少なかったはずです。目付は、陣から陣へと物資や書状を伝える飛脚を注進に利用したのでしょう。大名家臣が直接届ける注進状とは、到達速度に差があって当然かもしれません。

一方秀吉の立場から見ると、九月十七日から二十四日の数日間に到着する注進状は、七月十三日付け加須屋ら、七月二十三日付け加藤清正、八月九日付け鍋島直茂、八月五日付け藤堂高虎、八月三日付け小早川隆景・安国寺恵瓊、九月十日付け名護屋の長束正家らのものです（二

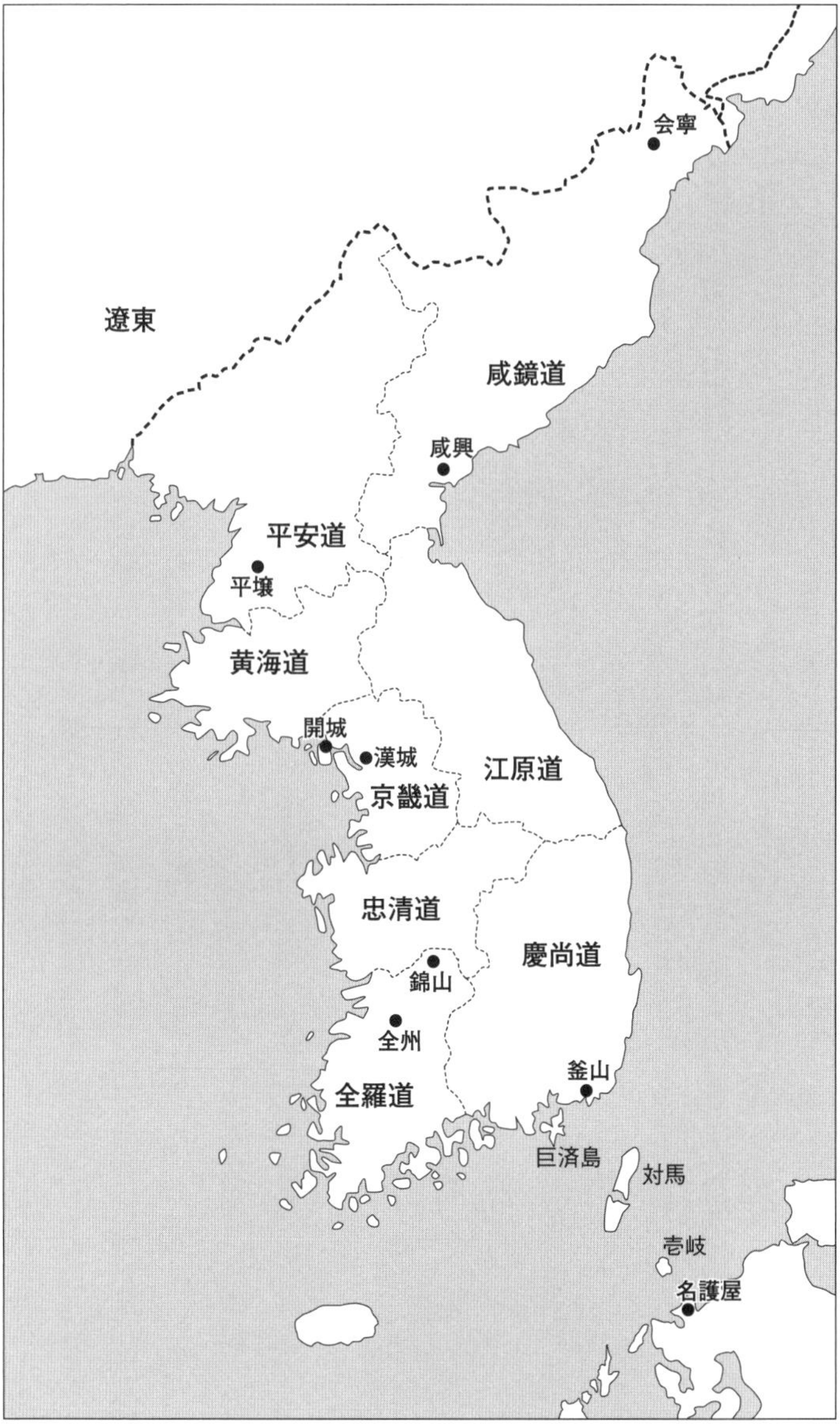
会寧
遼東
咸鏡道
咸興
平安道
平壌
黄海道
開城
漢城
江原道
京畿道
忠清道
慶尚道
錦山
全州
釜山
全羅道
巨済島
対馬
壱岐
名護屋

三一頁の表参照)。七月下旬から八月にかけての朝鮮情報が続々と入る時期に、加須屋らの七月十三日の状況が伝わったのは、ニュースとしてやや古い感を受けます。

そのためか秀吉はすぐに返信しません。ふつう秀吉は注進状を見て即日あるいは翌日に返信としての朱印状を発します。が、この古い状況を根拠に指示を出して良いかどうかためらい、新しい情報が届くまで数日様子を見たようです。結局秀吉が加須屋らに返書を出したのは九月二十二日、加藤清正や鍋島直茂の注進に返信した日でした。

4　目付・奉行衆の存在意義

この九月二十二日付け加須屋ら宛朱印状の①から④の内容は、同じ日に加藤清正に発した朱印状とほぼ同じです。加須屋ら宛だけに記載された項目は、⑤の隆景の全羅道(チョルラド)奥地展開と豊臣秀勝からの援軍派遣です。

それで加須屋らの七月十三日付け注進状の内容は、隆景が立花軍と離れて「奥国」つまり全羅道内部に展開しているので、慶尚道(キョンサンド)に近い錦山(クムサン)の立花勢が「無人」(兵力不足)であると訴えたとも推測できます。

一方、七月十六日付け立花宗茂の書状への九月八日付け秀吉の返書には、援軍の指示があり

文禄役初期、朱印状・注進状のおよその到達日数

咸鏡道　漢城　南岸　名護屋　畿内	日数	出　典
4.19 → 4.26	7	黒田家文書 99
4.21 → 4.28	7	加藤文書 13(熊本県史料中世編)
5.2 → 5.13	11	黒田家文書 100
5.2 → 5.16	14	黒田家文書 101
6.24 以前 ← 5.16	38	小宮山楓軒文書纂
7.16 ← 6.3	43	西征日記
9.8 ← 6.3	95	鍋島家文書 39(佐賀県史料集成)
9.20 ← 6.19	91	加藤清正文書集 15(熊本県史料中世編)
6.7 → 6.23	16	脇坂文書 11(兵庫県史史料編)
6.19 → 6.23	4	〃
6.1 → 7.2	31	加藤文書 23
7.7 → 7.14	7	脇坂文書 12
7.4 → 8.15	41	黒田家文書 103
7.10 → 8.25	45	吉川家文書 1-743(大日本古文書)
8.1 → 9.8	37	毛利家文書 3-889(大日本古文書)
7.16 → 9.8	52	立花家文書 415(福岡県史近世史料編)
7.13 → 9.17	64	立花家文書 417
7.23 → 9.21	58	加藤文書 12
8.9 → 9.21	42	鍋島家文書 40
8.5 → 9.22 以前	39	高山公実録
9.10 → 9.24	14	小早川家文書 1-333(大日本古文書)
8.3 → 9.24	51	小早川家文書 1-328
8.10 ～ 20 頃? → 11.10	80～90	佐賀県立名護屋城博物館所蔵文書、加藤文書 14、脇坂文書 13 等

ません。察するに、宗茂は苦境を訴えなかったのです（宗茂が書状を送った十六日には隆景軍が帰還して兵力が回復したとも考えられますが、もしそうだとすれば、九月二十二日に秀吉が隆景不在による兵力不足に対応することはないでしょう）。

この時期、諸将は秀吉への注進に苦境や敗報は書かなかったようです。秀吉は後述の石田三成らの八月の注進状を十一月十日頃に受け取ったあと、「朝鮮の様子、有様（ありよう）に注進これ無く」（「脇坂文書」一三号、『兵庫県史史料編中世二』）、「これ以前、其表（そのおもて）の様子、何とて注進申さず候哉」（『大日本古文書　小早川家文書』二九六号）と、しばしば大名を叱責します。秀吉は開戦の頃を振り返り、「およそ朝鮮については、直接御覧になれない所なので、それぞれの注進に応じて指示を仰せ遣わしたのだ。去年朝鮮に攻め込んだ時、どの方面にも手向かいする者はいないと皆が注進してきたからこそ、できるだけ奥に攻め込むようにと仰せ遣わしたのに」（「加藤文書」一二号）と嘆きます。秀吉が明征服の野望に燃えたのは、諸大名が勝報ばかり伝えたからである、と。

確かに緒戦は優勢だったので、そういう注進は嘘ではありません。しかし朝鮮側が体勢を立て直し反撃に転じた頃、名護屋の秀吉の認識は「高麗人大ぬる山（ゆるい、のろい）」でした。全体状況を知るすべのない諸将は、皆が破竹の勢いで進撃しているという噂の中で、自分一人が苦戦していると は言い難かったでしょう。苦境は一時的なもの、勝利してからまとめて秀吉に注進しようと思っても不思議はありません。それが諸大名の秀吉への情報伝達の限界でした。

さて、六月三日付け明侵入命令を持った石田三成ら奉行衆は、七月十六日に漢城（ハンソン）に到着しました。石田らは諸大名にその命令を伝えつつ占領地の実態を調査しますが、各地の実情をつかむのに一ヶ月近くかかりました。

八月七日以降八月中旬にかけてやっと、奉行衆は漢城到着後の最初のまとまった報告を秀吉に送ります（石田三成・増田長盛・大谷吉継注進状案・佐賀県立名護屋城博物館所蔵）。

【釈文】

此已前、其方にて御注進承候と令相違（そういせしめ）、何（いずれ）も国郡静謐不仕（つかまつらず）候、乍恐（おそれながら）年内にも遼東相越、大明国へ乱入候共、先手ニ立者も在間敷（あるまじく）候へハ、朝鮮国事ハ釜山海より遼東迄の間、つなきくに置可申（もうすべき）人数無之（これなく）候、二百三百置申分にてハ、中々籠城にても有之事も成ましき躰ニ候、拙者ハ御註進状を有（あり）やうの通申上候事、

【現代語訳】

これまで名護屋で諸大名からの御注進を聞いていたのとは違い、朝鮮はどの国郡も静謐ではありません。恐れながら、年内に遼東（万里の長城以北の地域）を越えて大明国に侵入したとしても、先陣に立つ者も不足するでしょうから、朝鮮の釜山から明の遼東までのつな

ぎの城に置ける人数もいません。一つの城に二百人、三百人ずつ置いたぐらいでは、籠城もかなわない状況です。私どもは御注進状をありのままに申し上げております。

朝鮮国は治まっているという報告ばかりだから明侵入が命じられたのに、その前提が崩れていたと、各地の状況を把握してこその報告です。そして奉行衆はこの実態を根拠に、秀吉に明侵入中止を建議しました（秀吉も七月十五日に明侵入中止命令を出していますが、それはまだ彼らに届いていません）。

戦闘や支配の責任を問われない目付、個別状況ではなく戦況全体を知る位置にある奉行衆でなければ、苦戦しているから援軍が欲しい、明侵入は現実的に無理だ、と実情を説明して秀吉に方針変更を求めることは難しかったのです。

5　朱印状と大名たち

錦山（クムサン）戦闘と立花陣の兵力不足を伝える加須屋らの注進への回答として、秀吉は九月二十二日付け朱印状の⑤で秀勝からの援軍派遣を伝えました。同日付け加藤清正宛朱印状には、釜山（プサン）から漢城（ハンソン）までの「一揆」を豊臣秀勝・毛利輝元・小早川隆景で相談して鎮めるよう指示したという内容も見えます（「加藤文書」一二号）。

「一揆」とは、この場合は朝鮮側の反撃のことです。天正十八年（一五九〇）に朝鮮国から送られた通信使を臣従の使者だと認識した秀吉は、朝鮮上陸後に各地で朝鮮の官・義兵が秀吉軍を攻撃したことを、対外戦争ではなく、自分の支配領域で発生した反乱（一揆）とみなしました。それで講和交渉も明とだけ行ない、朝鮮に対しては「一度は臣従すると約束したこと」の履行を迫り、最後まで政権の外の国として遇しませんでした（一方で明については、事前の臣従交渉無しに勃発した対外戦争なので、条件次第で講和交渉を行なう余地を持っていました）。

五月に漢城勝利の報に接して、秀吉は将来的な漢城の関白として岐阜宰相（豊臣秀勝）か備前宰相（宇喜多秀家）を考えました。六月に明侵入を命じたあとは、前線から漢城までの指揮官を備前宰相秀家（第八軍）、漢城から釜山（プサン）までの押さえを安芸宰相輝元と隆景（第六・七軍）、南部海岸線の重鎮を岐阜宰相秀勝としたつもりでした。備前宰相―安芸宰相と隆景―岐阜宰相という防衛ラインです。だから岐阜宰相秀勝（第九軍）は、七月十四日に脇坂軍へ、この九月二十二日に立花軍へ、援軍を送るよう命じられるのです。

ただし秀勝が病床にあることは、九月二十二日の段階で秀吉も知っています（「高山公実録」）。実は秀勝は九月九日に巨済島（コジェ）で病死しているのですが、畿内にその報が届くのは九月末から十月です。一方、毛利輝元も病気だという隆景と安国寺恵瓊の注進状が九月二十四日に届いたので、秀吉は輝元に帰国許可を出します。
漢城（ハンソン）より南を担当する輝元・隆景・秀勝のうち二人が病気では、漢城から朝鮮南岸までを見渡せる人物は隆景しかいません。それで九月二十五日に漢城から釜山までの一揆鎮圧を隆景一人に改めて命じたのは自然な流れです。

しかし隆景も、秀吉のその指示を実行できません。七月中旬に明の援軍が北部平壌（ピョンヤン）の小西軍を襲ったので、八月七日から十三日の間に漢城で軍議が行なわれました。その後、釜山・漢城というメインルートをはずれた全羅道（チョルラド）にこだわるより、漢城から平壌までの防備の薄さを懸念し、第六軍は九月十五日に錦山（クムサン）を撤収し、慶尚道（キョンサンド）を経由して、漢城と平壌の中間の開城（ケソン）に移動しました。

「明侵入は延期するので各自の担当地域の支配を固めよ」とした七月十五日付け朱印状は八月下旬に漢城に届いたはずですが、奉行衆も第六軍も全羅道撤収準備を続けます。隆景に漢城以南の一揆鎮圧を命じた九月二十五日付け朱印状も、日程的に十一月か十二月に届くはずですが、隆景は北方の明軍を警戒して動きません。

これは秀吉の指示に背くようにも見えますが、朱印状が届いた時には戦況と合わないかもしれないことは、秀吉自身考慮に入れていました。秀吉は九月二十五日付け朱印状で、隆景にこう伝えています（『大日本古文書　小早川家文書』三三二九号）。

【釈文】

遠境之儀候間、縦以朱印被仰出事雖有之、其面之様子ニより見合、無越度相計、可然様ニ皆々令相談、才判尤候、

【現代語訳】

遠い地域のことなので、たとえ朱印状で仰せられたことがあったとしても、そちらの現地の状況によっては見合わせ、落ち度がないよう配慮し、しかるべきように皆々で相談して決めるようにしてください。

すなわち、朱印状で指示したことでも現地事情によっては合議して決めよと、秀吉は現地裁量を認めています。

さて、九月二十二日付け朱印状の④（二一九・二二〇頁）で、秀吉は朱印状を持参する使者を「急用之路次」と表現し、陣から陣へとすみやかに送り届けるよう命じています。秀吉の指示ですから当然急ぎ伝えると思いますが、実際には急使が次々に馬を取り替えながら前線へひた走るわけにはいかなかったようです。情報が限られていた当時、秀吉の指示を預かる日本からの使

者、あるいは前線の状況を伝えるため日本に渡る使者が自陣を通る時、諸将が何も尋ねずに通すでしょうか。例えば、越冬のための物成分配許可や国王連行に備えた通路保全という指示内容を持つ朱印状が、南東部の慶尚道（キョンサンド）に上陸して漢城（ハンソン）へ、江原道（カンウォンド）を経由して最北の咸鏡道（ハムギョンド）まで旅をする間、各地の大名が使者からその内容を伝え聞くことはあったのではないでしょうか。

文禄三年（一五九四）のことと推測されますが、九月二十三日付けの諸将宛朱印状を持った岡田勝五郎が朝鮮の各陣を巡回したことがあります。岡田は十一月二十四日に毛利輝元陣に朱印状を届けたあと、十二月三日に小西行長陣、六日に毛利吉成陣を回り、七日に相良長毎（ながつね）陣に行く予定でした。

ところが十二月七日に毛利吉成は相良長毎に宛てて、昨日六日に岡田勝五郎が到着したことを知らせつつ、こう伝えています（『大日本古文書　相良家文書』七三四号）。

【釈文】

今日其元へ可被参（まいらるべき）之由候へ共、今朝被御酔（およわれ）候間、明日可被罷越（まかりこさるべき）之由候間、其御心得尤ニ候、
此方にて明日もめしをくわれ候て可被越（こさるべく）候、

【現代語訳】

岡田殿が今日そちらの相良殿の陣に行かれるはずでしたが、今朝は二日酔でいらっしゃるので明日行かれるとのことです。そうお心得ください。こちらの毛利吉成陣で明日も食事をなさってから行かれます。

相良長毎が十二月八日に朱印状を受け取ったとすれば、毛利輝元陣より半月近く遅れることになります。岡田がこの調子で各陣を一泊二泊しながら巡回した場合、朱印状が朝鮮南岸に到着してから最後の大名が受け取るまで、相当の日数がかかったでしょう。

おわりに

ここまで見てきたように、全体の戦況を知らない諸大名は自軍の劣勢をすぐには注進しない傾向があり、そのために状況悪化が秀吉に伝わるのが遅れました。それを補うために派遣される目付や奉行衆は事実に近い報告をできますが、兵力の少ない彼らは注進に飛脚便を利用するので、諸大名より日数がかかってしまいます。

朱印状や注進状の送達日数は、開戦初期には漢城(ハンソン)から名護屋まで十六日、名護屋から畿内まで通常十四日でした。ですから漢城と畿内の連絡は最短一ヶ月で可能です。それがやがて二ヶ月も三ヶ月もかかるようになるのを、従来の研究では、玄界灘の冬季の風波、各地の戦乱で通行が困難になった、という二つの理由を挙げています。そこに第三の理由として飛脚便と家臣派遣の日数の差を考えましたが、第四の理由として、路次筋の大名が、秀吉の意向や上方の動静、他地域の戦闘状況を尋ねるために使者を一泊二泊させて引き留めた可能性も考えられないでしょうか。

それを「すみやかに」という秀吉の指示を軽視した諸大名の身勝手とは言えません。諸大名にある程度の現地裁量をゆだね、しかし秀吉の意図に沿った行動を期待するならば、情報の浸透に相応の時間を設定しなければなりません。使者が自陣を通る時、他家宛の朱印状の内容について聞きとったり、木下半介・山中橘内のように秀吉に近侍して政策の詳細を知る者の書状を受け取ったり伝え聞いたとすれば、その日数は、秀吉の意図や前線状況という情報を諸大名に行き渡らせるのに必要な時間です。一部大名だけに届く朱印状の内容を聞き漏らさないため、近隣の大名は連絡し合い、認識を共有したことでしょう。

天候や兵站線の寸断は、情報伝達を疎外する要因として大きく作用します。しかし、広がるだけ広がった政権領域を維持できるかどうかは、情報を伝えたり行き渡らせるためにたっぷり時間をかける余裕があるかどうかにもかかっていたのです。

第八章

太閤秀吉と関白秀次

堀越祐一

はじめに

よく知られているように、秀次は秀吉の姉の長男で甥にあたります。肉親の少ない秀吉にとっては貴重な親族と言えるでしょう。実子の鶴松を亡くした天正十九年（一五九一）十二月、秀吉は秀次を後継者に指名し、養子とした上で関白に任官させました。関白を辞めた秀吉は太閤と称されるようになり、「唐入り」に専念するため、翌年三月には肥前国名護屋城へと向かいます。実母の死去に伴い、文禄元年（一五九二）七月から九月までの間は大坂で過ごしますが、その後また名護屋へ戻り、翌二年八月に淀殿の懐妊を知らされて帰坂するまでの間、その地に留まることになります。その間、秀次は秀吉から譲り受けた京都聚楽第にあり、留守を預かっていましたが、秀吉に実子のお拾（のちの秀頼）が誕生したこともあって文禄四年七月に失脚、切腹して果てました。秀次が関白の職にあった三年半ほどの間の政治体制については、以前より様々な研究がなされてきましたが、その動向について簡潔に言えば、関白秀次の権限の強さを秀吉のそれに匹敵するもの、またはそこまでではないが秀吉も無視はできないほどのものととらえるか、それとも結局のところは秀吉権力の中に内包された限定的なものに過ぎないととらえるか、ということになるでしょう。最近は後者の考え方のほうが優勢なようで、私も同様な立場に立っています。

さて、ここではそういった権力論にはあまり立ち入らず、別の視点から秀吉と秀次の関係を見ていきたいと思います。今回取り上げた史料は、秀吉の側近三人が山内一豊に宛てて出した連署状です。非常に興味深い内容を含んでいますが、秀吉・秀次とはあまり接点がないように見えるかもしれません。しかしそうではなく、あとで述べるように、山内一豊は秀次と密接な関係にあったのです。その一豊に秀吉の側近たちが伝えた内容は「現代語訳」に書いた通りですが、掘り下げて見ていきましょう。

【釈文】

急度申入候、御代官所御算用之事、毎年無沙汰候て目録延引候之間、当年より八日限

可相定之旨
御諚候、然者当所務物成勘定状事、十一月五日より十二月十日以前ニ目録小帳可被上候、
右日限相過候ハヽ、為過怠自分知行千石ニ付て銀子壱枚可運上之旨　被　仰出候条、可得
其意候、若致過怠、不行出ニ付てハ、知行押取可上之旨、堅　御意候、不可有御由断候、
恐々謹言、

十一月一日

長束大蔵
正家（花押）
増田右衛門尉
長盛（花押）
（前田）民部卿法印
玄以（花押）

（一豊）山内対馬守殿

【現代語訳】

しかと申し伝えます。あなたが代官を務める太閤様直轄領の算用について、毎年無沙汰をしてその目録を届けるのを遅延しているため、今年からは期日を定めるようにとの太閤様

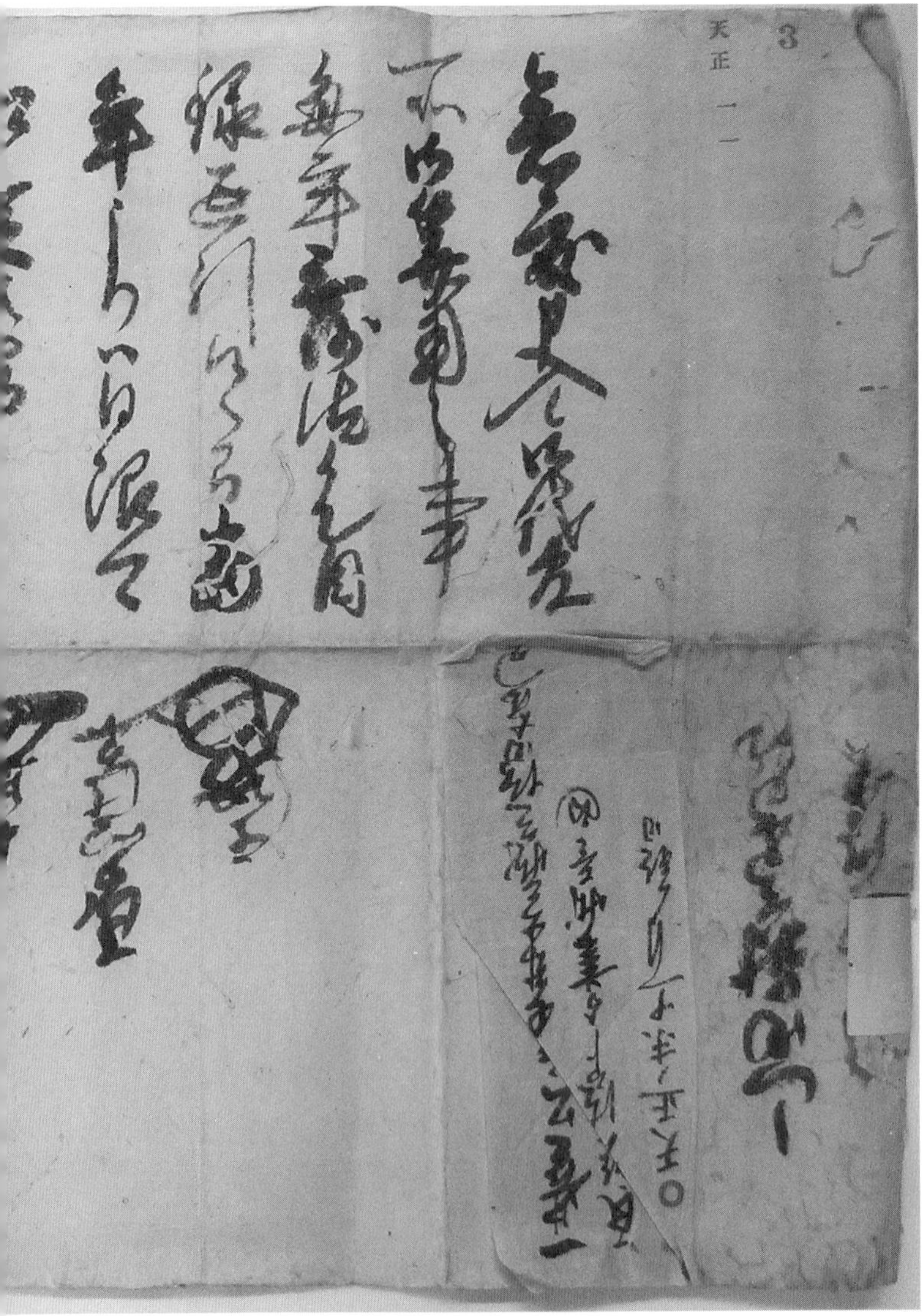

十一月一日付け山内一豊宛前田玄以ほか連署状

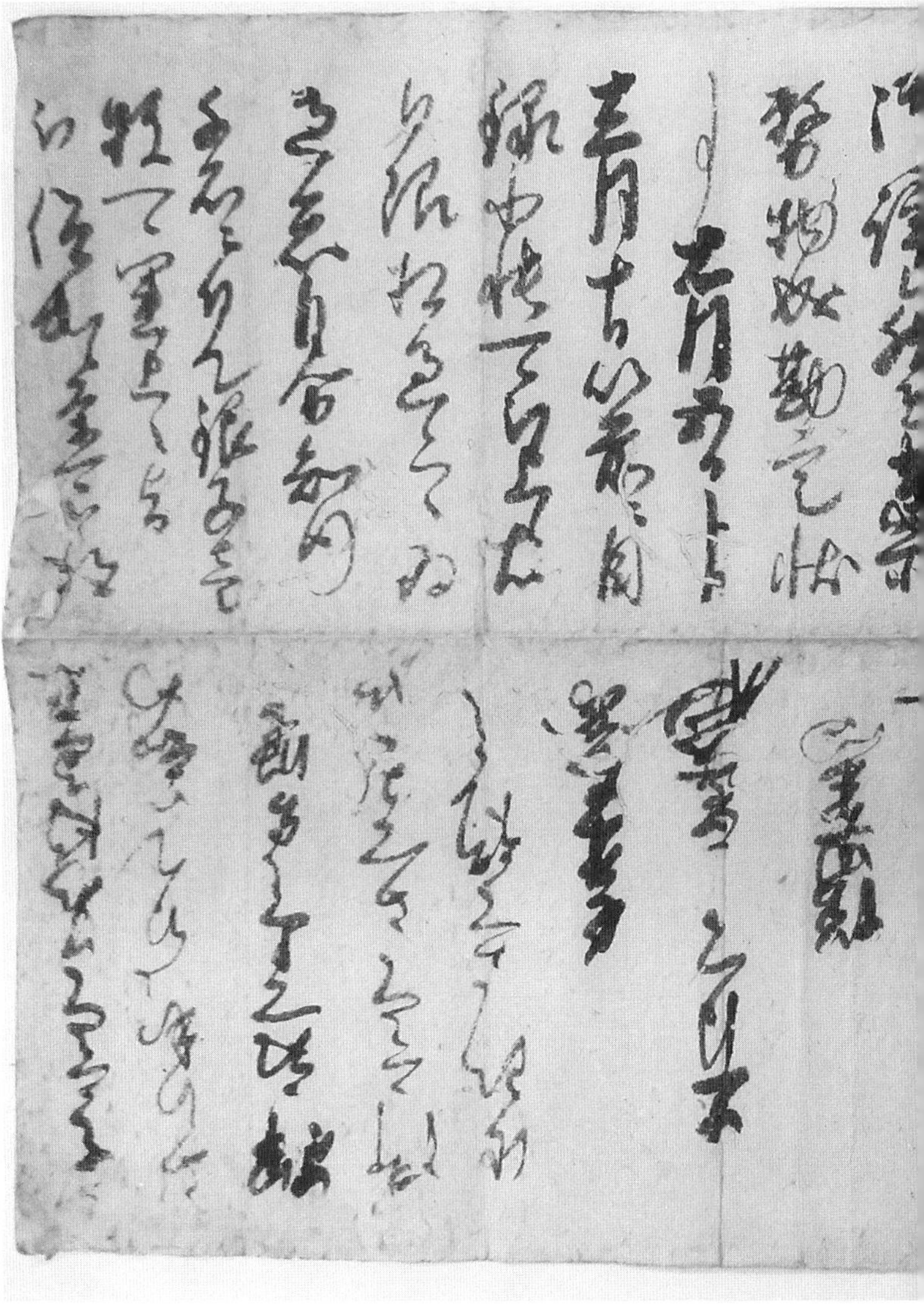

（財団法人　土佐山内家宝物資料館所蔵）

の御命令がありました。そのような訳なので、今年は勘定状を十一月五日から十二月十日までの間に届けるようにしなさい。この期限を過ぎたなら、罰金としてあなたの知行千石につき銀子一枚を運上するようにと太閤様が仰せになっていますので、よくよく心得なさい。もしもこの罰金さえも遅延するようなことがあったなら、その時はあなたの知行をすべて取り上げると太閤様がきつくおっしゃっています。油断してはなりません。恐々謹言。

1　発給者と受給者

まず、史料の発給者（差出人）と受給者（受取人）について確認しておきましょう。発給者は前田玄以・増田長盛・長束正家の三人で、いずれも豊臣政権のいわゆる五奉行として知られています。五奉行が成立したのは慶長三年（一五九八）七月頃と言われていますが、それよりずっと以前からこの三人は秀吉の奉行人として、また側近として活動していました。

前田玄以は美濃国出身と言われています。織田信長の後継者であった嫡男信忠の元家臣で、本能寺の変の際、信忠の命を受けて織田三法師（信忠の嫡男、のちの織田秀信）を連れて脱出しました。その後、天正十一年（一五八三）に京都奉行に任命され、以降は一貫して京都の市政ならびに朝廷との交渉をほとんど一手に担っていました。史料のように「民部卿法印」を称し始めたのは天正十二年二月以降で、やがて文禄五年（一五九六）五月には、新たに「徳善院僧上」という称号を用いることになります。どちらも朝廷から与えられたもので、五奉行中で最上位の存在でした。

増田長盛は近江国の出身です。秀吉に仕えた時期はよくわかりませんが、出身地から考えて秀吉が長浜城主となった天正元年（一五七三）以降であることは間違いないと思います。早い段階から秀吉家臣の中でも知られた存在であったらしく、例えば天正十年六月に秀吉が山崎の合戦で明智光秀を破ったのち、北九州の戦国大名である龍造寺隆信の家臣鍋島直茂が秀吉に戦勝を賀す書状を送っていますが、その宛先は増田長盛でした。五奉行の中では、浅野長政・石田三成と並んで言わばオールマイティーな存在で、大名に対する「取次」や検地奉行、政権の蔵入地（直轄領）の代官など、様々な分野で活動しています。通称は仁右衛門と言い、天正十三年中まではこれを用いていました。その後は史料にあるように、従五位下・右衛門尉に叙任しています。

長束正家はやはり近江出身で、元は信長の重臣であった丹羽長秀の家臣でしたが、秀吉に見込まれて直属の家臣となりました。検地奉行なども多く務めていますが、特に財政に明るかったとされていて、実際、正家の関連史料は蔵入地の支配・運営に関わるものが多く見受けられます。通称は新三郎、官位は従五位下・大蔵大輔でした。天正十八年から秀吉の奉行人としての活動が頻繁に見られるようになり、その時には大蔵大輔を称しています。正家は秀吉の右筆の一人とされていて、そのためでしょうか、秀吉の側近くに仕えていることが多かったようで、例えば文禄二年（一五九三）閏九月、秀吉が有馬温泉に湯治に赴いた際にも同行していることが史料上で確認できます（『駒井日記』）。

次に受給者です。山内一豊の名は、大河ドラマで取り上げられたこともあって、以前よりずいぶん有名になったように思います。信長や秀吉と同じく尾張国の出身で、山内家の家譜によれば、初め信長に仕え、転じて秀吉の直臣となり、天正元年に秀吉から近江国内で四百石を与えられたと言います。その後たびたび加増され、同十三年閏八月二十二日にはやはり近江国内で二万石を与えられ、秀吉のかつての居城である長浜城主となりました。通称は伊右衛門、長浜城主となった時もこれを称しています。のちに従五位下・対馬守に叙任されましたが、翌天正十四年四月には対馬守を称していることが史料上で確認できますので（「五藤正形氏所蔵文書」）、叙任時期はこの間に求めることができます。そして天正十八年九月には、加増の上で移封されて、遠江国掛川城主、五万石の大名となりました。

補足として、この史料の様式についても触れておきましょう。写真をご覧になってください。上下から中央へ向かって文字が記されています。これは紙を中央で折って用いる「折紙」という様式です。折ったままの状態でまず片面に書いていき、それが文字で埋まったら紙を上方にではなく右側にそのままひっくり返して、残りの白紙部分に続きを書きます。だから紙を広げると、写真のようになるのです。当時よく見られた書式で、秀吉やその配下の奉行人もこの様式を頻繁に用いています。また、上段六行目には不自然に思えるほどの余白がありますが、これは「平出(へいしゅつ)」と言って、次の行の冒頭「御諚」(貴人の出した命令)に対して敬意を表すためにわざと改行しているのです。「仰出」や「御意」の上が一字分空いているのは「闕字(けつじ)」と言って、同じく敬意を示す用法です。一般に闕字より平出の方がより厚礼とされますが、ここではどちらも秀吉に対して敬意を払っているものなので、あまり明確な区別はされずに用いられているようです。

2 山内一豊の過失

では、史料の内容について見ていきましょう。山内一豊は、秀吉配下の大名の中でも決して目立った存在とは言えません。一豊よりもむしろ賢妻で知られる妻の千代のほうが有名なほどですが、一般的な一豊の印象としては、才気走ったところはないけれど律儀で実直な性格の持ち主、といったところでしょうか。しかしこの史料からは、律儀な一豊というイメージは全く読み取ることができません。では、どのようなことが具体的にわかるのでしょうか。一つ一つ情報を抜き出してみましょう。

まず、一豊が「御代官」を務めていたことがわかります。史料にはその土地の所有者は明示されていませんが、一豊が代官をするのですから、秀吉か秀次のどちらかに決まっています。そして、この文書を出している前田玄以・増田長盛・長束正家の三人が秀吉の直臣であることを考えれば、秀吉の土地と考えるのが妥当でしょう。つまり一豊は、秀吉蔵入地の代官であったわけです。規模についてはわかりませんが、場所はおそらくは一豊の本領の近く、すなわち遠江国内とみていいかと思います。と言うのは、大名が秀吉蔵入地の代官を務める場合、その大名の領地に近接した地域であるのが通例だったからです。もっとも、一豊は天正十八年中頃までは近江に所領を持っていましたから、この史料が同十七年以前のものだとすれば、それは近江国内ということになりますが、次節「史料の年代比定」で述べるように、この史料はそれ以降に出されたものと考えられますので、やはり一豊の代官地は遠江国内にあったとみてよいと思います。

次に、「無沙汰」「目録延引」という文言から、一豊が代官職を務めるにあたって、「目録」の上納を遅らせるという過失をしていることがわかります。「目録」とは、支配する土地から徴収した年貢の詳細を書き記したものです。こともあろうに一豊は、天下人でありまた主君でもある秀吉の土地管理の上で、大きな過ちを犯したわけです。

話は少し逸れますが、ここからはもう一つ、豊臣政権における蔵入地代官の性質を窺い知ることができます。一豊が「無沙汰」しているのは、あくまで「目録」の上納であって、年貢そのものではありません。つまり、集められた年貢米は代官がそのまま現地で保管し、その数量のみを中央へ報告しているわけです。すべての年貢米がすぐさま京大坂へ輸送されたのではなく、一定期間を代官所で保管する形態も存在したことを示す、興味深い事例と言えるでしょう。

ところで、一豊が代官を任され年貢米を備蓄していた遠江国というのは、豊臣政権にとって、東方に対する備えとして非常に重要な位置にあったように思われます。と言うのも、秀吉の本拠地である大坂から見て遠江国のさらに東には、駿河国をはさんで関東の大部分を有する二百五十万石の大大名である徳川家康領が存在するからです。改めて言うまでもなく、秀吉は家康とはかつて干戈を交えた間柄です。臣従してからの家康は一貫して秀吉に忠誠を尽くしてはいますが、それでも秀吉からすれば、国内で最も警戒すべき人物であったことは容易に想像できるでしょう。そして、もしもその家康が挙兵したとしたらどうなるか。実際に関ヶ原の戦いでそうしたように、徳川軍は大軍の移動に適した東海道に軍勢の主力を進めることは明らかです。その時に最前線となるのは駿河国です。国主の中村一氏は古くからの秀吉の老臣で、明智光秀を打ち破った山崎の戦いでも一軍を率いて活躍している歴戦の武将です。石高も十四万五千石と一豊の三倍もありますが、独力では到底徳川軍には太刀打ちできません。籠城の準備を開始すると同時に近隣の大名へ救援を依頼し、さらに家康挙兵を大坂へ急報するはずです。報告を受けた秀吉は軍勢を集めて駿河を目指して進軍、決戦の場は駿河から遠江近辺ということになるでしょう。そのような事態に備えて、遠江国を兵站地として機能させようと秀吉は考え、あらかじめこの地に兵糧米を備蓄させていた、と考えるのは、あまりに想像に過ぎるかもしれません。しかし、まんざら突拍子もないこととまでは言えないようにも思えるのですが。

さて、話を元に戻しましょう。この一豊の過失に対して、当然ながら秀吉は憤慨します。当年からは厳しく期限を定めるから、必ずそれを守るように、という秀吉の「御諚」が伝えられています。そして、もしその期限を過ぎたなら、知行千石について罰として銀子一枚を運上するように、というのです。一豊の知行高は五万石ですから、銀五十枚の計算になります。さらに、それすらも怠るようなら知行をすべて召し上げる、というのですから、かなり手厳しいと言えるでしょう。秀吉の怒りのほどが伝わってきます。

一豊がどうしてこのような失敗をしてしまったのか、その理由はちょっとわかり兼ねます。いずれにせよ、豊臣政権は極めて秀吉の独裁色が強い政権ですので、その秀吉の機嫌を損ねてしまえば、どのような災いが降りかかるかわかりません。この文書を目にした瞬間、一豊は凍りついたことでしょう。

3　史料の年代比定

それでは、この連署状は一体何年に出されたものなのでしょうか。歴史史料を十分に活用するためには、その年代を確定させることが必要となってくるのですが、これには年号は書かれていません。秀吉の奉行人が発する文書はおもに書状形式で書かれていますが、書状には年号を書かないのが普通なのです。このままでは扱いに困るので、年代を推定していきたいと思います。なお、江戸時代になってから貼られたと思われる付箋には「天正ノ末」と記されていて、天正後期のものと推測されていますが、これはそのまま信用するわけにはいきません。

初めに、発給者三人の名乗りを材料として、史料の年代の上限と下限について考えてみます。まず前田玄以について、ここで称している「民部卿法印」は、すでに述べたように天正十二年二月に朝廷から与えられたものです。次に増田長盛は「右衛門尉」を称していますが、長盛がこのように称するのは、私の知る限りでは天正十五年十月が初見です（『大日本古文書　小早川家文書』五一三号）。そして長束正家は「大蔵」（大輔は省略）を称していますが、正家は天正十六年二月には通称の「新三郎」を用いていることが確認できます（「河端昌治氏所蔵文書」）。ですので、この史料の上限は天正十六年とみてよさそうです。

次に下限ですが、これについては「民部卿法印」がヒントを与えてくれます。前田玄以は天正十二年以降、ずっとこの称号を用いていましたが、文禄五年五月、新たに「徳善院僧上」という称号を朝廷から与えられたことはすでに触れた通りです。それからというもの、彼は文書に署名する際には必ずこの称号を用いています。この史料は十一月付けですから、下限は文禄四年ということになります。よってこの史料は、天正十六年から文禄四年までの八年間（一五八八年〜一五九五年）に出されたものであるのはとりあえず間違いなさそうですが、署名からはそれ以上のことはわかりません。さらに絞り込むためには、連署状の内容から考えるほかないようです。とは言え、この史料だけを見ていても難しいので、別の史料を参考にしてみたいと思います。

これは以前より気になっていた史料なのですが、秀次の側近であった駒井重勝という人物が記した『駒井日記』の文禄三年二月十七日条に「山内対馬（一豊）大閤様（秀吉）御折檻成され、高麗へ遣わすべき由、石田治部少輔（三成）・増田右衛門尉（長盛）・山中山城（長俊）御使参る」という一文があります。理由はここには書かれていませんが、秀吉の怒りに触れたのでしょう、一豊を「御折檻」として朝鮮へ送るように、ということを、秀吉の使者として石田三成・増田長盛・山中長俊の三人が秀次のところへやってきて伝えたというのです。もっとも、この処罰は実行されませんでした。その日のうちに別の使者（有馬則頼・滝川雄利・木下祐慶の三名）がやってきて、一豊の赦免が告げられたことが、やはり『駒井日記』の同日条に記載されています。それにしても、なぜ一豊は

「御折檻」されそうになったのでしょうか。

そこで、改めて二つの史料の内容を見比べてみましょう。かたや、代官地の目録を届けるのを怠って秀吉の不興を買っている一豊。もう一つは、「御折檻」として朝鮮へ送られようとしている一豊。やはりこの二つの史料は、密接に関係しているとみるべきだと思います。目録上納の期限厳守を命じられた一豊が、その後はこれを守ったのか、それとも再び遅らせて秀吉の不興を買ってしまったのかは、史料の制約もあってわかりません。絶対者秀吉の怒りを知らされたわけですから、震えあがった一豊は懸命に期限を守ったと考えるのが、常識的には妥当でしょう。しかし、仮にそうだとしても、「毎年無沙汰」という文言が示すように、恒常的に目録の上納を遅延していたことは、「御折檻」の対象となったとしても不思議ではありません。よってこの史料は、『駒井日記』の記述の前年、すなわち文禄二年に出されたものとみてよいと思います。

4 「御折檻」の撤回

さて、前節で一豊への「御折檻」はその日のうちに撤回されたと述べましたが、朝令暮改と言えるこの措置は極めて不自然なことです。掲げた史料の内容からは少しずれていってしまうかもしれませんが、興味深いことなのでその理由について考えてみたいと思います。これは推測するしかないのですが、二つの可能性がありそうです。

一つは、朝鮮への出陣が「懲罰」として大名らに認識されてしまうことを危惧したからではないでしょうか。仮に一豊が朝鮮に赴いたとして、秀吉から罰せられてやって来たということを朝鮮在陣の諸将が知れば、彼らはどう思うでしょう。自分たちが懸命に戦ってきたことは「懲罰」なのか、そのように太閤様は考えておられるのか――このような疑念を諸将が抱いてしまったら問題だ、と秀吉が思案したとしても、それは納得がいきます。

そしてもう一つは、一豊が東海道筋に所領を有する大名であったからということも考えられます。一豊を含め、中村一氏（駿河国府中城主）、堀尾吉晴（遠江国浜松城主）、池田輝政（三河国吉田城主）、田中吉政（三河国岡崎城主）といった東海地方の諸大名は、結局いずれも朝鮮へ行くことはありませんでした。文禄四年に秀次が除封されたあとに尾張国清州城主となった福島正則にしても、以前は朝鮮において戦闘に参加していましたが、尾張に移ってからはそれもなくなりました。これはやはり徳川家康への警戒のためとしか考えられません。東海道の諸大名は、万が一の場合に備えてその戦力を国元に待機させておくというのが秀吉の方針であったのです。一豊を送ってしまえば、この方針を覆すことになります。「御折檻」の撤回には、これら二つの背景があったように思われます。

とにかく、一豊は朝鮮へ出陣せずに済みました。おそらくは胸をなで下ろしたことでしょう。それにしても、一豊に対する「御折檻」が、秀吉から秀次の元へ伝達されたのは一体なぜなのでしょうか。一豊の知行は秀吉が与えています。土地の授受は君臣関係の根幹ですから、一豊が一貫して秀吉の家臣であったことは疑いありません。にも関わらず秀吉がわざわざ秀次に一豊の件について知らせてきたということは、何か事情があるはずです。次節では、当時の一豊の立場について考えてみたいと思います。

5　一豊の立場――「太閤様御家中」と「関白様御家中」

一豊が天正十三年閏八月二十二日に秀吉から二万石を与えられて長浜城主となったことはすでに触れましたが、それと同日付けで、秀次が秀吉から近江国内で二十万石を与えられています。その時に秀吉が秀次に宛てた領地給与状には「江州所々において自分二十万石、ならびに其方に相付け候宿老共当知行二十参万石を相加え、都合四拾参万石宛行(あてが)いおわんぬ」(「前田家所蔵文書」)とあって、合わせて二十三万石の地を領する秀次付きの「宿老」と呼ばれる者たちがいたことがわかります。そして一豊は、その一人だったのです。このことは、天正十七年に秀次領内で起こった井水をめぐる相論から判明します。本題からはずれるので詳しい説明は省きますが、この相論で秀次の命令を伝達したのは堀尾吉晴・山内一豊・宮部宗治・渡瀬良政・田中吉政の五人でした。ほかにもいたかもしれませんが、少なくとも彼らが「宿老」に含まれることは間違いないでしょう。ちなみに、山内家の家譜には秀次との関係は一切書かれていません。評判の悪い秀次と密接な関わりがあったことには、あまり触れたくなかったのでしょう。

その後、秀次は天正十八年に近江から尾張へと移封されます。小田原北条氏を攻め滅ぼした秀吉は、三河・遠江・駿河・信濃・甲斐の五ヶ国を領有していた徳川家康を関東へと移しました。徳川領には、尾張・伊勢を領していた織田信雄（信長の次男）を移封させようとしましたが、信雄がこれを嫌がったために秀吉の怒りを買い、領地を没収されました。秀次は信雄の旧領へと移ることになったわけです。そして「宿老」たちも秀次の移封に従い領地を移されます。彼らはいずれも旧徳川領の三河・遠江国に封じられたのです。

秀次にとって大きな転機は、天正十九年末にやってきます。すでに述べたように、秀吉の後継者として関白に任じられたのです。それでは、かつて秀次の「宿老」と呼ばれた一豊たちは、新たに関白となった秀次にとってどのような存在であったのでしょうか。この段階では、「宿老」と呼ばれていることは史料上確認できません。それにかわって「関白様御家中衆」というような呼ばれ方をしていたことが『駒井日記』文禄三年正月二十日条の記述からわかります。そこで「関白様御家中衆」とされているのは、一豊のほかに池田輝政・堀尾吉晴・松下之綱・田中吉政・中村一氏の五人で、全員が東海道筋に領地を持つ大名です。いずれも秀吉から領地を与えられている秀吉直属の大名なのですが、それにも関わらず関白秀次の「御家中衆」と呼ばれていることは、とても興味深いことと言えるでしょう。形式的には、彼らは秀次付きの、言わば与力大名として、その麾下に属していたのです。

ちなみに、『駒井日記』には「関白様御家中衆」と対比するものとして「太閤様御家中」という語句も出てきます。大きな枠でとらえれば豊臣家臣団ということでは変わりありませんが、秀吉直属の者と秀次与力の者とに区分されていたことがわかります。一豊は秀次の与力大名であったために、これを処罰するにあたって秀吉は秀次へ知らせたわけです。

もっともこれをもって、秀吉が秀次に配慮している証拠だ、やはり関白秀次権力は秀吉といえども無視できないものだったのだ、などとは言えません。なぜならば、秀次への通達は「一豊を折檻するから、朝鮮へ送れ」というもので、一豊の「御折檻」は秀吉によってすでに決定されていたからです。秀吉は一豊の処置を秀次と相談しているわけではなく、朝鮮へ送るように命じているに過ぎないという点には注意する必要があります。

それでも、文禄三年の時点で秀吉と秀次の関係はまだ亀裂を生じているわけではありません。では、両者の関係はどのような経緯をたどって破局へと向かうのでしょうか。以下、それについて見ていきたいと思います。

6　秀吉と秀次の関係

秀吉の後継者となった秀次にとって最大の誤算は、やはり文禄二年八月に生まれた秀頼の存在です。「お拾」と名付けられ、やがて元服して秀頼と称することになるこの男子の誕生は、秀吉に秀次を跡継ぎとしたことを後悔させたでしょうが、だからといって、たちどころに両者の関係が険悪となったわけでも、秀吉がすぐに秀次を後継者の地位から引きずり降ろそうとしたわけでもありませんでした。秀吉はいろいろと妥協策を提案していくことになるのです。

まず、お拾が生まれた翌月、秀吉と秀次は伏見において会見し、その場で秀吉は秀次に対して、日本の八割を与えようと語ったとされています（『言経卿記』）。これは公家の山科言経が書き遺したもので、原文には「先ず日本国五ツに破り四分参らすべしと云々」とあります。当然ながら残りの二割はお拾に、ということなのでしょう。すべてを秀次に譲るつもりでいたが、お拾が生まれた以上はせめてこの子に五分の一だけでも、というわけです。とても有名な記事なのですが、どのように配分するというのか、ちょっとイメージが湧きません。秀吉にしてみれば、思いつきを言ってみただけなのかもしれません。

さらに十月には、秀吉はお拾と秀次息女との婚約を持ちかけています（『駒井日記』）。原文には「御ひろい様と姫君様御ひとつになさせられ候ハん由　仰せ出ださる由、関白様　還御成され次第、其の通り羽筑州夫婦ヲ以て　仰せ出ださる由也」とあります。「関白様　還御成され次第」というのは、この時に秀次は熱海へ湯治に赴いており、そこから帰ってきたらすぐに話を進める、という意味です。また「羽筑州」とは前田利家のこと、つまり利家夫妻をその仲介とするということです。ですから、日本を分割するなどという話よりはずっと具体的かつ現実的な提案と言えるでしょう。

しかし、これらの妥協策は結局いずれも実行されませんでした。とは言え、お拾が生まれてすぐに秀吉が行動を起こしていることには注目してよいですし、お拾と秀次の共存を模索していたことはそれ以上に注目すべきです。のちの顚末を知ってしまっていると、秀吉はお拾が生まれてからすぐに秀次を排除すべく思案をめぐらした、と考えてしまいがちですが、決してそうではなかったのです。もちろん、両者が親密であったとまでは言いません。秀次が熱海へ湯治療養に行っていたというのも、お拾の誕生が秀次を精神的に追い詰めたからなのではないかとも言われていますし、その可能性は否定できないと思います。しかし、秀吉と秀次がそれなりに良好な関係にあったことを示す史料が散見できるのも事実です。

7　秀次の失脚

秀次が切腹する文禄四年になっても、まだ決定的な亀裂は生じていません。四月十六日、秀次の実弟である羽柴秀保が死去した時も、秀吉は秀次に対して「御愁傷無き様に」と気遣っているほどです（『駒井日記』）。

しかし秀保の死は、それから三ヶ月後に起こる秀次の処分に大きな影響を与えたと思います。わかりやすく言えば、秀次を処分しやすくなった、ということです。秀保は、秀吉実弟の秀長の養子としてその地位を継承した人物です。大和・紀伊両国を有する大大名でもありました。年若い秀保は兄の秀次の後見を受けていましたし、なにしろ実の兄弟ですから、もし秀吉が秀次を処分するとなったら、兄弟が結束して秀吉に抵抗する、というような事態もあり得ます。その場合、数万の兵力を有し、しかも豊臣政権の本拠地である京・大坂の近隣に所領を持つ秀保の存在は当然厄介なものになります。現実には、秀保の家臣には藤堂高虎などの秀長以来の古参の者たちが多くいました。彼らが秀保の下に一致結束して秀吉に反抗する、というようなことは考えにくいですが、それでも秀吉からすれば、そういった最悪の事態を憂慮しないわけにはいかないはずです。ですから、秀保が死んだことで、秀次処分に踏み切りやすい状況となったことは間違いないでしょう。逆に言えば、秀保が健在であったら、秀吉としても容易に秀次を処分することはできなかったと思います。秀保の死と秀次失脚との因果関係については、これまであまり指摘されてきませんでしたが、これらは密接に関連していると考えるべきでしょう。

文禄四年七月八日、ついに秀次は失脚します。紀伊国高野山へ謹慎するように申し渡されたのです。処罰の理由は秀吉に対する謀反でした。

この謀反の嫌疑については、朝廷に仕える女官が記した『御湯殿の上の日記』にも明記されていますので、間違いありません。ただし、宮本義己氏はこの点について、秀次の存命中に謀反の嫌疑はすでに打ち消されており、公式な理由は秀次の不行跡にある、との見解を示されています（「豊臣政権における太閤と関白――豊臣秀次事件の真因をめぐって」〔『國學院雑誌』八九―一〇、一九八八年〕）。確かに最初は謀反の嫌疑を受けたが、それはやがて晴れた、でも普段の行ないが悪かったので切腹させられた、というわけです。しかしながら、七月二十五日に石田三成が伊達政宗家臣の針生盛信に宛てた書状には「今度関白殿御逆意顕形に付いて、御腹を召され、一味の面々悉（ことごと）く相果て、毛頭異議無く相済み候」と書かれています（『大日本古文書　伊達家文書』六六六四号）。秀次が切腹したのは十五日ですから、宮本説の妥当性は怪しくなります。秀次の死後も、謀反の嫌疑は晴れていなかったのです。

さらに宮本氏は、『御湯殿の上の日記』の「くわんはくとの（関白殿）の、きのふ（昨日）十五日のよつ時に、御はら（腹）きらせられ候よし申、むしちゆ（無実）へかくの事候よし申なり」という記述を、謀反の嫌疑が晴れて無実が立証されたので切腹となった、嫌疑が晴れなければ打首獄門というような斬罪にでもされたという意味であろう、と解釈しています。私も、まあそういう意味なのだろうとなんとなく考えていたのですが、少し引っかかってもいました。と言うのは、謀反の疑いが晴れたのに切腹というのは厳しすぎますし、ましてや秀次のみならずその妻女や子どもたちまでもがすべて斬刑に処されるというのは、謀反人でないのであれば明らかに行き過ぎた処罰だと思えるからです。

この点について、とある研究会で矢部健太郎氏が、「むしちゆへかくの事候」というのは、謀反は冤罪であるというのが秀次の主張であり、そのことを示すために秀次が自ら進んで切腹した、と解釈できるのではないかと意見を述べられました。私はすぐには納得できなかったのですが、よくよく考えてみるとこれはあり得そうな気がします。秀次が意地を見せた、というと少しおおげさかもしれませんが、もしそうだとすれば、惰弱な印象の強い秀次に、別の人物像が浮かび上がってくるのは確かです。ともあれ、秀次は謀反の罪状により失脚し、その後もこれは変更されることはなかったと考えたほうがよさそうです。

おわりに

秀次の死が、豊臣政権にとって大きな打撃となったことは疑いありません。秀次家臣団は解体され、豊臣家全体の軍事力は大きく弱体化することになります。またその領国は、秀吉直轄領に編入されたり大名に分配されたりしました。伊予国今治十一万石の大名に過ぎなかった福島正則などは、秀次除封後に領地を倍増され、かつて秀次の居城であった尾張国清州城主となります。その正則が、五年後の関ヶ原の戦いにおいて東軍の先鋒として大きな働きをみせ、結果として豊臣家を滅亡へと追いやるとは皮肉なものです。

秀次失脚に際しては、秀次から領地を与えられていた者、すなわち秀次の直属家臣団がおもな処罰の対象となり、かつて秀次を支えた一豊ら与力大名は、どういったわけかその多くが処罰を免れました。一豊のほか、池田輝政・中村一氏・堀尾吉晴・田中吉政といった東海道筋の大名はいずれもそれまで通りの領地を保つことができたのです。むしろ近辺に存在した秀次領を加増された者もあるほどで、一豊も文禄四年七月十五日、つまり秀次が切腹したまさに同じ日に、秀吉から遠江国内の秀次領八千石を与えられています（「山内家御手許文書」）。

彼らが処分されなかったのは、関白秀次権力の下でさほど大きな役割を担っていなかったことによるのかもしれません。「宿老」時代は秀次領国の統治に深く関与していた彼らでしたが、関白となって以降は、秀次の与力大名として軍事面で支えるだけの存在へと転化していました。関白となってからの秀次領の支配は、「宿老」から駒井重勝ら秀次の近臣へと移っていたのです（拙稿「文禄期における豊臣蔵入地――関白秀次蔵入地を中心に」『国史学』一七七、二〇〇二年）。

また、その領地が徳川領に隣接していたというのも一因ではないでしょうか。処罰されるとなれば、不服をもった彼らが家康と結んで反乱を起こすのではないか、とまでは考えなかったかもしれません。しかし、徳川領と京大坂をつなぐ主要幹線を押さえる大名領を大幅に動かすことはできる限り避けたいというのが秀吉の本音だったとしたら、それは理解できます。そのようなことをすれば、家康を押さえるための「壁」としての機能が低下する可能性があるのですから。

ともあれ、一豊は無事に秀次事件を切りぬけることができました。秀吉蔵入地代官としての落ち度や秀吉からの「御折檻」、そして秀次事件。文禄年間に発生したこれらの危機をかいくぐって、大名として存続することに成功した一豊は、関ヶ原の戦いでも巧妙に立ちまわって土佐一国を得るに至るのです。

第九章

秀次事件と血判起請文・「掟書」の諸問題
——石田三成・増田長盛連署血判起請文を素材として

矢部健太郎

はじめに——研究史の概観

文禄四年（一五九五）七月、豊臣秀吉の甥秀次が高野山に追放されたあとに切腹を遂げた事件は、関白の切腹という、日本史上にも例のない未曾有の大事件でした。この事件に前後して、豊臣政権が主体となって諸大名の血判起請文が相次いで作成され、併せて、五名もしくは六名の大名が連署した「御掟」「御掟追加」（本稿では、それらをまとめて「掟書」とします）が発給されました。豊臣政権がよって立つべき「関白」という地位を、自ら否定したかのようなこの秀次切腹事件をめぐっては、これまでにも数多くの論考が蓄積されており、同時に「掟書」についても、政権構造の転換点を示すものとして注目されています。まずはじめに、「掟書」と血判起請文に関するこれまでの研究の一般的な傾向と、そこにおける問題の所在について簡単に述べておきましょう。

「掟書」に関する重要な見解の一つに、中野等氏の研究があります（『豊臣政権の対外侵略と太閤検地』吉川弘文館、一九九六年）。中野氏はまず、「掟書」は「人による支配」から「制度（法）による支配」への移行を示す「豊臣政権にとってほとんど唯一体系的な」法と述べています。そして、条文には「一般的条項も多く、それらは大名以下の武家衆はもとより公家・寺家・社家などの全支配階級を対象」とし、「従来の叡慮に替えて『太閤様御法度御置目』自体を権原に据えた新たな公儀権力の構造を提示したもの」と評価しています。このように、「掟書」は豊臣「公儀」のあり方を画期的に変化させた、との見方は、現在の研究の一般的な傾向と言えるでしょう。*

そうした研究の多くは、テキスト・クリティーク（史料の諸伝本の比較考証）などの面で、三鬼清一郎氏の「御掟・御掟追加をめぐって」（尾藤正英先生還暦記念会編『日本近世史論叢』上巻、吉川弘文館、一九八四年）という専論に多くを依存しています。そして、条文の検討が中心的に進められる一方、連署者の配列や日付などはさして注目されてきませんでした。特に日付については、三鬼氏自身が「御掟」の日付に文禄四年八月の二日・三日の二通りがあることを指摘し、いずれがより妥当かという問題について若干触れているのがほとんど唯一の研究と言えるでしょう。しかし、三鬼氏が整理されたように、「掟書」には数多くの伝本があり、しかもその半数近くは豊臣期のものではなく、徳川期の写しの可能性がある、と筆者は想定しています。そして、「掟書」がどのような過程で作成され、披露（公開）され、どのような効果を持ったのかという重要な問題についても、なお検討の余地があると考えます。

続いて、血判起請文については、次に挙げる千々和到氏の指摘が重要です（「霊社上巻起請文――秀吉晩年の諸大名起請文から琉球中山王起請文へ」〔『國學院大學日本文化研究所紀要』八八、二〇〇一年〕。傍線は、矢部が付したもの）。

文禄四年八月に、「御掟五カ条」が制定され、その中で諸大名相互の起請文の取り交わしが禁止されたことは注意されなければならない。豊臣秀吉は、①諸大名が勝手に起請文を書くことを禁止するとともに、②自分に対して提出すべき起請文の様式を定めたわけである。このふたつのことは、完全に表裏一体の掟の制定だったというべきであろう。

千々和氏は、条文の内容や日付の近さ（起請文は文禄四年七月、「御掟」は同年八月の日付を持つ）などから、起請文と「掟書」との密接な関係を指摘しています。しかしながら、血判起請文についても、「掟書」と同様にまずは条文の検討が進められたのであって、その作成過程や効果、披露の状況などに関する検討は不十分なのです。

以上のように、秀次切腹事件に前後して作成された諸大名の血判起請文や「掟書」については、原本調査を基礎としつつ、総合的な研究を進める必要があると考えられます。そこで本稿では、その端緒として、一連の血判起請文群の起点といえる「石田三成・増田長盛連署血判起請文」（大阪城天守閣所蔵『木下家文書』所収）を取り上げることにしました。そして、血判起請文・「掟書」に関するさまざまな問題点と課題を示すことで、今後の研究の礎にしたいと考えています。

なお、本稿を進めるにあたり、豊臣大名には四段階の序列が存在したことに触れておきましょう（拙稿「豊臣『武家清華家』の創出」〔『歴史学研究』七四六、二〇〇一年〕・「豊臣『公儀』の確立と諸大名」〔『史学研究集録』二六、二〇〇一年〕ほか参照）。その四段階とは、①豊臣宗家（摂関家相当、極官＝摂政・関白）を頂点に、②「清華成」大名（清華家相当、極官＝太政大臣・近衛大将）、③「公家成」大名（羽林家相当、極官＝大納言・近衛中将、豊臣期には「侍従」が象徴的な官職）、④「諸大夫成」大名（諸大夫家相当、殿上人未満）というものです。

＊藤井讓治氏は、秀吉による「公儀」の創出を文禄四年のこととするが（「十七世紀の日本――武家の国家の形成」〔『岩波講座　日本通史』十二、近世2、一九九四年〕）、その立論には、同年七・八月の血判起請文と「掟書」の存在が大きな影響を与えている。

1 「石田三成・増田長盛連署血判起請文」の基礎的検討

まず、「石田三成・増田長盛連署血判起請文」とはどのような文書なのか、その概要について、大阪城天守閣における原本調査の成果*などを踏まえて整理しておきたいと思います。この起請文の全体像を把握するために、前書（条文）と神文を概観しておきましょう。なお、神文部分は長大なので、四十五行分は省略します。

【釈文】

敬白　天罰霊社上巻起請文前書事、

一、御ひろい様へたいし奉り、聊不存表裏別心、御為可然様ニもりたてまつるへき事、

一、諸事　大閤様御法度御置目之通、無相違可相守事、

一、御ひろい様之儀、疎略を存、并大閤様御置目を相背族在之者、縦縁者・親類・知音たりといふ共、ひいきへんはなく、糺明之上を以、成敗儀可申付事、

一、我等自然無分別之儀於有之ハ、御置目をも被仰付候衆異見をうけ、多分ニ付而可相済事、

一、大閤様御恩深重ニ蒙り申候間、面々一世之中ハ不及申上、子々孫々までも申伝、公

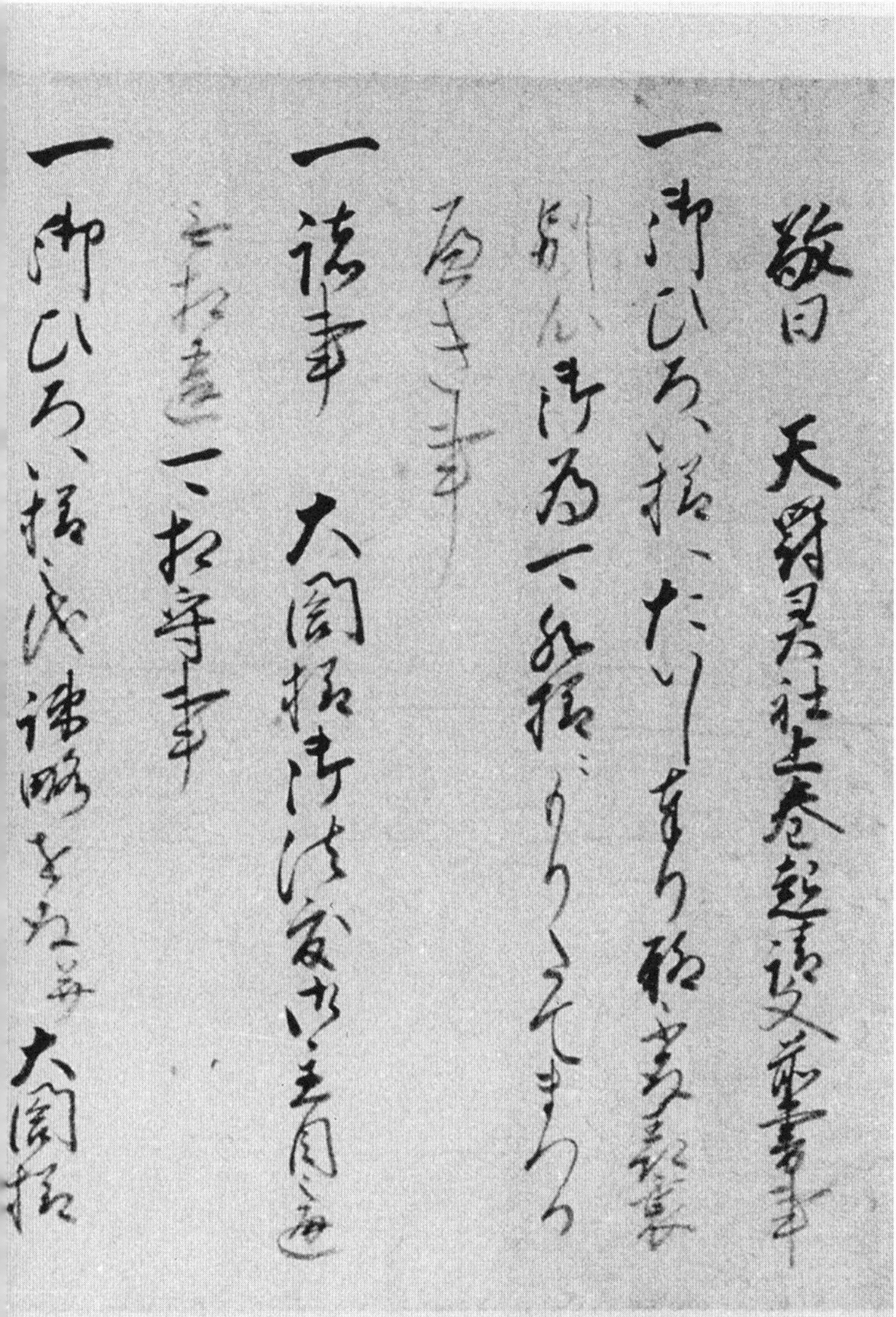
敬白　天罰霊社上巻起請文前書事
一　御ひろい様へたいし奉り、聊表裏別心なく、御為よき様ニもり立まいらせ候へき事
一　諸事　太閤様御法度御置目之通、無相違可相守事
一　御ひろい様へ[illegible]諸[illegible]　太閤様

文禄四年七月十二日付け石田三成・増田長盛連署血判起請文

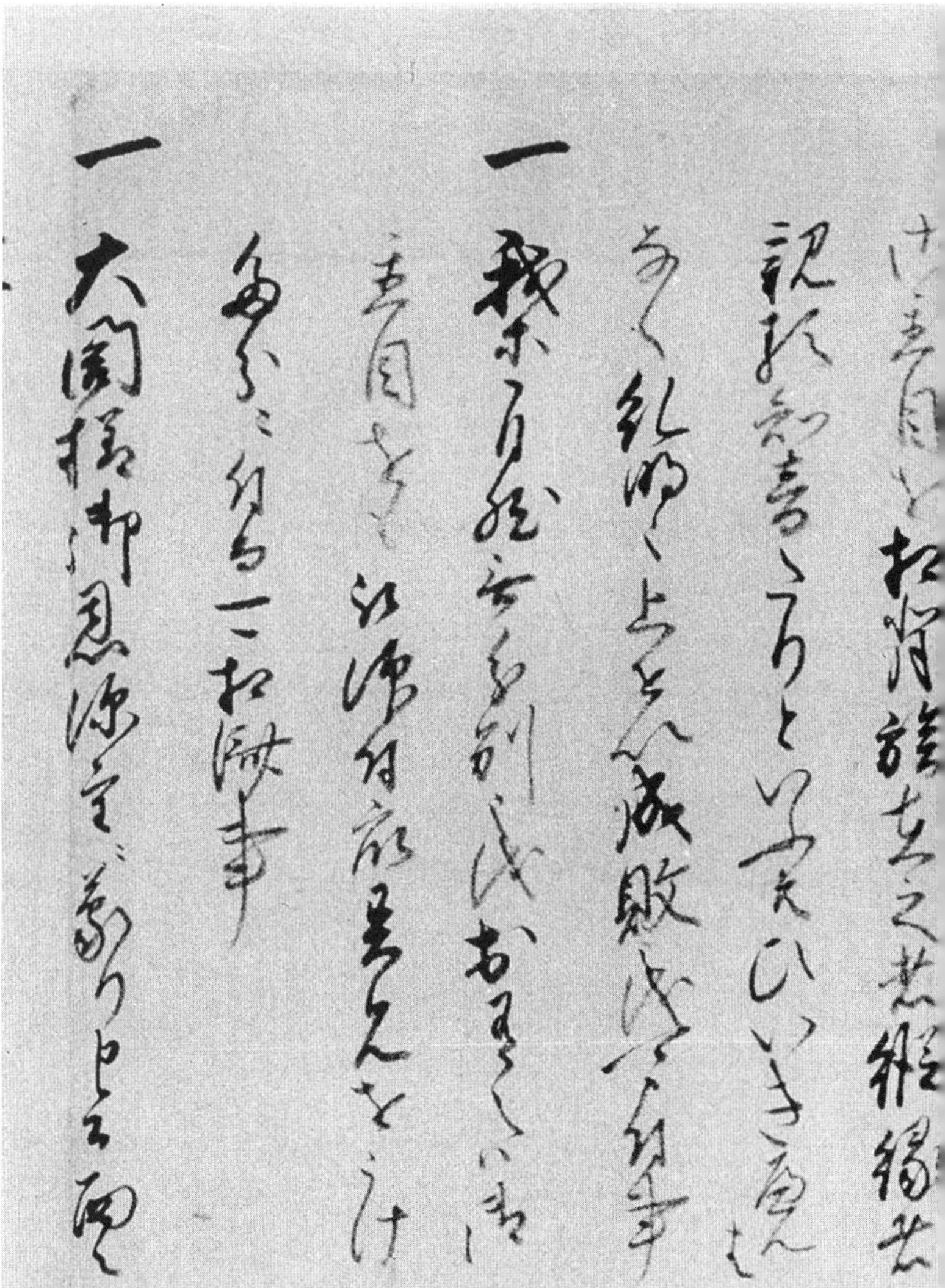

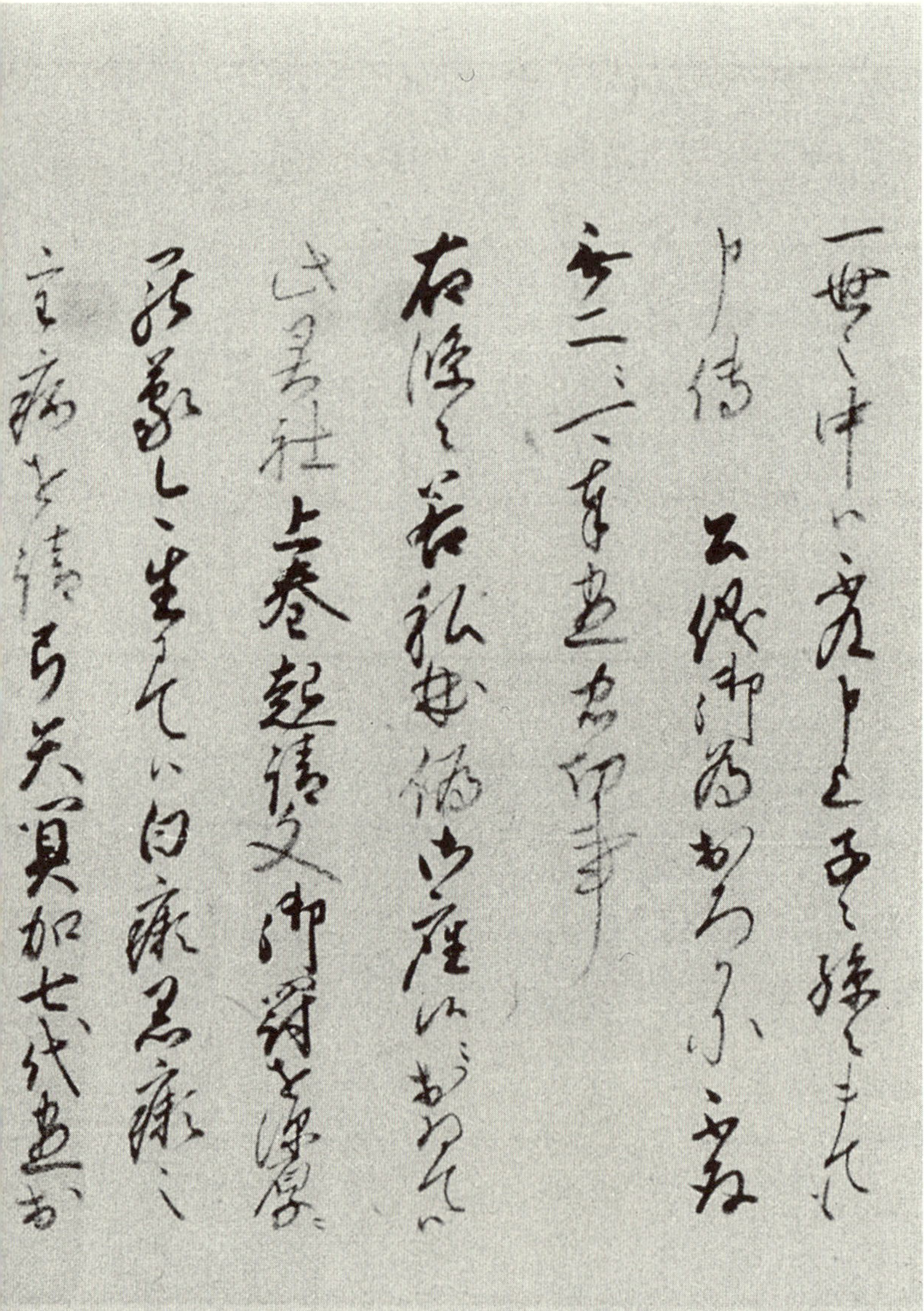
一世々にハ我々子々孫々まても
少も 公儀御為わろくハ不存
無二ニ心奉存知事
右條々若私曲偽在之ニおいてハ
忝も 上巻起請文御罰を深厚ニ
可蒙罷也 生而ハ白癩黒癩之
重病を請 弓矢冥加七代迄お

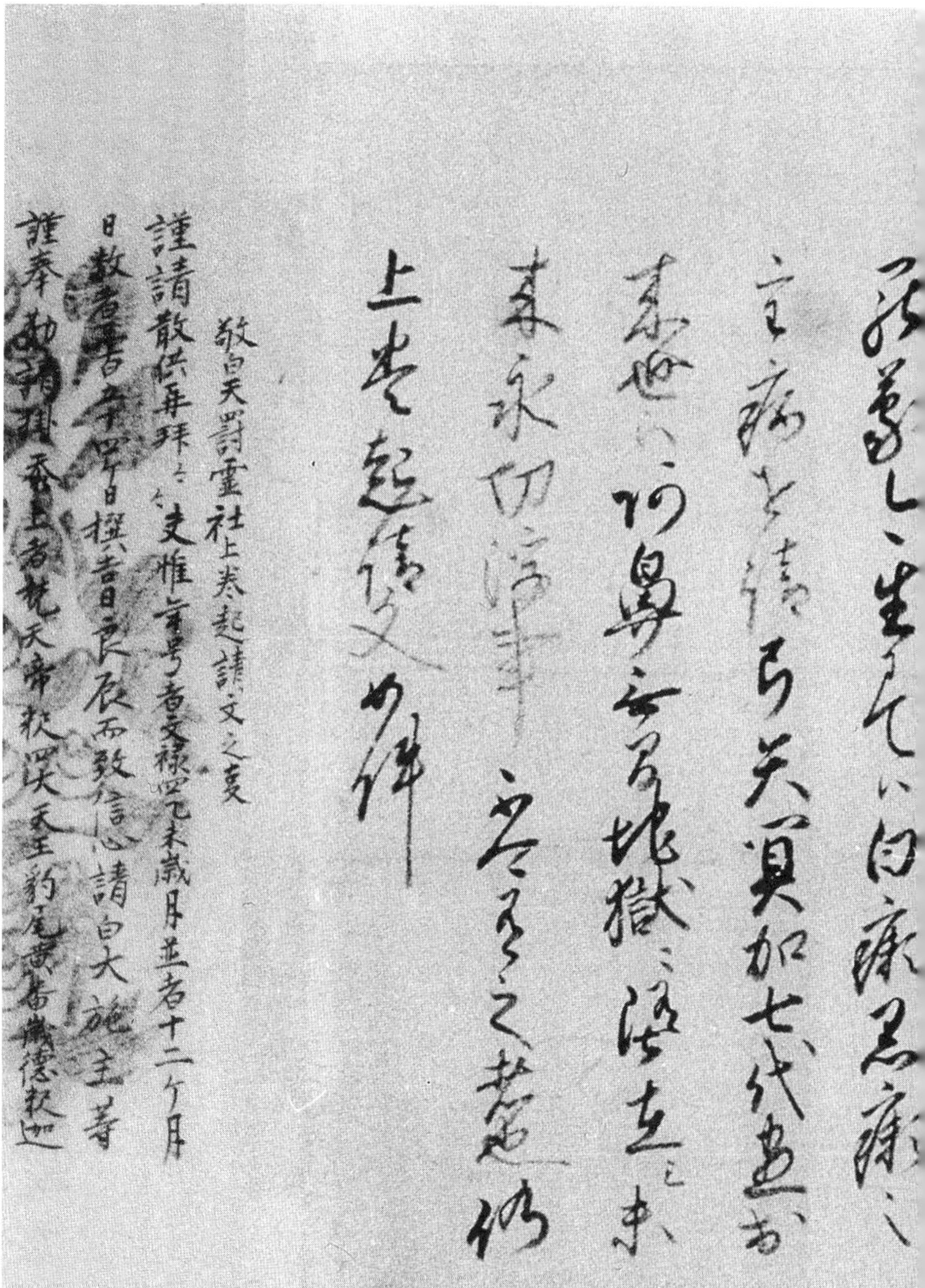

善逝
同奉始日光菩薩月光菩薩七曜九曜廿八宿三十

（中略）

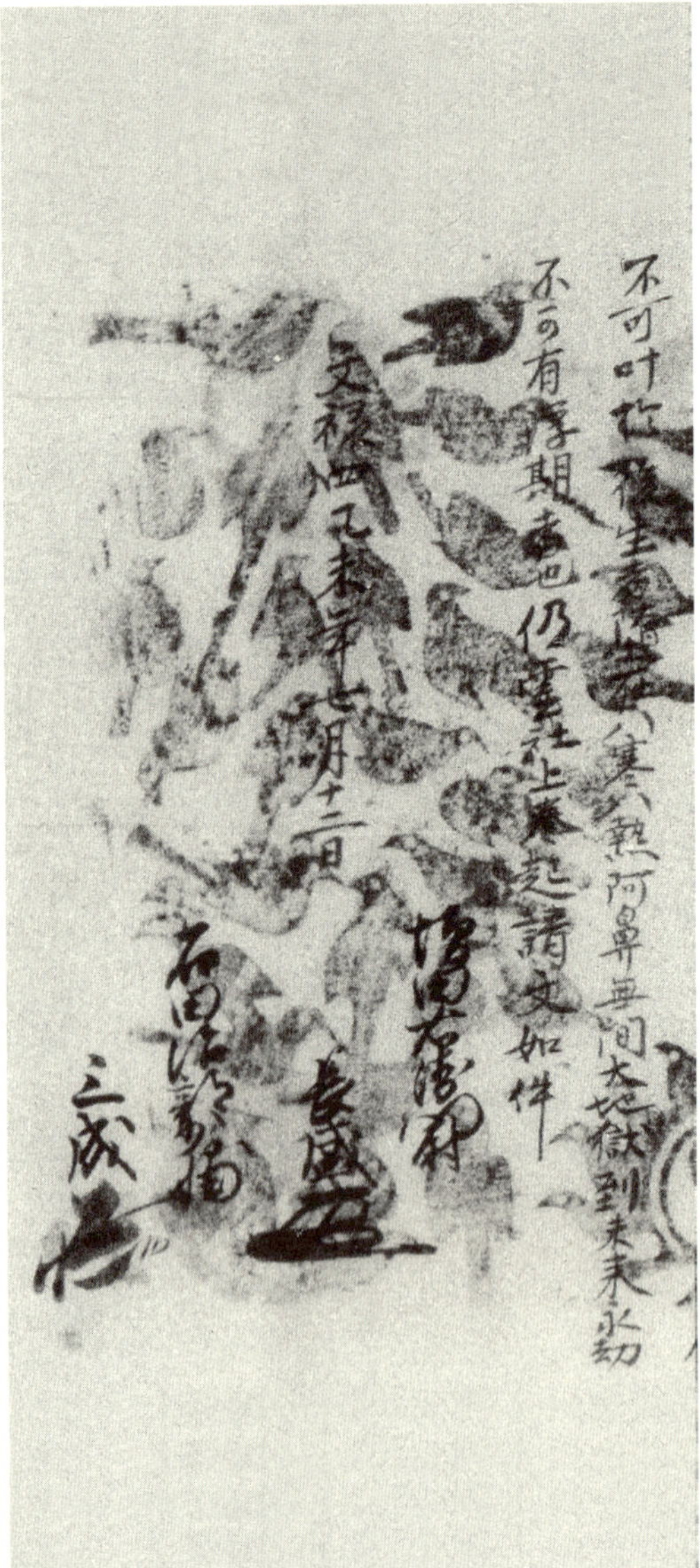
不可叶於後生者、寒熱阿鼻無間大地獄到来未来永劫
不可有浮期者也、仍霊社上巻起請文如件
文禄四乙未年七月十二日
増田右衛門尉
長盛
石田治部少輔
三成

（大阪城天守閣所蔵）

儀御為おろかに不存、無二ニ可奉尽忠功事、

右條々若私曲偽御座候ニおゐてハ、此霊社上巻起請文御罰を深厚ニ罷蒙、今生にてハ白癩黒癩之重病を請、弓矢冥加七代尽、於来世ハ阿鼻無間地獄ニ堕在シ、未来永劫浮事不可有之者也、仍上巻起請文如件、

敬白天罰霊社上巻起請文之事

謹請散供再拝々々夫惟年号者文禄四乙未歳月並者十二ヶ月日数者三百五十四ヶ日撰吉日良辰而致信心請白大施主等謹奉勧請掛忝上者梵天帝釈四大天王豹尾黄番歳徳釈迦善逝釈提桓因奉始日光菩薩月光菩薩七曜九曜廿八宿三千（以下、神文部分四十五行省略）不可叶於後生者堕在八寒八熱阿鼻無間大地獄到未来永劫不可有浮期者也仍霊社上巻起請文如件

増田右衛門尉

文禄四乙未年七月十二日　長盛（血判花押）

石田治部少輔

三成（血判花押）

【現代語訳】（前書部分）

①秀頼様に対し、いささかも裏切るような心を持たず、お守り申し上げること。

②諸事は太閤秀吉様の掟や法令に従うこと。
③秀頼様を疎んじたり、秀吉様の法令に背く者は、たとえ親類縁者や親しい間柄の者であっても、ひいきすることなく糾明した上で裁断すること。
④もし我々に判断できないことが生じたならば、法令による裁決を託された者の意見を仰ぎ、多数の説に従うこと。
⑤秀吉様の御恩を深くいただいたことについては、我々の存命中は申し上げるに及ばず、子々孫々までこれを申し伝え、「公儀」のための働きを疎かにせず、一心に忠功を尽くすこと。
右の条々について、もし自らの利益を考えて不正な行ないをした場合は、この霊社上巻起請文の罰を深く蒙り、今生においては白癩黒癩の重病を請け、戦場での加護は尽き果て、来世においては阿鼻無間地獄に堕ち、未来永劫浮かび上がることはできないでしょう。よって、上巻起請文にこのように誓います。

この起請文は、文禄四年七月~翌五年正月に作成された一連の血判起請文群の起点と言えるもので、秀次失脚の四日後、切腹の三日前の日付である七月十二日付けで作成され、宛名はありません。寸法は、前書部分が縦三二・九センチ×横八七・二センチ、神文部分が縦二六・〇センチ×横一〇五・〇センチ、全長は一九二・二センチにも及ぶ長大なものです。また、神文部分は縦二六・〇センチ×横三五・〇センチの「那智滝宝印」を翻して三枚継ぎ、実に一三三六文字に及ぶ神文が書かれています。これほど長い神文を持つ起請文は、極めて珍しいと言えるでしょう。

この起請文をはじめとして、一連の起請文群には複数の者が連署した形で作成されたものがいくつかありますが、それらはいずれも、本文と署名部分とは同筆と確認されます。すなわち、右筆（書記官）が本文・署名部分までを書き上げたあと、名を記された本人が花押・血判を加える、というのが連署血判起請文の作成方法であった、ということです。

ところで、この三成・長盛連署の起請文に記された前書は、一連の起請文群の中でどのように位置づけられるのでしょうか。簡単に述べれば、比較的特徴が乏しい、いわばオーソドックスなスタイルである、ということになります。すなわち、「清華成（せいがなり）」大名（徳川家康・毛利輝元・小早川隆景三名連署、前田利家、宇喜多秀家単独）の起請文に見られる「不断在京」や、前田玄以・増田長盛・長束正家連署起請文の「御蔵入御算用」といった特徴的な文言が見られないのです。また、三通の七月二十日付け起請文で宛所となっている六名（宮部継潤・前田玄以・富田一白・長束正家・石田三成・増田長盛）や、のちに集団的特性を見せ始める「四奉行」（玄以・三成・長盛・正家）のうち、なぜ三成と長盛の二人だけが連署しているのか、という点も問題でしょう。

先ほど比較的特徴が乏しいと述べたように、この一通だけを見た場合、そこに潜む問題はいま一つ明確ではありません。しかし、秀次事件と一連の起請文群・「掟書」の作成状況を通覧してみると、さまざまな問題点が浮かび上がってくるのです。

＊筆者は、二〇〇九年十一月三十日に豊臣関係文書研究会のメンバーと『木下家文書』の調査、二〇一〇年二月二十三日に単独で『木下家文書』所収「織田信雄以下連署血判起請文」の調査の機会を得た。その際、多くのご助力をいただいた大阪城天守閣の跡部信・北川央両氏に、この場をお借りして深甚の謝意を表したい。

2　文禄四・五年の状勢と三成・長盛の起請文

ここで、一連の血判起請文群と「掟書」がどのような日付・内容を持つのか、**【表1】**（秀次事件と血判起請文・「掟書」関連年表）で整理してみましょう。そして、文禄四・五年という時期がどういった政治状勢にあり、どのようなタイミングで血判起請文や「掟書」が作成されたのかという点を確認した上で、いま一度、三成・長盛の血判起請文に関わるいくつかの問題点を挙げてみたいと思います。

問題点①なぜ「奉行衆」は二度もしくは三度も血判起請文に署名しているのか？

秀次事件をめぐっては、合わせて九通の豊臣大名による起請文が作成され、五十八名が署判

表1　秀次事件と血判起請文・「掟書」関連年表

年月日	事項・史料	署判者	宛所	起請文の形式	出典
文禄四年七月八日	秀次失脚、高野山へ追放	―	―	―	
十二日	石田三成・増田長盛連署血判起請文	石田三成①増田長盛①	なし	霊社上巻起請文	木下家文書
	「霊社上巻誓詞之案文」	なし	なし	霊社上巻起請文	毛利家文書
十五日	秀次切腹	―	―	―	―
二十日	前田利家血判起請文	前田利家	宮部継潤・前田玄以・富田一白・長束正家・石田三成・増田長盛	霊社上巻起請文	木下家文書
	宇喜多秀家血判起請文	宇喜多秀家			
	織田信雄以下連署血判起請文	織田信雄以下27名（※1）	※玄以＝民部卿法印		
七月日	徳川家康以下連署血判起請文写	徳川家康・毛利輝元・小早川隆景	なし	霊社上巻起請文カ	毛利家文書
八月三日	「掟書」（「御掟」「御掟追加」）	徳川家康・宇喜多秀家・毛利輝元・小早川隆景・前田利家（＋上杉景勝）	なし	―	浅野家文書ほか
	前田玄以以下連署血判起請文	前田玄以①増田長盛②長束正家①	なし ※玄以＝徳善院	霊社起請文	木下家文書
六日	宗義智以下連署血判起請文	宗義智以下22名（※2）	前田玄以・増田長盛・長束正家・石田三成 ※玄以＝民部卿法印	霊社起請文	木下家文書
文禄五年正月二十三日	前田玄以以下連署血判起請文	前田玄以②石田三成②増田長盛③長束正家②	なし ※玄以＝民部卿法印	霊社上巻起請文	木下家文書

（※1）日下から、長谷川秀一・京極高知・前田利政・（里見義康）・（井伊直政）・最上義光・長宗我部元親・（佐竹義宣）・（島津義弘）・前田秀以・森忠政・筒井定次・稲葉貞通・堀秀治・丹羽長重・池田輝政・京極高次・木下勝俊・（佐竹義宣）・（里見義康）・結城秀康・前田利長・細川忠興・〔毛利秀元〕・織田秀信・〔上杉景勝〕・徳川秀忠・小早川秀秋・織田秀雄・織田信雄の順に花押・血判あり。なお、（　）は花押・血判ともになし、〔　〕は後から署名・花押・血判を挿入した者。配列は、概ね下位から上位へ。

（※2）日下から、宗義智・立花親成・小早川秀包・鍋島直茂・小西行長・加藤清正・寺沢正成・黒田長政・毛利吉政・島津忠恒・松浦鎮信・松浦久信・秋月種長・高橋元種・相良長毎・島津豊久・伊東祐兵・筑紫広門・高橋直次・有馬晴信・大村喜前・五島玄雅の順に花押・血判あり。配列は、おおむね上位から下位へ。

を加えています。注目すべきは、基本的に一人一度しか署判していない中で、いわゆる「奉行衆」の三成・正家・玄以が二度、長盛に至っては三度も血判起請文に署判していることです。「血を滴らせて誓約する」血判起請文という文書の性格からして、誓約の内容が大きく異なっていなければ、本来、このようなことは起こり得ないでしょう。

玄以・長盛・正家連署による文禄四年八月三日付けのものは「御蔵入御算用」について誓った特異な内容なので、正家・玄以が異なる内容の二通に署判した点はある程度理解できます。しかし、三成・長盛が連署した文禄四年七月十二日付けのものと、玄以・三成・長盛・正家の四名が連署した文禄五年正月二十三日付けのものとは、内容に重複した部分も多く見られます。さらに、特徴が乏しかった前者に比べ、後者には「四奉行」としての集団的特性が認められるなど、内容が詳細になっているのです。これは、どのように理解すべきなのでしょうか。

単的に言って、内容が重複し、さらに複雑化している部分が見られることは、どちらか一通のみが最終的に有効な起請文となったことを暗に示しているように思われます。三成・長盛連署のものは秀次切腹以前の作成であることから、秀次切腹の前後で、「奉行衆」の立場や血判起請文への関わり方に変化が生じた可能性が推測されます。この点については、起請文の前書や神文に関する詳細な比較検討が不可欠となるでしょう。

問題点②秀次失脚から切腹までのタイムラグと血判起請文作成時期の関係は？

【表1】からは、秀次の失脚から切腹まで一週間の時間があり、その間に、三成・長盛連署血判起請文と「霊社上巻誓詞之案文」が作成されたことがわかります。すなわち、三成・長盛連署血判起請文だけが秀次存命中に作成され、それ以外は、すべて秀次の切腹後に作成された、ということです。この点に関連して、次の問題点も浮上してきます。

問題点③なぜ七月十二日付け「霊社上巻誓詞之案文」が毛利家に伝わるのか？

一連の起請文群のほとんどは、現在、大阪城天守閣の所蔵にかかる『木下家文書』に所収されています。また、それらは豊臣政権が用意して諸大名に書かせたもの、と千々和氏は指摘しています（千々和前掲論文）。では、なぜ『毛利家文書』に三成・長盛連署血判起請文と同じ七月十二日付けの「霊社上巻誓詞之案文」が伝来するのでしょうか。千々和氏は、この案文は諸大名に提示された起請文作成の「雛形」だと指摘しますが、そうであれば、七月十二日の時点、すなわち秀次切腹以前の段階では、各大名が個別に起請文を作成する予定だったとも考えられることになります。先の問題点②（秀次失脚から切腹までのタイムラグ）と勘案すると、秀次の切腹という事態を画期として、起請文の作成方針が転換した可能性も想定されてくるでしょう。秀次切腹事件と諸大名の血判起請文作成方針の関係性も、詳細に検討すべき課題と言えるのです。

問題点④玄以・三成・長盛・正家連署血判起請文は、なぜ秀次事件から半年も経って作成されたのか？

一連の血判起請文群九通のうち八通は、秀次失脚から一ヶ月以内の日付を持っています。しかしながら、いわゆる「四奉行」連署血判起請文だけが、秀次事件から半年後の文禄五年正月二十三日付けなのです。そして、先ほども述べたように、この「四奉行」連署のものと半年前の三成・長盛連署のものとは、重要な共通点があると同時に、新たな特徴も見られます。この半年間に、豊臣政権の構造的変革がなされた可能性が想定されるでしょう。

3　血判起請文群と「掟書」の問題点

先に見た年表での整理と、血判起請文を実見して得られた情報などを併せて検討してみると、血判起請文群全体や「掟書」のさまざまな特徴や問題点が浮かび上がってきます。以下、現在筆者が認識している問題点をいくつか列挙し、簡単に説明を加えておきましょう。なお、「織田信雄以下二十七名連署血判起請文」の問題点については、煩雑になるため本稿では省略します。

問題点⑤なぜ家康・輝元・隆景の連署起請文だけが写しなのか？

この一通のみは原本がなく、写しが『毛利家文書』に残るのみとなっています。その写しでは、徳川家康・毛利輝元・小早川隆景が「羽柴武蔵大納言」「羽柴安芸中納言」「羽柴筑前宰相」と記されており、数少ない家康への「羽柴名字」下賜の証左として注目されてきました。

最近の研究において、原則的に「羽柴名字」を下賜された者は同時に「豊臣姓」も下賜されていたことが指摘されています（堀越祐一「豊臣期における武家官位制と氏姓授与」〈『歴史評論』六四〇、二〇〇三年〉）。すなわち、「源姓」徳川家も豊臣期のある時期には「豊臣姓」であったということです。しかしながら、『日光東照宮文書』に残る家康の叙任関係文書は、すべて「源姓」で作成されており、豊臣期における徳川家の独自性や、いわゆる「二重公儀体制」の重要な根拠とされてきました（笠谷和比古『関ヶ原合戦と近世の国制』思文閣出版、二〇〇〇年など）。ただし、それらは徳川幕府三代将軍・家光の時代に「豊臣姓」から「源姓」へと作り替えられたことが明らかで、同時に秀忠の叙任関係文書についても、新たな理解が必要な段階にあります*。この点について、いま少し説明を加えましょう。

源頼朝以来の「源姓将軍」の流れを主張する徳川将軍家にとって、豊臣期に「豊臣姓・羽柴名字」を下賜され、豊臣宗家の下風に立たされていた事実は、受け入れ難い屈辱だったとも言えるでしょう。特に、祖父家康を敬愛してやまない三代将軍家光は、その屈辱の過去をなきものとするため、史実の改竄を行なった形跡があるのです。その具体的な例の一つが、先に述べた叙任関係文書の「豊臣姓」から「源姓」への作り替え、ということになります。
こうした点を踏まえると、家康以下三名連署起請文に「羽柴武蔵大納言」とあることは、この一通に限って原本が伝来せず、写しが『毛利家文書』に残るのみとなった原因を示唆しているようにも思われます。すなわち、徳川期に入り、家康への「羽柴名字」下賜の根拠を有することが忌避された結果、『木下家文書』の原本は失われたのではないか、ということです。

問題点⑥長大な神文を持つ「霊社上巻起請文」と、それ以外の起請文の別はなぜ生じたのか？

家康・輝元・隆景の三名連署起請文写は神文を欠くものの、それ以外の八通は神文を持つ状態で伝わっています。うち六通は一三〇〇字前後に及ぶ長大な神文を有し、いわゆる「霊社上巻起請文」とされています。しかし、残る二通（八月三日・六日付け）の神文は一二〇字にも満たず、六通の長大な起請文との様式上の相違は明白です。試みに、起請文群作成に重要な役割を果たしたと推測される、「奉行衆」が連署した血判起請文の様式を整理してみましょう。

【表2】（奉行衆作成起請文の様式）を見ると、玄以・正家・長盛がいても、三成がいない場合は長大な「霊社上巻起請文」にはならない、との仮説が浮上します。千々和氏は、長大な「霊社上巻起請文」の作成に近江出身の吏僚が関与した可能性を示唆していますが（千々和前掲論文）、さらにその範囲を絞れば、石田三成の関与を想定し得るのではないでしょうか。個々の「奉行

表2　奉行衆作成起請文の様式

日付	様式	神文字数	前田玄以	石田三成	増田長盛	長束正家
文禄4／7／12	霊社上巻起請文	1336字	×	○	○	×
文禄4／8／3	霊社起請文	119字	○	×	○	○
文禄5／1／23	霊社上巻起請文	1334字	○	○	○	○

⇒
増田長盛が関与していても、石田三成が関与していないと長大な神文は書かれない
＝霊社上巻起請文にならない

衆」が起請文作成にどのように関与したのか、可能な限り検討しなければならないでしょう。ちなみに、六通の長大な起請文の神文も、実は大きく二つのグループに分けられます。それは何を意味するのかという点も、興味深い問題と言えるでしょう。

問題点⑦なぜ八月三日・六日付けの二通は、起請文前書の内容が大きく異なるのか？

「御蔵入御算用」に関する八月三日付け玄以・長盛・正家の連署起請文、および八月六日付け朝鮮在陣諸将の起請文は、神文部分の短さに加え、起請文の前書（条文）の内容もほかと大きく異なっています。すなわち、八月三日付けでは「御蔵入御算用」、八月六日付けでは「大閤様御煩御大事」との記述があり、ほかの起請文にはない独自の特徴を持っているのです。この二通のみ、作成の状況や目的が相違している可能性を検討する必要があるでしょう。

問題点⑧小早川秀包は、八月六日付け起請文にいつ署判したのか？

問題点⑦に関連して、八月六日付け朝鮮在陣諸将連署血判起請文に見える小早川秀包（ひでかね）についても問題があります。『宗湛日記』（『茶道古典全集』第六巻所収）文禄四年八月十七日条を見てみましょう。

八月十七日朝　名島ニテ、
一、鵜新右（鵜飼新右衛門尉）　御振舞、
隆景様　三原ヨリ御下向ニ、秀包（小早川）　宗湛（神屋）

文禄四年八月十七日、筑前名島での茶会に、同年八月三日の「掟書」に名を連ねた小早川隆景と、同年八月六日付け朝鮮在陣諸将の起請文に署判した小早川秀包が参加しています。

三成・長盛連署起請文の部分でも少し述べましたが、一連の起請文群の重要な特徴の一つに、「署名は本人が自署したのではなく、事前に右筆によって記されていた」点が挙げられます。諸大名は、すでに自分の名前が記された起請文を示され、自分の名前の部分に花押を据え、血を滴らせることを求められた、ということです。すなわち秀包は、この起請文が作成された時点で「朝鮮在陣諸将」の一人と認識されていた、と言えるでしょう。

そうすると、秀包は、いつ、どこで起請文に署判（花押と血判）を加えたのか、ということが問題となってきます。とりあえず、A渡海前に日本国内で署判を加えた、B朝鮮で署判後、ただちに帰国して茶会に臨んだ、Cこれ以降に朝鮮に渡って署判を加えた、という三通りの可能性を想定できますが、A・Bについては、あまり現実的ではないように思われます。いずれにせよ、秀包の居所と行動、およびこの起請文の作成状況について、考察する必要があるでしょう。

問題点⑨「公家成」大名以上で唯一、吉川広家の名が見えないのはなぜか？

豊臣大名の身分序列には「清華成」「公家成」「諸大夫成」の区別があり、一連の血判起請文群には、「清華成」「公家成」大名の五十四名と、特定の「諸大夫成」大名＝「奉行衆」の名が見られます。しかし、「公家成」大名の中でただ一人、吉川広家の名が見えません。広家は、文禄四年八月の時点では朝鮮半島に在陣しており、その後帰国して同年十月十五日、伏見で秀吉と対面しています（『吉川家譜』東京大学史料編纂所架蔵本）。にも関わらず、なぜ八月六日付け朝鮮在陣諸将起請文に名前が見えないのでしょうか。

八月六日付けの起請文が日本、もしくは朝鮮で作成され、朝鮮在陣諸将の陣所に回覧され、花押と血判が据えられる過程で、たまたま広家はタイミングが合わずに署判ができなかった、との見方も可能でしょう。しかし、問題点⑧でも述べたように、この起請文も諸大名の署名は右筆が一括して記したものと確認できます。つまり、「血判・花押がないこと」が問題なのではなく、吉川広家の名が右筆の手によっても記されていないことが重要なのです。その理由としては、Aこの起請文は、広家が朝鮮を離れたあとに作成された、B作成した段階では、広家の名を加えない方針であった、C右筆の失念（作成ミス）、などが考えられるでしょうか。

問題点⑦でも触れたように、この起請文にはほかに見られない「太閤様御煩御大事」という記述がありますが、秀吉や「奉行衆」の在所から遠く離れた朝鮮陣中という状況下において、国内とは異なる過程で起請文への署判がなされたことは留意されるべきでしょう。

ちなみに、朝鮮在陣諸将起請文の宛名は、玄以・長盛・正家・三成の四名となっていますが、これは一連の起請文群における唯一の例です。この四名は、文禄五年正月の連署血判起請文に署判した四名と一致する、という点も重要でしょう。

問題点⑩なぜ前田玄以の呼称は「民部卿法印」（文禄四年七月二十日）→「徳善院」（文禄四年八月三日）→「民部卿法印」（文禄四年八月六日・同五年正月二十三日）と変化したのか？

玄以の呼称をめぐっては、伊藤真昭氏が「玄以はすでに文禄四年八月、つまり秀次事件直後から徳善院を名乗っている。これも完全に切り替わったわけではなく、以後も民部卿法印と併用していた」と述べています（『京都の寺社と豊臣政権』法蔵館、二〇〇三年）。しかしながら、伊藤氏自身も触れているように、玄以への正式な院号・僧官（徳善院・僧正）の勅許は文禄五年五月のことと考えられます。また、文禄四年八月三日付け起請文の玄以・長盛・正家の署名は、ほかの連署起請文と同様に筆跡が同一であり、右筆の手で記されたことが確実です。つまり、玄以自身が「徳善院」と署名したわけではない、ということになるのです。筆者は、①この起請文は日付を遡及させて（日付を遡らせて）作成された可能性がある、②その日付は、「掟書」の日付である文禄四年八月三日を意識したものである、と考えています。

問題点⑪文禄四年八月三日付けの「掟書」は、確かにこの日に作成・披露されたのか？

文禄四年七月日付けの家康・輝元・隆景連署起請文、および同年八月三日付け「掟書」に関連して、同年八月三日付け毛利輝元自筆書状（『大日本古文書　毛利家文書』七七七号）には、次のようにあります。

【釈文】

万申下内儀之趣、よき便ニ慥ニ可申越候、
爰元弥無事候、昨日御城へ参候而神文とも仕候、東ハ家康、西ハ我々へまかせ被置之由候、
面目此事候、大慶不可過之候、其方事ハ、先十日廿日罷居候而、母気分見合、可短

束（すべく）候（そうろう）、（中略）

（文禄四年）八月三日

（毛利輝元）（花押）

（児玉元次）児宮

これによると、「神文」＝三名連署起請文への輝元の加判は、「昨日」の八月二日であることが確実です。では、なぜこの八月三日付けの書状の中で、同じ日に行なわれたはずである「掟書」の作成という重要な案件について触れられていないのでしょうか。もちろん、輝元がこの手紙をしたためたあと、同日中に「御城へ参」った可能性もゼロではありません。しかし、八月三日付け「御掟追加」に見える上杉景勝が越後から上洛して秀吉に対面したのは、八月四日のことなのです（『兼見卿記』東京大学史料編纂所架蔵本）。「掟書」は、確かに文禄四年八月三日に作成され、ただちに披露されたのか、それらの状況について、考察する余地があると考えます。

なお、問題点⑩・⑪に関しては、「文禄四年八月三日」という共通する日付が重要になってきます。筆者は、「八月三日」という日は、豊臣政権にとって極めて重要な意味を持つ日である、と考えます。その日は、秀吉の嫡子秀頼の「正誕生日」（秀頼は、文禄二年八月三日生まれ）なのです。秀次失脚から新たな後継者・秀頼擁立への流れの中で、「掟書」はどのように位置づけられるべきなのかという点は、実に興味深い問題と言えるでしょう。

＊米田雄介「徳川家康・秀忠の叙位任官文書について」（『栃木史学』八、一九九四年）、矢部健太郎「『源姓』徳川家への『豊臣姓』下賜――秀忠の叙任関係文書の検討から」（日本古文書学会大会研究報告、二〇一〇年九月二十六日、於道後温泉にぎたつ会館）。

おわりに

本章では、おもに文禄四・五年の日付を持つ諸大名の血判起請文と「掟書」に注目し、そこに潜むさまざまな問題点について述べてきました。三成・長盛連署血判起請文の紹介と、煩雑な問題点を列挙することに終始してしまいましたが、秀次の失脚から切腹という重大事件に直面した豊臣政権は、激しく動揺しながらも、その状況に必死に対応しようとしていたのです。血判起請文群・「掟書」は、そうしたエネルギーの結晶なのであって、その総合的な研究には、今後、ひたすら細かい実証作業を積み重ねていかなければなりません。最後に、この文禄四・五年という時期を検討する際に注意すべき二つの点について、触れておきたいと思います。

一点目は、この時期は、秀次失脚から秀頼擁立を見据えて、豊臣政権がさまざまな文書を遡及的に発給した時期である、ということです。例えば、諸大名への領地宛行状（あてがい）や口宣案（くぜんあん）などが、文禄四年の日付を持ちながら、明らかに文禄五年に作成されていたことが、いくつかの研究によって指摘されています。*このことを踏まえると、同じく文禄四年の日付を持つ血判起請文群・「掟書」も、日付通りに発給されたかどうか再検討する余地もある、ということになります。

二点目は、この時期は、のちの徳川幕府が「清華成」大名の存在を歴史の闇に埋没させ、代わりに、家康を「筆頭」とする「五大老」という虚像を捏造する根拠を求めた時期と考えられる、ということです。この点は、改めて検討する必要がありますが、やはり「掟書」そのものや、上杉景勝の立場などの再評価が不可欠と言えるでしょう。

文書史料の多くは、日付のみで年号を欠く「無年号文書」であり、各文書が何年に発給されたのかを考察する「年次比定」は、歴史学の実証過程において極めて重要な作業であることは言うまでもありません。その一方で、年号が明記された「有年号文書」については、ほぼ無批判にその年号を信用してしまう傾向にあったと言えるでしょう。しかしながら、豊臣政権末期の文禄四・五年の状勢を見ると、「有年号文書の年次比定」という作業も、実は重要な意味を持つのではないか、と考えられるのです。

＊中野等前掲書『豊臣政権の対外侵略と太閤検地』、本多博之「豊臣政権下の筑前」（『西南地域史研究』一一、一九九六年）、拙稿「小早川家の『清華成』と豊臣政権」（『国史学』一九六、二〇〇八年）など。

第十章　秀吉の遺言と「五大老」・「五奉行」

清水　亮

はじめに

早稲田大学図書館では、慶長三年（一五九八）と推定される八月五日付けの豊臣秀吉遺言覚書案（以下「遺言覚書」とします）を所蔵しています。早稲田大学図書館古典籍総合データベースでは同大学図書館所蔵の豊臣秀吉関係文書群の画像を公開しており、私たちはこのデータベースを通じて「遺言覚書」の写真画像に接することができます。

荻野三七彦氏は、氏が収集し、早稲田大学図書館に寄贈した文書群を『早稲田大学所蔵荻野研究室収集文書　上巻・下巻』（吉川弘文館、一九七八年・一九八〇年）として刊行しました。この史料集において、「遺言覚書」は「諸家単一文書」中に一〇九四号文書として収められています。

管見の限り、最初に「遺言覚書」に触れた研究は、「五大老」・「五奉行」研究の嚆矢と言える桑田忠親氏の研究（「豊臣氏の五奉行制度に関する考察」『史学雑誌』四六―九、一九三五年）です。桑田氏は、『宮部文書』から「遺言覚書」を引用し（『宮部文書』に「遺言覚書」が伝来したことの意味については後述します）、この文書中の「奉行共五人」という文言から「五奉行」の実在を読み取りました。

桑田氏の研究を批判的に継承した阿部勝則氏は、「五大老」・「五奉行」関係史料を検討し、以下の論点を提示しました（「豊臣五大老・五奉行についての一考察」『史苑』四九―二、一九八九年）。

①豊臣政権関係史料に現れる「奉行」とは「五大老」を意味しており、いわゆる「五奉行」は史料の上では「年寄」と呼ばれる。「年寄」＝「五奉行」は、秀吉と緊密な主従関係で結ばれた豊臣家の「年寄」（家老）であった。

②「奉行」＝「五大老」は、秀吉と血縁関係や情でつながった大大名であり、秀吉の死を目前にして「御奉行五人」（「五大老」）は国政レベルでの権力を執行する機関として位置づけられた。

阿部氏の研究の意義は、研究概念としての「五大老」・「五奉行」という用語が、史料上の「奉行」という用語と必ずしも一致しないこと、「五奉行」が豊臣家の「年寄」（家老）としての自意識を有していたことを明確にしたところにあると言えます。

さらに堀越祐一氏は、「奉行」・「年寄」文言を有する慶長年間の豊臣政権関係文書の悉皆的な収集・検討によって、以下の論点を提示しました（「豊臣『五大老』・『五奉行』についての再検討」〔『日本歴史』六五九、二〇〇三年〕）。

①「奉行」・「年寄」という呼称は、基本的に秀吉から秀頼への権力移行を企図する「五奉行」らによって使用された。

②「五奉行」は、「五大老」を「奉行」と呼び、自らは「年寄」と称した。

③徳川家康は慶長四年中頃に「五奉行」を「年寄」と呼んだ一例を除き、一貫して「五奉行」を「奉行」と呼び、かつ自らを「奉行」と自称したことはなかった。

④「五奉行」は自らを豊臣家の「年寄」、「五大老」を豊臣政権の「奉行」として位置づけ、秀頼権力の確立を進める「年寄―奉行体制」を指向して徳川家康を中心とする勢力を抑えようとした。それに対して、徳川家康と彼に同調する人々は「五奉行」に反発したのであり、両陣営の対立の帰結が関ヶ原の戦いであった。

堀越氏の所説の意義は、「奉行」という用語が、豊臣家の「年寄」有力者（「五奉行」）と「五大老」の最有力者徳川家康の双方によって、相手を豊臣政権の職制上に押し込める意図をもって利用されたことを明らかにしたことにあります。

以上、「五大老」・「五奉行」研究の流れを「遺言覚書」と関連づけて跡づけてみました。この作業から明らかになるのは、「五大老」・「五奉行」研究における「遺言覚書」の曖昧な位置づけです。「遺言覚書」は、「五大老」・「五奉行」研究において「奉行」とは何かを考える素材としてしばしば利用されてきましたが、その史料的性格について本格的な検討がなされてきたとは言い難いのです。

「遺言覚書」の史料的性格について最も踏み込んだ言及を行なった堀越氏は、「内容的には秀吉の置目と考えてよいものだが、秀吉自身によるものと考えるには不自然な点もある。作成者の確定はできないが、秀吉の遺言を聞いた者が書き記したものであろう」と述べています。この堀越氏の発言は、「遺言覚書」の作成主体・作成背景について未だ定まった見解が存在しないことを端的に物語っていると言えます。

本章では、このような研究の現状を踏まえ、①「遺言覚書」は誰によって作成され、原本は誰に渡されたのか、②「遺言覚書」の作成主体は、秀吉死去直前の慶長三年八月から慶長五年の関ヶ原の戦いに至るまで、どのような政治的立場にあったのか、③「遺言覚書」の史料的性格の理解と内容解釈から、「五大老」・「五奉行」の歴史的意義についてどのような評価を導き出せるか、という三つの課題を設定し、これらの解明を試みていきます。

1　「遺言覚書」の原本は誰に渡されたのか？

次頁に「遺言覚書」の写真を掲げ、釈文と現代語訳とを提示しておきます。

【釈文】

覚

一、内苻（徳川家康）
利家（前田）
輝元（毛利）
景勝（上杉）
秀家（宇喜多）
此五人江被仰出（おおせいださるる）（御脱カ）通口上、付縁辺（えんぺん）之儀
互可被申合事（たがいにもうしあわさるべきこと）、

一、内苻三年御在京事
付用所有之時ハ（つけたりようじょこれあるとき）
中納言殿（徳川秀忠）御下候事

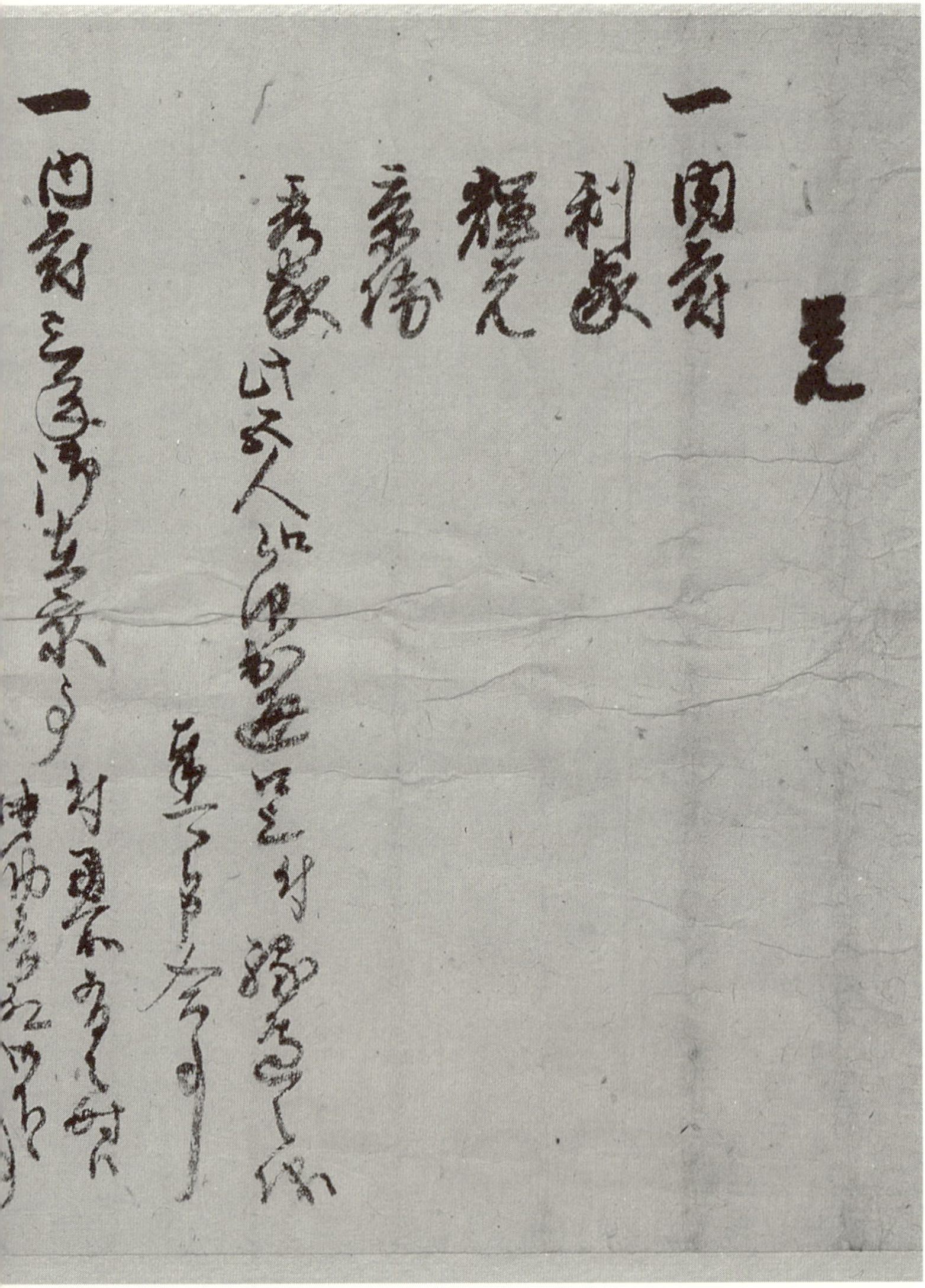

八月五日付け豊臣秀吉遺言覚書案

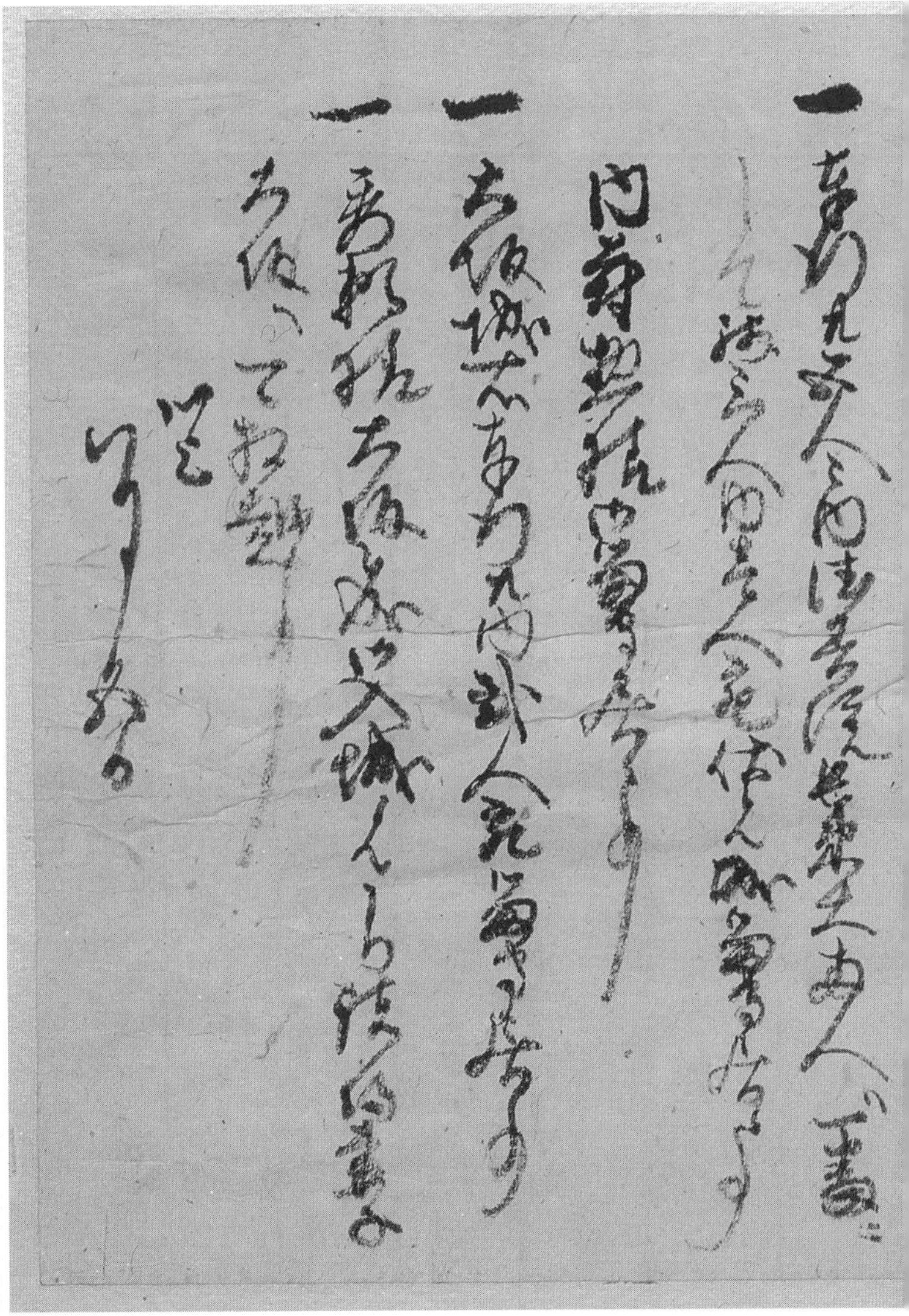

（早稲田大学図書館所蔵）

一、奉行共五人之内徳善院（前田玄以）・長束大（長束正家）両人ハ一番ニして残三人内壱人宛伏見城留守居候事、
内府惣様御留守居候事、
一、大坂城、右奉行共内弐人宛留守居事、
一、秀頼様大坂被成御入城（ごにゅうじょうなされ）候てより、諸侍妻子大坂へ可相越事（あいこすべきこと）、
以上
（慶長三年）八月五日

【現代語訳（本文のみ）】

覚

一、内府（徳川家康）
利家（前田利家）
輝元（毛利輝元）
景勝（上杉景勝）
秀家（宇喜多秀家）

この五人へ太閤様から仰せ出された通り、太閤様の口頭に従って五大老同士の縁組

みのことについては、五大老が互いにお申し合わせになって行なうべきこと。

一、徳川家康殿は三年御在京なさること。付則。領地でやるべきことが有る時は、徳川秀忠殿がお下りになること。

一、五奉行の内、前田玄以と長束正家を一つの番として、残る三人の内一人ずつ伏見城の留守居をすること。

徳川家康殿が全体の御留守居として責任を持つこと。

一、大坂城については、右の奉行の内、残る二人ずつ留守居をすること。

一、秀頼様が大坂城に御入城なさったあとは、諸侍の妻子を大坂へ移すこと。

「遺言覚書」の文言は非常に簡潔で、現代語訳にあたっては多くの補足が必要になります。右に示した現代語訳自体に、「はじめに」で提示した課題を解く手がかりがあるわけですが、それらは論述の都合上、あとで明らかにしていくことにします。

「遺言覚書」の形式上の宛先は、「内府（徳川家康）」・「（前田）利家」・「（毛利）輝元」・「（上杉）景勝」・「（宇喜多）秀家」の、いわゆる「五大老」です。この宛先の表記を概観して気づくのは、徳川家康のみ「内府」と官職名で呼ばれていることです。

また、家康の職務について記した第一条は「内府三年御在京事」とされ、家康に敬称が付されています。第一条の付則「付けたり、用所有るの時は中納言殿御下り候事」に登場する「中納言殿」も、家康が領国に下る用事が生じた際、代わって下向する代官的存在であることから、「江戸中納言殿」と呼ばれていた徳川秀忠（〈慶長三年八月〉豊臣秀吉遺言覚書『大日本古文書家わけ第二　浅野家文書』一〇七号）に確定できます。そして、秀忠にも「中納言殿」と敬称・敬語が付されているのです。

さらに、「遺言覚書」は、秀吉の遺言の全貌を記していません。浅野家に伝来した豊臣秀吉遺言覚書は、十一ヶ条にのぼる秀吉の遺言を書き上げており、現存する秀吉の遺言覚書では最も詳細な内容を示しています「遺言覚書」と比較検討するため、この豊臣秀吉遺言覚書の第十条・十一条および末尾の書止文言（かきとめもんごん）を提示しましょう。

【釈文】

（前略）

（第十条）
一、伏見ニハ内府（徳川家康）御座候て、諸職被成御肝煎候へと（しょしきおきもいりなされ）　御意候、城々留守ハ徳善院（前田玄以）・長束大蔵（長束正家）仕、何時も内府てんしゆ（天守）までも御上り候ハんと被仰候者（おおせられ）、無気遣上可申由（きづかいなくあげもうすべきよし）、被成
御意候事、

（第十一条）

一、大坂ハ、秀頼様被成御座（ござなされ）候間、大納言殿（前田利家）御座候て、惣廻御肝煎候へと被成御意（ぎょいをなされ）候、御城御番之儀ハ、為皆々（みなみなとして）相懃候へと被仰出（おおせいだされ）候、大納言殿てんしゅまでも御上り候ハんと被仰候者、無気遣上可申由、被成　御意候事、

右、一書之通、年寄衆・其外御そはに御座候御女房衆達御聞被成（おききなされ）候、以上、

【現代語訳】

一、「伏見城には徳川家康がいらして、諸事についてお指図なされ」と秀吉様の御意である。「城の留守は前田玄以と長束正家が担当し、いつであっても家康殿が『天守までも上りたい』とおっしゃったならば、気遣いなく上げるように」との由、秀吉様が御意をなされたこと。

一、大坂城は、秀頼様がいずれおわしますことになっているので、「前田利家殿がいらして、全体にわたってお指図なされ」と、秀吉様が御意をなされた。「城の警固番については皆々の役として勤めよ」と、秀吉様が仰せになった。「利家殿が『天守までも上りたい』とおっしゃったならば、気遣いなく上げるように」との由、秀吉様が御意をなされたこと。

右のご遺言は、一書の通り、年寄衆、そのほかお側にいらした御女房衆たちがお聞きなされた。以上。

豊臣秀吉遺言覚書の第十条は、伏見城の留守を預かる徳川家康の職務を示し、第十一条は大坂城の留守を預かる前田利家の職務を示しています。

第十条では、徳川家康の職務が伏見城留守居の責任者であること、徳善院（前田玄以）・長束大蔵（正家）が伏見城の留守に就くことが示されており、「遺言覚書」第二条の「奉行共五人の内徳善院（前田玄以）・長束大（長束正家）両人は一番にして残る三人内壱人宛伏見城留守居候事／内苻惣様御留守居候事」という文言と内容が一致します。第十一条では「御城御番之儀は、皆々として相勤め候えと仰せ出され候」と述べられ、「遺言覚書」第四条の「秀頼様大坂城御入城候てより、諸侍妻子大坂へ相越すべき事」という文言と内容が一致します。「遺言覚書」と『浅野家文書』の豊臣秀吉遺言覚書とが共通の情報源に基づいて作成されたことは明らかです。すなわち『浅野家文書』の豊臣秀吉遺言覚書の書止文言に書かれた「年寄衆・其の外御そばに御座候御女房衆達」が、双方の情報源であると推測されます。

『浅野家文書』の豊臣秀吉遺言覚書の書止文言に「右、一書の通り、年寄衆・其の外御そばに御座候御女房衆達お聞きなされ候」と記されていることからみて、「五大老」は立ち会っていなかったと考えられます。

実際、『浅野家文書』の豊臣秀吉遺言覚書の第一条では「内府久々りちぎなる儀を御覧じ付けられ、近年御懇ろになされ候、それ故秀頼様を孫むこになされ候の間、秀頼様をお取り立て給い候えと御意をなされ候、大納言殿・年寄衆五人居り申す所にて、度々仰せ出され候事」、第二条では「大納言殿はおさなともだちより、りちぎを御存知なされ候故、秀頼様御もりに付けさせられ候間、御取り立て候て給い候えと、内府・年寄五人居り申す所にて、度々御意を成され候事」、第三条では「江戸中納言殿は、秀頼様御しうとになされ候条、内府御年もよられ、御煩気も御成り候わば、内府のごとく、秀頼様の儀、御肝煎成され候えと右の衆居り申す所にて御意を成され候事」と記されています。秀頼の後事を託す秀吉の遺言は、家康・利家・秀忠と「年寄五人」（「五奉行」）立ち会いのもとで、『浅野家文書』の豊臣秀吉遺言覚書以前に「度々」行なわれていたのです。

また、第六条では「景勝・輝元御事は、御りちぎに候の間、秀頼様の儀、御取り立て候て給い候えと、輝元へは直に御意を成され候、景勝は御国に御座候故、皆々に仰せ置かせられ候事」と記されています。『浅野家文書』の豊臣秀吉遺言覚書以前に、秀吉は毛利輝元に直接秀頼の後事を託す旨の遺言を伝え、在国している上杉景勝には「皆々」（家康・利家と「年寄五人」でしょうか）から遺言を伝えることを要請していたと考えられます。

以上のように、秀吉の遺言は、相手の構成を変えて度々行なわれていたのであり、「浅野家文書」の豊臣秀吉遺言覚書の全容は、「五大老」を交えず「年寄衆・其の外御そばに御座候御女房衆達」のみに伝えられたと考えられます。文書が浅野家に残っていることからみて、「年寄五人」（「五奉行」）の一員である浅野長政が作成したものと考えてよさそうです。

したがって、『浅野家文書』の豊臣秀吉遺言覚書と共通する内容を含む「遺言覚書」も、秀吉の「年寄衆」に属する人物が直接秀吉から聞き取った内容を記したものと考えられます。

しかし、この二点には重要な相違点があります。それは、『浅野家文書』の豊臣秀吉遺言覚書において家康は伏見城、利家は大坂城の天守に上ることが許されていることなど、両者の職務・権限がほぼ同等であることが明記されているのに対して、「遺言覚書」では利家の職務が一切記されていないのです。*

また、この二点には、「五奉行」の呼び方に大きな違いがあります。『浅野家文書』の豊臣秀吉遺言覚書では「五奉行」は「年寄五人」と記されており、豊臣家の「年寄」中の有力者であるがゆえに豊臣政権の中枢であることを自認する「五奉行」浅野長政の自意識を反映しているとみなすことができます。それに対して「遺言覚書」では、「五奉行」を「奉行共五人」と記しています。堀越祐一氏の研究に示されているように、徳川家康は、「五奉行」を豊臣政権の職制の中に押し込めようとする意図をもって、あえて「奉行」と呼んでいたのです。「遺言覚書」

の作成者は、秀吉の遺言に立ち会った「年寄」もしくは「女房」ですから、「五奉行」が有していた豊臣家「年寄」としての自意識を知悉していたはずです。その上で、「遺言覚書」の作成者は「五奉行」を「奉行共五人」と記しているのです。「遺言覚書」の作成者は、徳川家康の「五奉行」に対する認識を察知し、それに寄り添おうとしていると考えられます。

以上の検討から、「遺言覚書」は徳川家康に宛てて、彼の職務を知らせるために作成された文書の控えであったことが明らかになります。「遺言覚書」の原本は徳川家康に送付されたとみるべきです。そして、「遺言覚書」の作成者は、秀吉の遺言に立ち会った「年寄衆・其の外御そばに御座候御女房衆達」の中で家康と政治的に近い者であることもまた導き出せるのです。

＊文禄・慶長期、徳川家康・前田利家の協働による「二大老」制がとられ、秀吉が家康・利家に諮問し、また家康・利家が秀吉への進言によってその意志を変え得る存在として期待されていたことが跡部信氏によって指摘されている（「秀吉独裁制の権力構造」〔『大阪城天守閣紀要』三七、二〇〇九年〕）。

2 「遺言覚書」の作成者は誰か？

1では、「遺言覚書」の作成者が、豊臣家の「年寄衆・其の外御そばに御座候御女房衆達」

の中で、徳川家康に政治的に連携した者であったことを指摘しました。では、この作成者は、具体的には誰だったのでしょうか。

先行研究における「遺言覚書」の引用典拠を確認すると、桑田忠親氏・三鬼清一郎氏は『宮部文書』を典拠としていました（桑田「豊臣氏の五奉行制度に関する考察」、三鬼「豊臣秀吉文書の概要について」〔『名古屋大学文学部研究論集　史学』四四、一九九八年〕）。そこで、桑田氏・三鬼氏が典拠としたと思われる東京大学史料編纂所架蔵影写本『宮部文書（乾・坤）』を通覧し、三十六通の文書を確認したところ、『宮部文書　坤』の中に文言・筆跡・字配りなどからみて、明らかに「遺言覚書」そのものを影写した史料を確認できました。つまり、「遺言覚書」の作成者は宮部氏であったことがわかります。慶長三年（一五九八）八月時点では、天正十八年（一五九〇）に宮部家の家督を継承した宮部長熙（ながひろ）が宮部家当主であり、長熙の父で豊臣秀吉の側近として信任を得ていた宮部継潤（けいじゅん）も存命していました。[*1]「遺言覚書」の作成者は、宮部長熙もしくは継潤であったことが確実です。

東京大学史料編纂所架蔵影写本『宮部文書（乾・坤）』の奥書によると、『宮部文書』は明治二十三年（一八九〇）八月に「岩手県氏族宮部謙吉蔵本」によって影写されています。『宮部文書』を所蔵していた「岩手県氏族宮部謙吉」は、宮部長熙の子孫にあたります。長熙は関ヶ原の戦いの際、もと宮部氏の被官であった田中吉政によって西軍方であると通報され、因幡・但馬五万九七〇石と居城の鳥取城を没収され、陸奥南部家に預けられました。

この『宮部文書』の中から荻野三七彦氏は六点を入手し、早稲田大学図書館に寄贈しました。それらの構成は『早稲田大学所蔵荻野研究室収集文書　下巻』（吉川弘文館、一九八〇年）によると以下の通りです。

A 天正十八年十一月二十一日宮部継潤家督譲条目（『荻野』九二一〔『宮部文書』一〕）[*2]

B 慶長四年九月十八日宮部長熙起請文前書案（『荻野』九二二〔『宮部文書』二〕）

C（前欠）慶長五年十月二十日宮部長熙陳状（『荻野』九二三〔『宮部文書』三〕）

D（寛永五年か）五月一日藤堂高虎書状（『荻野』九二四〔『宮部文書』四〕）

E（後欠）宮部長熙起請文（案か）（『荻野』九二五〔『宮部文書』五〕）

F 寛永十年八月二十七日宮部長熙条々身上書（『荻野』九二六〔『宮部文書』六〕）

以上の通り、『早稲田大学所蔵荻野研究室収集文書　下巻』の「武家文書」に収載された『宮部文書』六点の中には「遺言覚書」は含まれていません。荻野氏は、『宮部文書』六点とは別個に、「遺言覚書」を「諸家単一文書」として購入し、早稲田大学図書館に寄贈したということになるでしょう。

これら六点のうち、A・B・C・Eは、天正十八年から慶長五年までの間に作成された文書です。後欠のため年紀が不明確なCは、「上様」への奉公、「御一類・諸公」への礼節、「与力・諸被官・百姓等」への慈悲ある振る舞い、「因州御法度」を「継潤様御御置目の如く」行なうこと、「諸式存分」の「吉次」・「法印様（継潤）」への相談を誓った起請文です。文意からみて、長熙の父宮部継潤が死去する慶長四年（一五九九）三月二十五日以前に作成された文書であることは確かでしょう。

原本調査によると、A・B・C・Eおよび「遺言覚書」の料紙は、若干切られてはいますが、ほぼ同じ大きさであることが確かめられます。また、裏打ちが施されているため、料紙の紙質を確定することは困難ですが、A・B・C・Eおよび「遺言覚書」の紙質は非常によく似ていると言えそうです。[*3] さらに「遺言覚書」の筆跡について、荻野三七彦氏は織豊期の作成にかかると判断しています。私も「遺言覚書」の筆跡から、荻野氏と同じく織豊期に作成された文書であるとみています。

それに対して、宮部長熙が関ヶ原の戦いで失脚したあとの寛永十年（一六三三）に、陸奥国南部藩領で作成されたFは、漉目・糸目がはっきり見える薄手の料紙に書かれています。Fの料紙・書風は、A・B・C・Eおよび「遺言覚書」とは全く異なると言ってよいものです。

原本調査の所見から、A・B・C・Eおよび「遺言覚書」の料紙は、天正末年から慶長年間、宮部氏が豊臣家の「年寄」として活動していた時期に使用されていたものであると考えられます。「遺言覚書」が宮部氏によって作成されたことは、文書伝来のあり方に加え、原本の形態からも裏づけられるのです。

以上の検討によって、「遺言覚書」は、秀吉の「年寄衆」の中でも徳川家康に近い政治的立場にあった宮部長熙あるいは継潤によって、家康の利害に添って作成されたこと、正文（しょうもん）は家康に送付され、控えである「遺言覚書」が『宮部文書』に伝来したことが明らかになるのです。

＊1 宮部継潤については、日置粂左ヱ門「豊臣政権と鳥取城主宮部継潤」（『鳥取市史研究』六、一九八二年）、同「豊臣政権と因幡・伯耆――宮部継潤の発給文書と関係史料」（『鳥取地域史研究』八、二〇〇六年）、同「秀吉の因幡鳥取進出と宮部継潤」（『天正九年鳥取城をめぐる戦い〈増補版〉』鳥取市歴史博物館やまびこ館、二〇〇八年、初出二〇〇五年）、太田浩司「宮部継潤宛　豊臣家四奉行連署状をめぐって」（『織豊期研究』九、二〇〇七年）参照。

＊2 以下、『早稲田大学所蔵荻野研究室収集文書』所収文書の番号は、『荻野』＋番号で表記する。また、「宮部文書」中の文書名については、適宜補訂を加えている。

＊3 二〇一〇年十二月二十二日に早稲田大学図書館で『宮部文書』・「遺言覚書」を調査した時の所見による。法量は、A縦三一・〇センチ×横四七・三センチ、B縦三一・三センチ×横四九・〇センチ、C縦三一・五センチ×横四八・六センチ、D縦三八・四センチ×横五四・三センチ、E縦三一・五センチ×横四九・四センチ、「遺言覚書」縦三一・八センチ×横五〇・一センチ。調査に際しては、早稲田大学中央図書館・宮﨑肇

氏のご高配にあずかった。

3 「遺言覚書」は「五大老」・「五奉行」について何を語るのか？

2では、「遺言覚書」の作成者が秀吉の「年寄」宮部長熙もしくはその父継潤であり、宮部氏は家康の利害に沿って「遺言覚書」に見られる秀吉の遺言を伝えたことを指摘しました。2で明らかにした事実は、「遺言覚書」が秀吉死去前後の豊臣政権のあり方を明らかにする手がかりを秘めていることを示唆していると私は考えています。本節では、「遺言覚書」の内容を具体的に解釈していくことによって、秀吉によって構想された「五大老」・「五奉行」のあり方と、「五大老」・「五奉行」を必要とした豊臣政権内部の政治状況について私見を示していきたいと思います。

この課題に迫る上で重要な手がかりになるのが「遺言覚書」の冒頭に書かれた、「五大老」すべてを対象とした項目「此の五人へ仰せ出さる通りの口上、付けたり縁辺の儀、互いに申し合わさるべき事」です。しかし、この文言のみでは「縁辺」となる（縁組みをする）ことが想定されているのがどのような人々なのか、「申し合わさるべき事」の内容は何なのか、はっきりしません。

秀吉は文禄四年（一五九五）八月三日に五ヶ条の掟を定めており、その中で諸大名の勝手な縁組みを禁止しています[*1]（『大日本古文書　浅野家文書』二六五号など）。したがって、「縁辺の儀、互いに申し合わさるべき事」とは、「大名同士の縁組みは『五大老』の合議と合意によって進めよ」という指示と解釈することが一応可能です。

しかし、右の解釈とは全く別の理解を可能にする事例があります。次に示す『義演准后日記』慶長三年八月七日条（『史料纂集　義演准后日記第一』）は、桑田忠親氏によって「五奉行」に関する史料として早くから提示されてきたものです。

【釈文】

（前略）
伝聞（つたえきく）、大閤御所御不例不快[redacted]（塗抹）云々、珍事〳〵、祈念之外無他事（たじなし）、浅野弾正（浅野長政）・増田右衛門尉（増田長盛）・石田治部少輔（石田三成）・徳善院（前田玄以）・長束大蔵大輔（長束正家）五人ニ被相定（あいさだめられ）、日本国中ノ儀申付了、昨日右五人縁辺ニ各罷成（おのおのまかりなる）云々、是御意也、

【現代語訳】

伝え聞くところによると、太閤殿下のご病気はお悪いということだ。大変だ、大変だ、お

祈りするほかない。太閤殿下は、浅野長政・増田長盛・石田三成・前田玄以・長束正家を指定して、日本国中の政務を申し付けられた。昨日、右の五人はそれぞれ姻戚になったということだ。これは太閤殿下の御意である。

この条文に示されているように、死を目前にした秀吉は「五奉行」に政務を託し、彼らの結束を固めるために「縁辺」＝姻戚となることを命じています。そして「五大老」に対しても、「五奉行」と同じように相互に「縁辺」となる旨の命令が出された形跡が、近年全貌が明らかにされた「厚狭毛利家文書」（『山口県史　史料編　中世3』）から判明します。その証左である慶長四年（一五九九）閏三月頃の毛利元康宛毛利輝元書状（「厚狭毛利家文書」四六号。以下「毛利輝元書状」とします）の一節を次に掲げます。

【釈文】

（前略）

一、上様（豊臣秀吉）被仰置之由候而、昨日内府（徳川家康）・景勝（上杉）縁辺之使、互ニ増右（増田長盛）案内者にて調候、内心ハそれニハそこゝ（染）候ハす候、公儀ハ上様御意まゝと景勝ハ被申由候へとも、是もしれぬ物にて候〱、とかくはやよいめ（早、弱い目）に成行候間、爰ハ分別之ある所候、

（後略）

【現代語訳】

一、上様（豊臣秀吉）が言い残されていたとのことで、昨日、徳川家康と上杉景勝の縁組みについて、双方の使者として増田長盛が仲介者となって整いました。内心はそのような縁組みには納得できませんが、「公儀のことは上様のお考え通りにする」と上杉景勝は申されたそうですが、これも信用できないことです。とにかく早くもこちらは弱い状況になっているので、ここはよく考えなければならないところです。

この書状を分析した光成準治氏は、豊臣「奉行」衆と毛利・上杉・宇喜多対家康という通説的な二項対立の図式を相対化し、関ヶ原の戦い前後の諸大名の複雑な動向・思惑を浮き彫りにしています（『関ヶ原前夜』日本放送出版協会、二〇〇九年）。光成氏は、「毛利輝元書状」から、秀吉の死後、豊臣「奉行」衆と家康の対立が深刻化する中、武力で劣る「奉行」衆が毛利輝元を味方に取り込んでいく一方、家康が上杉景勝との縁組みを進める（結局は沙汰止みになる）という、秀吉死後の豊臣政権内部で展開した複雑な政治状況を読み取っているのです。

ここで注意したいのは、家康と景勝の縁組みが「上様仰せ置かる」ことであり、その縁組みは「公儀は上様御意のまま」と表現されるものであったということです。すなわち、秀吉は「五奉行」相互の縁組みのみならず「五大老」相互の縁組みをも望み、遺言として提示していたことになります。

以上の検討を踏まえると、「遺言覚書」において「五大老」に提示された「縁辺の儀、互いに申し合わさるべき事」という遺言の内容とは、「五大老」相互の縁組み締結を指示するものであったと考えるのが妥当でしょう。

そもそも「五大老」とは、阿部勝則氏が指摘したとおり、秀吉と個々に「縁辺」や情で結ばれた豊臣政権の有力大名であり、秀吉の死後、彼ら有力大名には自らの利害を優先して行動する可能性もその実力もあったのです。「五大老」相互の縁組みを秀吉が遺言した背景には、独立性の高い「五大老」独自の政治行動やその結果として起こり得る相互の抗争を未然に防ぐ必要があったのではないでしょうか。

また、「五奉行」を構成する豊臣家「年寄」も決して一枚岩ではありません。関ヶ原の戦い後も、前田玄以や浅野長政は大名としての地位を失っていません。また「毛利輝元書状」から、徳川家康と上杉景勝の縁組みの媒介となる「案内者」が増田長盛であったことが判明します。増田の行動に毛利輝元が不快感を示していたことは「毛利輝元書状」の文意から明らかであり、輝元と連携していた石田三成らも、増田長盛の行動に不信感を抱いたことが推測できるでしょう。阿部氏が指摘したように、「五奉行」とは秀吉と強固な主従関係で結ばれた「年寄」でしたが、「年寄」相互の関係が強固に結ばれていたとは言えないのです。[*2]

秀吉は、このような「五奉行」相互の不安定な関係を察知していたのではないでしょうか。秀吉の遺言として「五奉行」相互の縁組みが指示された背景には、「五奉行」相互の間にも分裂の契機が存在していた状況があったと考えたいのです。

秀吉末期豊臣政権の内実とは、有力大名と「年寄」、有力大名相互、「年寄」相互に分裂の兆候が顕在化していた極めて不安定なものであったと見るべきでしょう。「五大老」・「五奉行」とは、このような豊臣政権の実情を前提として形成された共同執務組織であり、「五大老」・「五奉行」のあり方を具体的に示す「遺言覚書」は、秀吉末期豊臣政権の不安定な内情を具体的に語る史料として位置づけることができるのです。

＊1文禄四年（一五九五）八月三日の「御掟」・「御掟追加」については、三鬼清一郎「御掟・御掟追加をめぐって」（尾藤正英先生還暦記念会編『日本近世史論叢』上巻、吉川弘文館、一九八四年）を参照。

＊2跡部信「秀吉独裁制の権力構造」では、逼塞中の浅野長政が秀吉の側近奉行クラスと思われる人物によって切腹寸前にまで追い込まれ、秀吉に家康・利家が事件の調査を提案したことが契機となって窮地を脱したエピソードが紹介されている。このエピソードは、奉行衆ら秀吉政権下の「年寄」たちが一枚岩ではなかったことを示している。

おわりに

本章では、「遺言覚書」の検討を出発点として、「五大老」・「五奉行」を生み出した秀吉末期豊臣政権の不安定な内情を明らかにしました。具体的な論点を整理し、本章のまとめとしておきます。

①秀吉末期の豊臣政権は、有力大名と「年寄」、有力大名相互、「年寄」相互に分裂の兆候が顕在化していた極めて不安定なものであった。

②有力大名と「年寄」、有力大名相互、「年寄」相互のパワーバランスのもと、秀頼に政権をつなぐ集団として、有力大名を「五大老」に、「年寄」の有力者を「五奉行」に組織し、共同執務と「縁辺」の締結によって互いの関係を安定化させることが、死を目前にした豊臣秀吉によって目指された。

③「遺言覚書」は、「年寄」の一人である宮部長熙もしくはその父継潤によって、徳川家康の利害に添って作成され、原本はおそらく家康に伝達された。

以上、本章において「遺言覚書」から読み取った情報は、秀吉末期豊臣政権の実情を理解する手がかりとなり得るものであったと言えるでしょう。「遺言覚書」は、史料の内容と史料作成の背景という二つの観点から、「五大老」・「五奉行」を成立させざるを得なかった秀吉末期豊臣政権の不安定な内情を具体的に語る史料として位置づけられるのです。

あとがき

本書は、豊臣秀吉関係文書研究会の活動成果をもとに編まれたものである。同研究会は、二〇〇五年にたまたまある会合で曽根と堀が同席したことに始まる。二人は二十年来の知己であったが、会って話をするのは久しぶりだった。そのせいか話題は尽きることなく、曽根は盛んに「豊臣秀吉文書の研究は一体どうなるんだ」と堀に熱く語った。堀も曽根の情熱に意気投合し、「では山本さんにも相談しましょう」ということになった。堀は多忙な山本に断られることを危惧していたが、意外にもあっさりOKが出た。そこで山本を代表とし、曽根・堀が幹事となり、研究会を立ち上げたのである。

三人で話し合っているうちに、史料を正確に読んでいくことが、研究会の方向性として定まってきた。近年の豊臣研究は史料の発掘も進み、内容も精緻になる一方で、史料の解釈や議論の中身に首をかしげるものもあるように思えたからである。それを克服するためには、史料を熟読するしかないであろう。また、対象史料も豊臣秀吉発給文書だけでなく、奉行人発給文書も合わせて検討する必要がある。こうした認識から、会の名称は豊臣秀吉関係文書研究会とした。

二〇〇五年七月の発足会を皮切りに、年に三、四回のペースで研究報告会を開いた。しかし発足当初は参加者も少なく、五名以下のことも一度や二度ではなかった。その代わり報告・議論ともに充実しており、報告内容の細部に入り込んだ質疑応答がなされたり、広い視野からの議論も活発で、濃密な研究会となった。その後、文部科学省科学研究費補助金に採択されたこともあって、活動範囲が広がった。次第に参加者も増えて常時十数名となり、メンバーも四十名以上となった。また各地へ史料調査に出かけることも可能となった。

本書は各地の豊臣秀吉関係文書を取り上げているが、それらの多くは科研費による史料調査の成果を反映したものである。盛岡市中央公民館、名古屋市秀吉清正記念館、亀山市歴史博物館、大阪城天守閣、柳川古文書館などのほか、結果的に本書では取り上げなかったものの、東京大学史料編纂所、前田育徳会尊経閣文庫、お茶の水図書館成簣堂文庫、五島美術館大東急記念文庫、行田市郷土博物館、関宿城博物館、上越総合博物館、長浜城歴史博物館、堺市博物館、和歌山県立博物館、九州国立博物館、名護屋城博物館、福岡市博物館、有馬記念館など、多くの史料所蔵機関で史料調査を行っている。また、二〇一〇年六月、二〇一一年二月には韓国にも足を伸ばし、国立晋州博物館などの調査のほか、各地の倭城跡や古戦場を踏査した。関係各位に改めて御礼申し上げたい。

本書を編んだきっかけは、研究報告会も二十回を超え、すぐれた報告も少なくないことから、その研究成果を広く問いかけようという気運が高まったことである。本書の刊行以前にも、すでにいくつかの論文が公表されており、中でも編者の一人である山本はいち早く研究成果を著書として公表している（『天下人の一級史料』柏書房、二〇〇九年）。その反響が大きかったこともあり、本書はその叙述スタイルを継承しつつ、今度は研究会のメンバーが寄稿する形をとった。

史料を読むということは、簡単なようで難しい。くずし字を正確に読みとり、正しく現代語訳するだけでなく、年代を比定し、内容を歴史的に位置づけることをも含んでいる。しかしそれだけでは、文書の字面を追うだけとなる危険性もあるので、原本に接することが重要になってくる。これにより、料紙や筆跡などをより詳細に分析することも可能となり、また原本の改変や後筆部分が発見されたり、箱書きなどから文書の伝来過程が判明したりすることもある。もちろん、本書で使用したのは原本だけではないが、原本によって研究が広がり、また現地を訪れることで文書内容をより深く理解することも可能となる。

本書の執筆・編集作業を通じて浮かび上がってきたのは、徳川史観の影響力の根強さと深さである。徳川史観とは、徳川家康や将軍職をことさらに神聖化・絶対化する江戸幕府のイデオロギー工作である。これが三百年近く諸書を通じて繰り返された結果、日本人の歴史認識に潜在意識のように刷り込まれてしまっている。これは歴史研究者も例外ではない。知らず知らずのうちに徳川史観に沿って史料解釈してしまったり、あるいは所与の前提としている「常識」こそが徳川史観の産物だったりする。我々は原本を中心とする一次史料をしっかりと読み込むことを通じて、等身大の豊臣政権像を描き、それを正当に位置づけようとした。結果的に、その作業は徳川史観の克服を目指すことになったのである。

歴史研究の方法やスタイルはさまざまである。しかし、豊臣秀吉関係文書研究会および本書の内容から、研究の深みや面白みを感じ取っていただければ幸いである。

なお、本書は研究者だけではなく、一般の読者をも対象として、平易な叙述を試みた。今から十五年前に、山本は「わかりやすいということは、水準を落とすことではない。むしろ問題についての追及が深いほど、平易な文章で書けるものである」と述べている（山本博文「編集後記」〔同編『新しい近世史』一・国家と秩序、新人物往来社、一九九六年〕）。この思いは、執筆者全員に共通している。

柏書房の小代渉さんには、本書の企画段階から論文の構想や文章表現に至るまでアドバイスをいただいた。厚く御礼申し上げたい。

本書は、文部科学省科学研究費補助金「豊臣政権の政治機構の文書学的研究」（二〇〇九～二〇一一年度「基盤研究B」、課題番号二一三二〇一二五、研究代表者堀新）の研究成果の一部である。

二〇一一年五月

山本博文
堀　新
曽根勇二

【執筆者紹介】 執筆順。* は編者。

* 山本博文（やまもと ひろふみ）
1957 年生まれ。東京大学大学院情報学環教授

鴨川達夫（かもがわ たつお）
1962 年生まれ。東京大学史料編纂所准教授

光成準治（みつなり じゅんじ）
1963 年生まれ。県立広島大学講師

* 曽根勇二（そね ゆうじ）
1954 年生まれ。横浜都市発展記念館

* 堀　新（ほり しん）
1961 年生まれ。共立女子大学教授

金子　拓（かねこ ひらく）
1967 年生まれ。東京大学史料編纂所助教

佐島顕子（さじま あきこ）
1963 年生まれ。福岡女学院大学准教授

堀越祐一（ほりこし ゆういち）
1966 年生まれ。國學院大學講師

矢部健太郎（やべ けんたろう）
1972 年生まれ。國學院大學准教授

清水　亮（しみず りょう）
1974 年生まれ。埼玉大学准教授

消された秀吉の真実——徳川史観を越えて

2011年6月10日　第1刷発行

編　者　山本博文・堀新・曽根勇二

発行者　富澤凡子
発行所　柏書房株式会社
東京都文京区本駒込1-13-14（〒113-0021）
電話（03）3947-8251［営業］
（03）3947-8254［編集］

装　丁　常松靖史（TUNE）
DTP　ハッシィ
印　刷　壮光舎印刷株式会社
製　本　小高製本工業株式会社

ISBN978-4-7601-3994-1

柏書房の本

［価格税別］

天下人の一級史料——秀吉文書の真実

山本博文

●四六判上製／274頁／2200円

百姓の力——江戸時代から見える日本

渡辺尚志

●四六判上製／244頁／2200円

日本人のリテラシー——1600—1900年

リチャード・ルビンジャー　川村肇［訳］

●A5判上製／324頁／4800円